全国高等职业教育“十三五”规划教材

U0818386

经济法基础

主　编　李鲜玲

副主编　王超维　王　平

参　编　李建岚　尹锡昊　邓　倩

中国矿业大学出版社

内 容 提 要

本书内容的选取力图体现高职高专人才培养定位的要求，以培养学生的经济法律意识和法律应用能力为指导思想，以学生将来从事本职工作所必需的基本经济法律法规为度编写的。全书主要内容有：经济法基础知识、个人独资企业法与合伙企业法、公司法、合同法、担保法、工业产权法、反不正当竞争法、产品质量法与消费者权益保护法、会计法、票据法、税法、劳动法、解决经济纠纷的法律制度等。

本教材是为高职高专院校经济类、管理类、商业贸易类各专业经济法基础课程教学编写的，也可以作为其他专业学生学习经济法课程的教材。

图书在版编目(CIP)数据

经济法基础 / 李鲜玲主编. —徐州：中国矿业大学出版社，2018.1

ISBN 978-7-5646-3805-4

Ⅰ. ①经… Ⅱ. ①李… Ⅲ. ①经济法—中国—高等职业教育—教材 Ⅳ. ①D922.29

中国版本图书馆 CIP 数据核字(2017)第 308271 号

书　　名　经济法基础
主　　编　李鲜玲
责任编辑　何晓明　孙建波
出版发行　中国矿业大学出版社有限责任公司
　　　　　　（江苏省徐州市解放南路　邮编 221008）
营销热线　(0516)83885307　83884995
出版服务　(0516)83885767　83884920
网　　址　http://www.cumtp.com　**E-mail**：cumtpvip@cumtp.com
印　　刷　江苏淮阴新华印刷厂
开　　本　787×1092　1/16　**印张** 15　**字数** 375 千字
版次印次　2018 年 1 月第 1 版　2018 年 1 月第 1 次印刷
定　　价　29.80 元
（图书出现印装质量问题，本社负责调换）

前　言

本教材是高职高专院校经济类、管理类、商业贸易类各专业经济法基础课程教材，也可以作为其他专业学生学习经济法课程的教材。教材的编写力图体现高职高专人才培养定位的要求，以培养学生的经济法律意识和法律应用能力为指导思想，以学生将来从事本职工作所必需的基本经济法律法规为选材依据，重点突出以下几个特点：

1. 时效性强。本教材内容体现了我国经济法建设的最新成果和时代特征，把近年来修订的和新制定的有关经济法律法规的内容纳入其中，引用了体现时代特征、具有典型性的新颖案例。

2. 突出实用性。本教材编写中，每章开头明确本章知识目标和能力目标，以案例导入学习内容；针对重要的知识点，设计了“想一想”；针对技能点，设计了“练一练”；针对拓展知识，设计了“知识链接”；每章末还设计了“导入案例解析”“本章小结”“思考练习”和“案例分析”，使本教材具有很强的实用性。

3. 可读性好。本教材针对高职高专学生的实际，内容的选取基于学生将来就业岗位对法律技能的要求以及学生维护自身权益的需要，语言的组织力图准确、简洁、浅显，具有较强的可读性。

本教材由陕西能源职业技术学院李鲜玲教授进行规划布局、统稿，并编写了第一章、第十章、第十二章；王超维编写了第四章、第五章、第六章、第八章、第十三章；邓倩编写了第九章、第十一章；河南工业和信息化职业技术学院王平编写了第七章；山西煤炭职业技术学院李建岚编写了第二章，尹锡昊编写了第三章。

本教材在编写过程中，参考了大量的文献资料，借鉴吸收了众多学者的研究成果，在此深表谢意。

由于编者水平有限，书中难免存在缺点和错误，敬请专家和读者批评指正。

编　者

2017年10月

目　录

第一章 经济法基础知识

学习目标

☞知识目标

1. 掌握经济法的概念、调整的对象及经济法律关系的概念、构成要素。
2. 理解经济法律关系的产生、变更和终止。
3. 理解经济法律责任的概念、承担经济法律责任的依据和责任形式。
4. 理解和掌握代理、债权和诉讼时效。

☞能力目标

1. 能正确分辨现实经济社会现象中经济法的调整对象。
2. 能正确描述现实经济生活中经济法律关系的构成。
3. 能正确区分代理关系中当事人的权利和义务。
4. 能正确确定诉讼时效。

案例导入

甲企业为购置设备，向工商银行贷款20万元，企业以自有工具车一辆作抵押(评估价10万元)，另由乙企业作一般保证。贷款到期后，企业仅归还5万元，其余贷款及利息无法偿付，为此，工商银行向法院提起诉讼，要求乙企业承担其余欠款的清偿责任。

分析：

(1) 以上案例涉及的法律关系是否属于经济法律关系?

(2) 案例中法律关系的主体都有谁?

(3) 案例中法律关系的客体是什么，属于哪一类?

第一节 经济法概述

一、经济法的概念

“经济法”一词最早起源于法国。1755年，法国著名空想社会主义者摩莱里在他出版的《自然法典》一书中首先提到了“经济法”这个概念。他主要针对当时社会产品分配上的弊端，提出运用“经济法”(也称分配法)来调整社会分配关系。这一思想具有了国家对社会生活进行干预的主张。1843年，德国著名空想社会主义者德萨米在他的《公有法典》一书中再次使用了“经济法”这一概念。与摩莱里一样，德萨米的“经济法”主张包含了国家干预社会经济生活的法律思想，但当时并没有这类立法实践。现代意义上的经济法概念最先出现在法国经济学家和政治家蒲鲁东的《论工人阶级的政治能力》一书中，在该书中，蒲鲁东认为“经济法是政治法和民法的补充和必然产物”。他列举的十大经济范围所表现的社会关系，并非政治法和民法所能全部调整的，这就是经济法的调整范畴。但经济法作为部门法开始研究始于20世纪初的德国。在20世纪二三十年代后期，美国、英国等西方国家在由自由资本主义向垄断资本主义过渡的过程中，为了应对经济发展中垄断、市场失灵和经济危机等问题，越来越多地采取国家干预措施对经济进行调控。这种国家对经济生活和经济进程的干预和参与，是通过法律的手段来实施的，于是就出现了与民商法和其他传统法律特性差异较大的经济性法律、法规，现代意义上的“经济法”就产生了。

在我国，经济法是在改革开放和加强经济法制的背景下逐步兴起的，并随着社会主义市场经济的不断完善而得到丰富和发展。

由此可见，经济法是调整国家在管理和协调经济运行过程中所发生的经济关系的法律规范的总称。这一概念包含以下几层含义：

(1) 经济法是一些法律规范的总称，是属于法的范畴。

(2) 经济法是调整某些经济关系的法律规范，但并不意味着只要是有关经济关系的法律规范都是经济法。

(3) 经济法调整的经济关系发生在国家管理和协调经济运行过程中。

二、经济法的调整对象

经济法调整国家在管理和协调经济运行过程中所发生的经济关系，是国家需要干预的特定经济关系。具体包括：

(1) 市场主体调控关系，即国家在对市场主体的活动进行管理以及市场主体在自身运行过程中所发生的经济关系。

(2) 市场运行调控关系，即国家为了建立市场经济秩序，维护国家、经营者和消费者的合法权益而干预市场所发生的经济关系。

(3) 宏观经济调控关系，即国家从长远和社会公共利益出发，对关系国计民生的重大经济因素实行全局性管理所发生的经济关系。

(4) 社会分配调控关系，即国家在国民收入进行初次分配和再分配过程中所发生的经济关系。

想一想

张伟家庭经济困难，由于其妻子生病住院向刘恒借款2万元。后张伟为了脱贫致富，动用各种资源，注册开办了一个个人独资企业——兴旺饲料加工厂。为了能使饲料加工厂正常运转，张伟又向当地信用合作社贷款5万元。张伟与刘恒之间的借款关系和张伟与信用合作社之间的借款关系是否都是经济法的调整对象？

第二节　经济法律关系

法律关系是法律在调整人们行为的过程中形成的特殊的权利和义务关系。或者说，法律关系是指被法律规范所调整的权利与义务关系。法律关系是以法律为前提而产生的社会关系，没有法律的规定，就不可能形成相应的法律关系。法律关系是以国家强制力作为保障的社会关系，当法律关系受到破坏时，国家会动用强制力进行矫正或恢复。

一、经济法律关系的概念和构成要素

经济法律关系是指经济关系由经济法律规范确认和调整之后所形成的由国家强制力保障实施的权利和义务关系。与其他的法律关系一样，经济法律关系的构成要素也有三个，即经济法律关系的主体、经法律关系的内容和经济法律关系的客体，三者缺少任何一个，都不能构成经济法律关系。

（一）经济法律关系的主体

经济法律关系的主体亦称经济法的主体，是指参与经济法律关系，依法独立享有经济权利和承担经济义务的当事人。享有经济权利的当事人称为权利主体，承担经济义务的当事人称为义务主体，它们是经济法律关系的第一要素。经济法律关系的主体资格是由国家法律规定并赋予的。未取得经济法主体资格的组织不能参与经济法律关系，不能从中享有权利和承担义务。

现阶段，具备经济法律关系主体资格的组织和个人主要有以下几种类型：

1. 国家机关

国家机关是指从事国家管理和行使国家权力的机关，包括国家元首、权力机关、行政机关和司法机关。作为经济法主体的国家机关主要是国家行政机关中的经济管理机关。

2. 企业

企业是指依法设立，以营利为目的，从事生产、流通和服务等经营性活动的经济组织。企业是经济法律关系最主要的主体。企业在经济法律关系中主要是作为实施主体出现的。企业内部的组织，如分公司、分厂、车间、分店等分支机构或单位，由于其没有独立的法律人格，所以一般不是经济法律关系的主体。但是他们在一定条件下也能成为经济法律关系的主体。如根据经济法，某企业的一号分店与企业签订承包经营合同，分店便具有经济法律关系的主体地位。

3. 事业单位

事业单位相对于企业单位而言，是以增进社会福利，满足社会文化、教育、科学、卫生等方面需要，提供各种社会服务为直接目的的社会组织。它在经济法律关系中主要是作为实施主体出现的，但根据国家法律授权或行政机关的委托实施经济管理职责时，他们是以经济管理主体的身份参与经济活动的。

4. 社会团体

社会团体是由公民或企事业单位自愿组成、按章程开展活动的社会组织，包括行业性社团、学术性社团、专业性社团和联合性社团。社会团体参与经济法律关系，在促进经济发展、维护正常经济秩序、完善市场经济功能方面发挥着独特的作用。

5. 个体工商户和农村承包经营户

个体工商户是以个人或家庭占有生产资料，在法律允许范围内，经当地工商行政管理机关核准登记，领取营业执照后从事工商业经营的个体经济。农村承包经营户是农村集体经济组织的成员，在法律允许的范围内，依据法律和承包合同，承包集体所有的或者国家所有由集体使用的土地、森林、草原、荒地、滩涂、水面等生产资料，以家庭或个人为基本单位从事商品生产经营。

6. 公民

公民指具有某一国国籍，并根据该国法律规定享有权利和承担义务的人。《中华人民共和国宪法》第三十三条规定："凡具有中华人民共和国国籍的人都是中华人民共和国公民。"公民要成为合法的经济法律关系的主体，必须具有民事权利能力和相应的民事行为能力。

知识链接

自然人从出生时起到死亡时止，具有民事权利能力，依法享有民事权利，承担民事义务。涉及遗产继承、接受赠与等胎儿利益的保护的，胎儿视为具有民事权利能力。但是，胎儿出生时未存活的，其民事权利能力自始不存在。18周岁以上的自然人是成年人，为完全民事行为能力人；8周岁以上不满18周岁的未成年人，为限制民事行为能力人；16周岁以上不满18周岁的未成年人，以自己的劳动收入为主要生活来源的，视为完全民事行为能力人；不满6周岁的未成年人，为无民事行为能力人；不能辨认自己行为的成年人，为无民事行为能力人；不能完全辨认自己行为的成年人，为限制民事行为能力人；被人民法院认定为无民事行为能力人或者限制民事行为能力人的，根据其智力、精神健康恢复的状况，经本人、利害关系人或者有关组织申请，人民法院可以认定其恢复为限制民事行为能力人或者完全民事行为能力人。

（二）经济法律关系的内容

经济法律关系的内容是指经济法律关系的主体依法享有的经济权利和承担的经济义务。它是经济法律关系的核心，直接体现了经济法律关系主体的利益和要求。

1. 经济权利

经济权利是指经济法主体依照经济法律、法规的规定或约定而享有为或不为一定行为，要求他人为或不为一定行为的资格。这种资格包括三个方面的含义：一是经济法律关系的主体在法定范围内依照自己的利益需要，根据自己的意志做出或不做出一定的行为；二是经济法律关系的主体有权依法要求负有义务的人做出或不做出一定的行为，以实现自己的利益；三是经济法律关系的主体在其合法权利受到侵害或不能实现时，有权依法请求国家有关机关给予强制力保护。经济法主体享有的经济权利主要有五种：

（1）经济职权。经济职权是指国家机关及其工作人员行使经济管理职能时依法享有的权利。经济职权具有隶属性和行政权力性。在国家机关及其工作人员依法行使经济职权的时候，其他经济法主体均应服从，经济职权对国家机关及其工作人员而言，既是权利又是义务，不得随意放弃或转让。

（2）财产所有权和他物权。财产所有权是指所有人依法对自己的财产享有占有、使用、收益和处分的权利，包括占有权、使用权、收益权和处分权四项权能。所有权意味着人对物最充分、最完全的支配，是最完整的物权形式。财产所有权的四项权能可以在一定条件下与财产所有权人分离，即形成各种他物权。他物权是指权利人对于不属于自己所有的物，依据合同的约定或法律的规定所享有的占有、使用、收益的权利，如地役权、地上权、典权、担保物权等。他物权一般不包括处分权，也不能排他享有。

（3）法人财产权。法人财产权是指企业法人对企业所有者投资所设立企业的全部财产在经营中所享有的占有、使用、收益和处分的权利。确立企业法人财产权对于明确企业所有者与企业法人之间的权责关系，具有重要意义。

（4）债权。债权是根据法律的规定或合同的约定，在当事人之间产生的特定的权利，是当事人请求他人为一定行为（作为或不作为）的权利。享受权利的人称为债权人，承担义务的人称为债务人。债权是与债务相对的概念，任何一个都不能单独存在。

（5）知识产权。知识产权是由特定的国家机关，依法对特定人的符合条件的发明创造和可识别性标记，经过一定的程序而授予的受保护的特定权利。包括专利权、商标权、著作权和非专利技术权等。

2. 经济义务

经济义务指经济法律、法规规定的，经济法律关系主体必须做出一定行为或不做出一定行为的责任。经济义务这一概念包含三方面的含义：一是义务主体必须做出或者不做出一定行为，以满足权利主体的利益需求；二是义务主体实施的义务行为是在法定的范围内进行的，如果超出法律的范围，义务主体不受限制；三是义务主体不依法履行义务，就应承担相应的法律责任，受到法律的制裁。

（三）经济法律关系的客体

经济法律关系的客体是指经济法律关系的主体享有经济权利和承担经济义务所共同指向的对象。经济法律关系的客体可概括为三大类：

1. 物

物是指法律意义上的物，是经济法律关系主体支配和控制的，在生产和生活上所需要的有形实体。并非所有的有形实体都能成为经济法律关系的客体。无一定经济价值、不能为人们所控制和支配的物，都不能作为经济法律关系的客体。

2. 经济行为

经济行为是指经济法律关系主体为了实现某种特定的经济目的而实施的行为，主要包括经济组织管理行为、完成一定工作的行为和提供一定劳务的行为。

3. 智力成果

智力成果又称为精神产品或无形财产，是人们所创造的、能为其带来经济价值的脑力劳动成果，如商标、专利、非专利技术、著作等。

练一练

长江影视艺术有限公司与大众文化传播中心在西安签订了一份合同书，约定大众文化传播中心将电视剧《天生我才》在陕西、甘肃、青海、四川等8个西部省份的电视播映权独家转让给长江影视艺术有限公司。试分析该经济法律的构成。

二、经济法律关系的产生、变更和终止

（一）经济法律关系的产生、变更和终止的含义

经济法律关系的产生，是指经济法律关系主体之间形成一定的经济权利和经济义务关系。如双方当事人签订购销合同，就会在双方当事人之间产生购销权利义务关系。

经济法律关系的变更，是指经济法律关系三个基本构成要素——主体、内容、客体任何一个或多个发生变化。需要注意的是，经济法律关系的变更需要依法进行，否则就要承担相应的法律责任。

经济法律关系的终止，是指经济法律关系主体之间的经济权利和经济义务关系的消灭。如购销合同中，钱货两清时，经济法律关系则终止。

想一想

2016年8月5日，A公司与B公司经过谈判签订了一份购销合同，合同规定：A公司须于8月30日将货物运至B公司，但8月28日A公司向B公司发函表示8月30日不能按时交货，希望宽限时日。8月29日，B公司发函A公司，表示货物最晚必须于9月15日前送到，否则将解除合同。但直到9月16日，A公司仍未能把货物送到，9月17日B公司发

函A公司，通知解除合同。想一想A、B公司之间是否产生、变更和终止经济法律关系？如果产生、变更、终止了经济法律关系，分别是什么时间？

（二）经济法律关系产生、变更和终止的条件

经济法律关系的产生、变更和终止包括三个条件：法律规范的存在，即经济法律关系产生、变更和终止有法律依据；经济法律关系主体存在，即有经济权利和经济义务的承担者；经济法律事实的出现，即出现经济法律、法规所规定的具体行为或事件，它是经济法律关系产生、变更和终止的直接原因。

（三）经济法律事实

经济法律事实是指由经济法律、法规规定的，能够引起经济法律关系产生、变更和终止的现象。经济法律事实可分为法律行为和法律事件两大类。

法律行为是指人们进行的能引起经济法律关系产生、变更和终止的人的有意识的活动。包括国家经济管理机关的管理行为、行政机关的执法行为、司法行为、社会组织和其他经济法主体的经济行为等。

法律事件是能够引起经济法律关系产生、变更或终止的，不以经济法主体的主观意志为转移的客观现象，包括自然现象和社会现象，也就是法律上的不可抗力。

练一练

甲公司因为生产经营需要，与乙公司签订一份购买设备的合同。合同规定：乙企业于2016年3月5日将设备运至甲企业，并于2016年3月31日前安装调试至正常运转状态，甲企业于2016年4月10日前将设备款汇至乙公司指定账户。合同签订后，乙方积极准备，但由于生产安排不当，不能于2016年3月5日将设备运至甲企业。取得甲企业同意后，乙企业于2016年3月15日将设备运至甲企业并于3月31日安装调试完毕。甲企业按照合同约定支付了设备款。

分析：

（1）指出本案中经济法律关系的产生、变更和终止。

（2）本案中引起经济法律关系产生、变更和终止的直接原因是什么？

第三节　经济法律责任

一、经济法律责任的概念

经济法律责任是指在国家干预和调控社会经济过程中因经济法主体违法、违约或根据法律的规定应当承担的某种不利的法律后果。

二、承担经济法律责任的条件

1. 主体必须有经济违法行为存在

经济违法行为不仅是产生经济法律责任的前提，而且也是承担经济法律责任的必备条件。经济法主体的违法行为既包括违反法定经济义务的行为，也包括不正确地行使权利的行为；既包括作为的违法行为，也包括不作为的经济违法行为。

2. 主体的违法行为必须给国家、社会或个人造成损害事实

经济法律责任既是一种经济责任，又是一种社会责任。违法行为或违约行为给国家、社会或个人造成了损害，这是经济法给这种行为否定性评价的直接原因。

3. 主体的经济违法行为与损害事实之间存在因果关系

主体要承担经济法律责任，不仅要有经济违法行为和损害事实，而且要求经济违法行为与损害事实之间必须具有内在的、必然的引起和被引起的关系。无论是管理、调控主体，还是管理和调控的受体，其违法行为与损害事实无关，一般就不应要求经济法主体承担经济法律责任。

4. 主体在主观上必须具有故意或者过失

主体承担经济法律责任，不仅要具备客观方面的条件，还必须同时具备主观方面的条件，即要具备法定的故意或者过失。但个别特殊情况，实行无过错责任原则。

三、经济法律责任的方式

由于经济关系的复杂性，经济法律责任一般不是一种单一的法律责任，而是具有综合性和多元化的特点。责任形式有民事责任、行政责任和刑事责任。

1. 民事责任

民事责任是经济法主体依法应当承担的一种赔偿或补偿性质的财产责任，是经济法律责任中的主要责任形式。行为人承担民事责任的主要方式有：支付赔偿金、支付违约金、修理、重作、更换、消除影响等。

2. 行政责任

行政责任是指有关国家机关对违反经济法的行为人依法给予行政性惩罚的责任，包括行政处罚和行政处分两种。行政处罚是对责任主体做出的，行政处分是对有关国家机关工作人员做出的。行政处罚包括警告、罚款、没收违法所得、没收非法财物、责令停产停业、暂扣或吊销许可证、暂扣或者吊销执照、行政拘留等。行政处分包括警告、记过、记大过、降级、撤职、开除。

3. 刑事责任

刑事责任是对违法构成犯罪的行为人及其主管和其他责任人所给予的最严厉的惩罚性责任。具体措施包括主刑和附加刑，主刑有管制、拘役、有期徒刑、无期徒刑和死刑；附加刑有罚金、剥夺政治权利和没收财产。

想一想

罚款和罚金一样吗？

第四节　与经济法相关的民法知识

一、代理

（一）代理的概念和特征

代理，是指代理人以被代理人（又称本人）的名义，在代理权限内与第三人（也称为相对人）实施民事法律行为，其法律后果直接由被代理人承受的民事法律制度。其中，代为他人实施民事法律行为的人，称为代理人；由他人以自己的名义代为民事法律行为，并承受法律后果的人，称为被代理人或本人；与代理人实施民事法律行为的人，称为第三人或相对人。

想一想

某甲接受某乙的委托，以某乙的名义与某丙签订合同。代理人是谁，被代理人是谁，第三人是谁?

代理具有如下法律特征:

1. 代理行为是能够引起民事法律后果的行为

代理人的代理行为,能够在被代理人与第三人之间产生、变更或消灭某种民事法律关系,如代订合同而建立了买卖关系、代为履行债务而消灭了债权债务关系,这表明代理行为具有法律上的意义,因此,代理行为区别于事务性的委托承办行为。诸如代为整理资料、临时代为照看孩子,不能在委托人与第三人之间产生民事法律关系,不属于法律意义上的代理行为。

2. 代理是代理人以被代理人的名义进行的

在代理关系中,代理人代替被代理人从事法律行为,以实施被代理人所追求的法律后果。显然,基于代理行为所产生的民事法律关系的主体一方应该是被代理人,故代理人是以被代理人的名义从事代理。

3. 代理是代理人在授权范围内所实施的独立意思表示

代理属于法律行为,代理人在代理权限范围有权根据情况独立地进行判断并直接向第三人进行意思表示,以实现代理目的。非独立进行意思表示的行为不属于代理。

4. 代理的法律后果直接由被代理人承担

虽然代理是在代理人与被代理人之间进行的,但行为的目的是为了实现被代理人的利益,代理所产生的法律后果只有直接由被代理人承担,这种目的才能实现。

代理行为的发生可以在民事主体之间设立、变更和终止权利义务。依照法律规定或按照当事人的约定,应当由本人实施的民事法律行为不得代理,如立遗嘱、结婚、收养子女等。

(二) 代理的种类

依据代理权的产生根据的不同,代理可以分为委托代理和法定代理。

1. 委托代理

委托代理是指代理人的代理权根据被代理人的委托授权行为而产生的代理,故又称"意定代理""授权代理""任意代理"。因委托代理中,被代理人是以意思表示的方法将代理权授予代理人的,只有代理人接受委托,代理关系才能成立。被代理人有权随时撤销其委托,代理人也有权随时辞去代理,但是不能使被代理人和善意的第三人因此蒙受损失,否则应承担赔偿责任。

2. 法定代理

法定代理是指根据法律直接规定而产生的代理。法定代理多适用于被代理人无行为能力或限制行为能力人的情况。如父母是未成年孩子的法定代理人。

(三) 代理权的行使

代理权的行使,是指代理人在代理权限内,以被代理人的名义独立实施民事法律行为,以达到被代理人预期的法律效果。

1. 代理权行使的一般要求

委托代理人应当按照被代理人的委托授权行使代理权;法定代理人应当依照法律规定行使代理权。代理人行使代理权必须符合被代理人的利益,并做到勤勉尽职,审慎周到,不得与他人恶意串通损害被代理人的利益,也不得利用代理权谋取私利。

2. 滥用代理权

滥用代理权，是指代理人行使代理权时，违背代理权的设定宗旨，有损被代理人利益的行为。滥用代理权，其行为无效，给被代理人及他人造成损失的，代理人应承担赔偿责任。代理人与第三人恶意串通损害被代理人利益的，由代理人和第三人承担连带责任。

滥用代理权的情形有：

(1) 代理人以被代理人名义与自己进行民事行为；

(2) 代理双方当事人进行同一民事活动；

(3) 代理人和第三人恶意串通损害被代理人利益的。

3. 无权代理

无权代理是指在没有代理权的情况下以他人名义实施的民事行为而未经他人追认的现象。可见，无权代理并不是代理的种类，而只是具有代理表象却欠缺代理权而不产生代理效力的行为。无权代理有三种形式：没有代理权实施代理未被追认；超越代理权实施代理未被追认；代理权终止后实施代理未被追认。

相对人可以催告被代理人自收到通知之日起 1 个月内予以追认。被代理人未作表示的，视为拒绝追认。无权代理人实施的行为被追认前，善意相对人有撤销的权利。撤销应当以通知的方式做出。

无权代理人实施的行为未被追认的，善意相对人有权要求无权代理人履行债务或者就其受到的损害要求无权代理人赔偿，但是赔偿的范围不得超过代理行为有效时所能获得的利益。

相对人知道或应当知道代理人无权代理的，相对人和代理人按照各自的过错承担责任。

行为人没有代理权、超越代理权或者代理权终止后，仍然实施代理行为，相对人有理由相信行为人有代理权的，代理行为有效。

4. 代理权的终止

有下列情形之一的，委托代理终止：

(1) 代理期间届满或者代理事务完成的；

(2) 被代理人取消委托或者代理人辞去委托的；

(3) 代理人丧失民事行为能力的；

(4) 代理人或者被代理人死亡的；

(5) 作为代理人或者被代理人的法人、非法人组织终止的。

被代理人死亡后，有下列情形之一的，委托代理人实施的代理行为有效：

(1) 代理人不知道并且不应当知道被代理人死亡的；

(2) 被代理人的继承人均予以承认的；

(3) 授权中明确代理权在代理事项完成时终止的；

(4) 在被代理人死亡前已经实施，在被代理人死亡后为了被代理人继承人的利益继续完成的。

有下列情形之一的，法定代理终止：

(1) 被代理人取得或者恢复完全民事行为能力的；

(2) 代理人丧失民事行为能力的；

(3) 被代理人或者代理人死亡的；

(4) 有法律规定的其他情形的。

二、债权

1. 债权的概念和特征

债权是请求他人为一定行为或不为一定行为的权利。债权是一种请求权，即债权是在特定当事人之间产生的权利义务关系。享有权利的一方称为债权人，负有义务的一方称为债务人。债权人有权利要求债务人履行义务。债权有下列特征：

(1) 债权是一种请求权。债权人的权利表现为有权请求债务人为一定行为或不为一定行为，以满足自己的要求。债权人债权的实现，必须借助债务人的行为。没有债务人的行为，债权人的权利就无法实现，但是债权人不得通过限制债务人的人身来实施其债权。

想一想

张三借了李四5万元一直未归还。2017年6月25日李四遇见张三，并请张三到自己的家里坐坐。期间李四提出让张三归还5万元，张三表示目前无钱偿还这笔债务，李四于是让儿子看住大门，不让张三离开，除非张三还钱。李四的做法对吗？

(2) 债权是一种相对权。债权是和债务相对应的，债权人之所以能成为债权人是相对于特定债务人对其负有债务，因此债权是一种相对权，是向特定债务人主张的一种请求权，也就是说，债权人的请求权只能对特定的债务人发生效力。

2. 债权的分类

(1) 以债的主体为标准，可分为单一之债和多数人之债

债的当事人双方各为一人的为单一之债，一方或双方为两人或两人以上的为多数人之债。多数人之债又可根据主体间的关系，分为按份之债和连带之债。

按份之债是指债的一方当事人为多数，且多数人一方的当事人各自按照确定的份额分享权利或者分担义务的债。债权人为两人以上的，按照确定的份额分享权利，债务人为两人以上的，按照确定的份额分担义务。

连带之债是指债的当事人一方为多数，且多数人一方的各当事人都有权请求对方履行全部债务或者都负有向对方履行全部债务的义务，全部债权债务关系因债务的一次性全部履行而消灭，因此，连带之债的多数人一方相互间有连带关系。若债权人一方为多数且有连带关系，则为连带债权；若债务人一方为多数且有连带关系，则为连带债务。

(2) 以债与债之间的关系为标准，可分为主债和从债

主债是从债产生和存在的前提，没有主债便没有从债，主债消灭，从债也随之消灭。从债的效力对主债不产生任何影响。

3. 债权的产生

在我国，债权产生的根据有合同、侵权损害、不当得利、无因管理。

(1) 合同之债。合同之债是因合同产生的债。由于合同是财产流通的最基本、最典型的法律形式，它也就成为债权产生最主要的原因。

(2) 侵权损害之债。侵权损害是指不法侵害他人的人身权利或财产权利，造成他人损害。侵权行为可分为一般侵权行为和特殊侵权行为。在一般侵权行为中，当事人一方只有因自己的过错而给他人造成人身和财产损失时，才负赔偿的责任。如果没有过错，就不需负赔偿责任。而在特殊侵权行为中，只要造成了他人的损失，就算行为人不存在过错，仍要负赔偿责任。

（3）不当得利之债。不当得利是指既没有法律上的原因，也没有合同上的原因，取得了不当利益，而使他人受到损失的行为。在不当得利的情况下，受到损失的当事人有权要求另一方返还不当利益。

（4）无因管理。无因管理是指没有法定或者约定的义务，为避免他人的利益受损失而进行管理和服务的，提供管理和服务的一方有权要求他方支付必要的费用。

4. 债权的终止

债权的终止，是指已经存在的债权债务关系在客观上不复存在。债权的终止原因主要包括以下几种：

（1）清偿。也称履行，是债务人按照合同的约定或法律的规定履行了自己的义务，债权人的目的得以实现，债权债务关系终止。

（2）抵销。是指双方互负同类给付债务，各使其债务与对方的债务在对等额内相互消灭的法律行为。抵销后，债权人在对等额度内不再享有权利，债务人也不再负有义务，债权债务关系终止。

（3）提存。是指债务人在其债务已到履行期限，由于债权人的原因而无法向其履行义务，债务人将该标的物交给有关部门予以保存而消灭债权债务。提存后，债务人依法不再对债权人负有义务，债权人对原债务人的债权终止。

（4）免除。是指债权人放弃债权，从而消灭债的关系的单方行为。

（5）混同。是指债权和债务同归一人，致使债的关系消灭的事实。混同原则上导致债权消灭，但是当债权作为第三人的权利之标的以及票据债权在到期之前转让到债务人手中的情况下，债权并不终止。

三、诉讼时效

（一）诉讼时效的概念

诉讼时效是指民事诉讼中权利人请求人民法院保护自己的合法民事权益的法定期限。

（二）诉讼时效期间的概念和种类

1. 诉讼时效期间的概念

诉讼时效期间是指民事权利受到侵害的权利人请求人民法院或仲裁机构保护其民事权利的法定期间。诉讼时效期间从当事人知道或应当知道权利被侵害时起计算。从权利被侵害之日超过 20 年的，人民法院不予保护。

2. 诉讼时效期间的种类

（1）一般诉讼时效

一般诉讼时效是指在一般情况下普遍适用的时效。这类时效不是针对某一特殊情况规定的，而是普遍适用的。请求人民法院保护民事权利的诉讼时效期间为 3 年，法律另有规定的除外。

（2）特殊诉讼时效

法律对诉讼时效有特别规定的为特殊诉讼时效。特殊诉讼时效优于一般诉讼时效。

因国际货物买卖合同和技术进出口合同争议的诉讼时效期间为 4 年。

在法律规定的诉讼时效期间内，权利人提出请求的，人民法院依法强制义务人履行所承担的义务。而在法定的诉讼时效期间届满之后，权利人行使请求权的，人民法院就不再予以保护。值得注意的是，诉讼时效届满后，义务人虽可拒绝履行其义务，权利人请求权的行使仅发生障碍，权利本身及请求权并不消灭。当事人超过诉讼时效后起诉的，人民法院应当受理。受理后，如另一方当事人提出诉讼时效抗辩且查明无中止、中断、延长事由的，判决驳回其诉讼请求。如果另一方当事人未提出诉讼时效抗辩，则视为其自动放弃该权利，法院不得依照职权主动适用诉讼时效，而是应当受理支持其诉讼请求。

（三）诉讼时效期间的中止、中断与延长

1. 诉讼时效中止

诉讼时效的中止是指在诉讼时效进行中，因为一定的法定事由产生而使权利人无法行使请求权，暂停计算诉讼时效期间，以前经过的时效期间仍然有效，待阻碍事由消除后，时效继续进行。诉讼时效中止的适用条件是：

（1）诉讼时效的中止必须是因法定事由而发生。非法定事由，不适用诉讼时效中止。这些法定事由有：① 不可抗力；② 无民事行为能力人或者限制民事行为能力人没有法定代理人，或者法定代理人死亡、丧失代理权或者丧失民事行为能力；③ 继承开始后未确定继承人或者遗产管理人；④ 权利人被义务人或者其他人控制；⑤ 其他导致权利人不能行使请求权的障碍。

（2）法定事由发生在诉讼时效期间的最后6个月内。发生在诉讼时效期间最后6个月之前，但持续到最后6个月时尚未消失，则产生中止诉讼时效的效力。

（3）诉讼时效中止之前已经经过的期间与中止时效的事由消失之后继续进行的期间合并计算，而中止的时间过程则不计入时效期间。

练一练

甲企业与乙企业签订一份购销合同，合同规定：2013年2月3日甲企业将20吨某化工原料送至乙企业，乙企业在5日内验收，验收合格后于10日内将货款20万元打入甲企业账户，甲企业同时提供了其账户。可直到1个月后乙企业将原料投入生产也未向甲企业支付货款。甲企业多次催要，均无结果。那么，甲企业对乙企业的诉讼时效期间是什么时间？如果乙企业在2015年12月10日被工商行政管理局责令停产整顿6个月，则诉讼时效期满的日期是哪一天？

2. 诉讼时效的中断

诉讼时效的中断是指在诉讼时效期间进行中，因发生一定的法定事由，致使已经经过的时效期间统归无效，待时效中断的事由消除后，诉讼时效期间重新起算。诉讼时效中断的适用条件是：

（1）诉讼期间中断的事由由法律直接规定。这些事由包括：① 权利人向义务人提出履行请求的；② 义务人同意履行义务的；③ 权利人提起诉讼或者申请仲裁的；④ 有与提起诉讼或者申请仲裁具有同等效力的其他情形。

（2）中断诉讼时效的法定事由发生的时限。诉讼时效中断的法定事由只要发生在诉讼时效期间的任何阶段均产生中断诉讼时效的法律效力，而且诉讼时效中断的次数不受限制。

（3）从诉讼时效中断时起，诉讼时效期间重新计算。诉讼时效中断事由发生之前已经经过的时效期间归于无效。

想一想

诉讼时效的中止与诉讼时效的中断有何区别？

3. 诉讼时效的延长

诉讼时效的延长是指因特殊情况，法院对已经完成的诉讼时效期间给予的延展。诉讼时效期间延长的适用条件是：

(1) 诉讼时效期间届满后。诉讼时效延长是一种法律上的补救措施，其只能在诉讼时效期间届满后权利人起诉时才适用，在诉讼时效期间届满前，权利人不存在要求延长就可以行使自己的权利。

(2) 权利人在时效期间内未行使权利确有正当理由。正当理由是指权利人由于客观的障碍在法定诉讼时效期间不能行使请求权。

(3) 是否延长由法院决定。诉讼时效的延长具有优先司法酌量的意义，不仅当事人无权决定诉讼时效期间的延长，就是人民法院也只能在特殊情况下才能决定给予延长，且延长的期间必须适当。

导入案例解析

该案是在社会主义市场经济条件下，甲企业与银行、银行与乙企业之间因为贷款、担保发生的经济关系，属于经济法调整的范畴。所以，他们之间的借贷关系和保证关系是经济法确认的权利义务关系，是经济法律关系。

该案中的经济法律关系的主体有：甲企业、工商银行和乙企业。因为在借贷法律关系中，甲企业和工商银行是享受权利和承担义务的当事人；在担保法律关系中，工商银行是债权人，乙企业是保证人，甲企业是被保证人，它们按照法律规定和合同的约定享有权利和承担义务，所以是经济法律关系的主体。

在借贷法律关系中，法律关系的客体是货币，属于物；在保证法律关系中，法律关系的客体是担保行为，属于行为。

本章小结

经济法是调整国家在管理和协调经济运行过程中所发生的经济关系的法律规范的总称。其调整对象是国家需要干预的特定经济关系，包括市场主体调控关系、市场运行调控关系、宏观经济调控关系和社会分配调控关系。

经济法对于促进我国经济体制改革、对外经济技术合作与交流和国民经济持续、稳定、健康发展具有重要作用。

经济法律关系是指由经济法律规范确认和调整之后所形成的由国家强制力保障实施的权利和义务关系。它是由主体、内容和客体三个要素构成的。

经济法律关系产生、变更、终止需要具备三个条件，即法律规范的存在、经济法律关系主体存在和经济法律事实的出现。其中，法律事实可以分为法律事件和法律行为。

代理、债权、诉讼时效等是与经济法密切联系的民法知识，是学习经济法必须掌握的。

思考练习

一、单选题

1. 下列不能成为经济法客体的是(　　)。

A. 阳光 B. 房屋 C. 运输行为 D. 著作权

2. 关于经济法的调整对象,正确的是( )。

A. 经济法律关系 B. 各种经济关系 C. 特定经济关系 D. 权利和义务关系

3. 经济法律关系的发生、变更和终止,总是由一定的( )所引发的。

A. 当事人的要求 B. 事件 C. 行为 D. 法律事实

4. 自然灾害属于( ),是法律事实的一种。

A. 事件 B. 行为 C. 不可抗力 D. 非故意行为

5. 代理是代理人在代理权限范围内以( )的名义与他人实施法律行为。

A. 自己 B. 被代理人 C. 相对人 D. 第三人

6. 债权是一种( )权。

A. 占有 B. 请求 C. 处分权 D. 使用

7. 我国一般诉讼时效期间是( )年,从当事人知道或应当知道之日计算。

A. 2 B. 3 C. 4 D. 6

二、多选题

1. 下列属于经济法调整对象的是( )。

A. 市场主体调控关系 B. 市场运行调控关系 C. 宏观经济调控关系

D. 社会分配调控关系 E. 公民财产关系

2. 下列可以成为经济法律关系主体的有( )。

A. 国家经济管理机关 B. 个体工商户 C. 企业法人

D. 公民 E. 个人合伙企业

3. 经济法律关系的构成要素有( )。

A. 主体 B. 主观方面 C. 客体

D. 客观方面 E. 内容

4. 经济法律关系客体中的智力成果可以是( )。

A. 专利 B. 发现 C. 商标

D. 著作 E. 专有技术

5. 依据代理权的产生根据的不同,代理可以分为( )。

A. 委托代理 B. 法定代理 C. 转代理

D. 一般代理 E. 特别代理

6. 下列属于民事法律责任的是( )。

A. 支付违约金 B. 支付赔偿金 C. 罚款

D. 罚金 E. 吊销营业执照

三、判断题

1. 国家经济管理机关可以成为经济法律关系的主体。 ( )

2. 经济法律关系的各种主体都可以参加经济法所调整的所有经济法律关系。 ( )

3. 经济权利就是经济法律关系的主体为一定行为的责任。 ( )

4. 法律事件就是指能够引起经济法律关系产生、变更和终止的客观情况。 ( )

5. 经济法律关系主体是经济权利和经济义务的承担者。 ( )

6. 诉讼时效中止就是由于法定事由的出现导致已经过去的时效归于消灭,从法定事由

消灭后诉讼时效期间重新计算。　　　　（　　）

7. 代理人与第三人恶意串通损害被代理人利益的，由代理人和第三人承担连带责任。（　　）。

案例分析

1. 浩诚有限公司拟购买同辉灯具厂一批灯具，浩诚有限公司董事长李强代表公司与代表同辉灯具厂的王杰进行了多次接触谈判，2016 年 12 月 10 日李强和王杰代表各自的企业在合同上签字。后来王杰电话告知李强："生产安排不当，不能按时交货，希宽限 10 日。"李强接电话后表示"同意但下不为例"。

分析：

(1) 指出本案中经济法律关系的构成。

(2) 经济法律关系是否变更？若是，是由什么引起的？

2. 张洁在某市重点高中附近有一套学区房。其好友王梅的孩子马上就要在该高中就读，鉴于原居住地与学校比较远，孩子上学不方便，就租了张杰的房子并签订了房屋租赁合同。合同中双方商定房屋的租期为 3 年，租期从 2013 年 7 月 1 日至 2016 年 6 月 30 日，2013 年 7 月 1 日前先预付三个月租金，以后每隔 3 个月付一次租金。王梅和孩子按期搬进张杰的房子，但到 2013 年 9 月 28 日，王梅丈夫遇车祸，王梅就再没有支付房租，但仍与孩子住在租赁房内。张杰自己觉得与王梅是好友，不好向王梅催要。直到孩子高中毕业，王梅与孩子搬回自己原来的家，也未支付租金。

分析：

(1) 张杰若要保护自己的合法权益，应在什么时间内主张自己的权利？

(2) 如果张杰向王梅索要租金，王梅于 2013 年 12 月 1 日答应于 2014 年 6 月 30 日支付租金，那么诉讼时效期间应如何计算？

3. 某时装公司产品积压，急于推销产品、周转资金，便号召公司职工都去销售时装，并宣布，凡本公司职工推销出去的时装一定按合同标的总额的 8%发给奖金。该公司女职员张某的一位朋友李某在东方百货公司当业务员，张某就去找李某帮忙。东方百货公司进货都得领导批准，加之公司刚进了几批时装，所以领导不会同意进货。但李某有盖过公司公章的空白合同书，为讨好张某，李某就用它和张某签订了一份购买该时装公司 6 万元时装的服装买卖合同，交给了张某。张某向领导交差后，时装公司领导很高兴，按规定发给了张某奖金。不久，该时装公司按这份合同给东方百货公司发去了价值 6 万元的时装，并通过银行托收货款。百货公司的负责人得知此事后，认为其从未授权李某购买过这批货，所以他们不能对此负责，并通知银行拒付货款。时装公司则认为，合同上盖了某百货公司的公章，怎么能说没有授权呢？况且时装公司为了履行这一合同，开支了一大笔钱，因此他们坚持合同必须履行，双方协商不成，为此发生争执。

分析：本案的代理行为的性质如何认定？本案中对时装公司造成的损失应由谁承担？

第二章 个人独资企业法与合伙企业法

学习目标

☞知识目标

1. 掌握个人独资企业、合伙企业的概念、特征和设立程序。
2. 掌握个人独资企业、合伙企业投资人的条件。
3. 理解合伙企业财产转让效力、事务执行权限、对外代表权以及入伙、退伙责任归属。

☞能力目标

1. 会判定个人独资企业事务管理是否规范。
2. 会办理个人独资企业设立的手续。
3. 清楚普通合伙企业的财产构成、事务执行、与第三人关系以及入伙、退伙规定。
4. 会判定个人独资企业解散、清算事宜是否合法。

案例导入

赵某、张某、王某三人共同投资30万元设立合伙企业，合伙协议规定的损益分配比例为3∶5∶2。后来企业经营不善，严重亏损，企业可以执行的财产为6万元，无力偿还银行贷款8万元，银行请求赵某清偿，赵某以协议中规定自己只承担30%的损益为由，拒付剩余部分的债务。

分析：赵某的说法是否正确？为什么？

第一节 个人独资企业法

一、个人独资企业法概述

（一）个人独资企业的概念和特征

个人独资企业是指依照《中华人民共和国个人独资企业法》（以下简称《个人独资企业法》）在中国境内设立，由一个自然人投资，财产为投资人个人所有，投资人以其个人财产对企业债务承担无限责任的经营实体。个人独资企业具有以下特征：

1. 由一个自然人投资

设立个人独资企业的投资人只能是一个自然人，国家机关、国家授权投资的机构或者国家授权的部门、企业、事业单位都不得作为个人独资企业的投资人。此外，外商独资企业也不能作为个人独资的投资人。

2. 投资人对企业债务承担无限责任

由于个人独资企业的投资人仅为一个自然人，企业行为纯属投资人个人的单独经营管理行为，而单独经营管理行为的随意性、少约束性以及所有人在使用和处理企业财产上的隐蔽性，必然导致企业经营收支与个人日常消费的混同。投资人对企业债务承担无限责任，即当企业的财产不足以清偿到期债务时，投资人应以自己的个人全部财产用于清偿的规定，无疑是公平的。

3. 企业的财产归投资人个人所有

这里的企业财产不仅包括企业成立时投资人投入的初始财产，而且包括企业存续期间积累的财产。投资人是个人独资企业财产的唯一合法所有者。

4. 是非法人企业

个人独资企业财产与投资人家庭财产的不可分割性，意味着个人独资企业没有独立的财产，是不具备法人资格的。个人独资企业虽然不具有法人资格，但却是独立的民事主体，可以以自己的名义从事民事活动。

（二）个人独资企业法

个人独资企业法有广义和狭义之分。广义的个人独资企业法，是指国家关于个人独资企业的各种法律规范的总称；狭义的个人独资企业法，是指 1999 年 8 月 30 日第九届全国人民代表大会常务委员会第十一次会议通过，自 2000 年 1 月 1 日起施行的《个人独资企业法》。

二、个人独资企业的设立

（一）个人独资企业的设立条件

依据《个人独资企业法》的规定，设立个人独资企业应当具备以下条件：

1. 投资人为一个自然人，且只能是中国公民

个人独资企业的投资人应为具有中国国籍的自然人，且具备完全民事行为能力，但法律、行政法规禁止从事营利性活动的人，如国家公务员、党政机关领导干部、警官、法官、检察官、商业银行工作人员等，不得作为投资人申请设立个人独资企业。

2. 有合法的企业名称

名称是企业的标志，个人独资企业必须有相应的名称，并应符合法律法规的要求。个人独资企业的名称应当与其责任形式及从事的营业相符合，名称中不得使用“有限”“有限责任”“公司”等字样，但可以使用厂、店、中心、工作室等字样。

3. 有投资人申报的出资

投资人可以以个人财产出资，也可以以家庭共有财产出资。投资人可以用货币出资，也可以用实物、土地使用权、知识产权或其他财产权利出资。以家庭共有财产出资的，投资人应在设立（变更）登记申请书中予以注明。

想一想

王丽与张鹏结婚前，王丽母亲出资以王丽的名义购买了一套住房，并办理了财产公证。结婚时这套住房作为嫁妆陪嫁。结婚后两年张鹏打算开办个人独资企业，他用该套住房出资可否？

4. 有固定的生产经营场所和必要的生产经营条件

生产经营场所包括企业的住所和进行生产经营活动的处所。必要的生产经营条件是指与企业生产经营范围、规模相适应的条件，如厂房、办公场地、机械设备等。

5. 有必要的从业人员

从业人员是企业开展经营活动必不可少的要素和条件。法律对个人独资企业的从业人员的数额没有具体规定，由企业根据经营情况而定。

（二）个人独资企业的设立程序

个人独资企业设立程序较为简单，具体按照下列程序进行。

1. 提出设立申请

申请设立个人独资企业，应当由投资人或者其委托的代理人向个人独资企业所在地的登记机关提出设立申请。投资人申请设立登记，应当向登记机关提交下列文件：

（1）由投资人签署的设立登记申请书。设立申请书应当载明企业的名称和住所；投资人的姓名和居所；投资人的出资额和出资方式；经营范围。

（2）投资人身份证明。主要是身份证及其他有关证明材料。

（3）企业住所证明和生产经营场所使用证明等文件，如土地使用证明、租赁合同等。

（4）委托代理人申请设立登记的，应当提交投资人的委托书和代理人的身份证明或资格证明。

（5）国家工商行政管理局规定提交的其他证明文件。从事法律、行政法规规定必须报经有关部门审批的业务的，应当提交有关部门的批准文件。

2. 核准登记

登记机关应当自收到设立申请文件之日起 15 日内，对符合规定条件的，予以登记，发给营业执照；对不符合规定条件的，不予登记，并发给企业登记驳回通知书。个人独资企业营业执照的签发日期，为个人独资企业成立日期。在领取个人独资企业营业执照前，投资人不得以个人独资企业名义从事经营活动。

个人独资企业设立分支机构，应当由投资人或者其委托代理人向分支机构所在地的工商登记机关申请设立登记，领取营业执照。分支机构的登记事项应当包括：分支机构的名称、经营场所、负责人姓名和居所、经营范围和方式。需要向登记机关提交的文件有：

（1）分支机构设立登记申请书；

（2）加盖登记机关印章的个人独资企业营业执照复印件；

（3）经营场所证明；

（4）工商行政管理部门规定提交的其他文件。

分支机构的民事责任由设立该分支机构的个人独资企业承担。

个人独资企业存续期间登记事项发生变更的，应当自做出变更决定之日起 15 日内依法向工商登记机关申请办理变更登记。

练一练

张强出资在 A 市崇文区东大街 56 号开办了一家火锅店，生意兴隆。为了满足食客的需求，张强又准备在 A 市尚文区致远街 68 号开一个分店。请问：张强应向哪个地方的登记机关办理分店的登记手续？办理登记时需提交哪些文件？

三、个人独资企业投资人及事务管理

（一）个人独资企业的投资人

个人独资企业的投资人为具有中国国籍的自然人，但法律、行政法规禁止从事营利性活动的人，不得作为投资人申请设立个人独资企业。根据我国有关法律、行政法规规定，国家公务员、党政机关领导干部、警官、法官、检察官、商业银行工作人员等人员，不得作为投资人申请设立个人独资企业。

个人独资企业投资人对本企业财产依法享有所有权，其有关权利可以依法进行转让或继承。由于个人独资企业是一个人投资人以其个人财产对企业债务承担无限责任的经营实体，因此《个人独资企业法》第三十一条规定："个人独资企业财产不足以清偿债务的，投资人应当以其个人的其他财产予以清偿。"如果个人独资企业投资人在申请企业设立登记时明确以其家庭共有财产出资的，应当依法以家庭共有财产对企业债务承担无限责任。

（二）个人独资企业的事务管理

1. 个人独资企业事务管理方式

个人独资企业投资人可以自行管理企业事务，也可以委托或者聘用其他具有民事行为能力的人负责企业的事务管理。投资人委托或者聘用他人管理个人独资企业事务的，应当与委托人或者被聘用的人员签订书面合同，明确委托的具体内容、授予的权利范围、受托人或被聘用人员应履行的义务、报酬和责任等。但是，投资人对受托人或被聘用的人员职权的限制，不得对抗善意第三人，即受托人或者被聘用的人员超出投资人的限制与善意第三人的有关业务往来应当有效。

知识链接

所谓第三人，是指受托人或被聘用的人员以外的，与企业发生经济业务关系的人。所谓善意第三人，是指在有关经济业务事项交往中，没有从事与受托人或被聘用的人员串通，故意损害投资人的第三人。

练一练

公民甲出资开办了一家饮料厂，聘请乙为厂长，在签订的聘任合同中规定：凡是乙以饮料厂名义对外签订金额在 1 000 元以上的合同，须经甲同意。1 个月后，乙未经甲同意，便以饮料厂的名义与善意第三人签订了价值 1 200 元的购销合同，甲得知后表示该合同未经自己同意，是乙违反约定签订的，饮料厂不予承认，也不会执行。

分析：甲的说法是否合法？为什么？

2. 受托人或被聘用人员的义务

受托人或者被聘用的人员应当履行诚信、勤勉义务，以诚实信用的态度对待投资人、对待企业，尽其所能依法保障企业利益，按照与投资人签订的合同负责个人独资企业的事务管理。

投资人委托或者聘用的管理个人独资企业事务的人员不得有下列行为：

（1）利用职务上的便利，索取或者收受贿赂；

（2）利用职务或者工作上的便利侵占企业财产；

（3）挪用企业资金归个人使用或者借贷给他人；

（4）擅自将企业资金以个人名义或者他人名义开立账户储存；

（5）擅自以企业财产提供担保；

（6）未经投资人同意，从事与本企业相竞争的业务；

（7）未经投资人同意，同本企业订立合同或者进行交易；

（8）未经投资人同意，擅自将企业商标或者其他知识产权转让给他人使用；

（9）泄露本企业的商业秘密；

（10）法律、行政法规禁止的其他行为。

四、个人独资企业的解散和清算

（一）个人独资企业的解散

个人独资企业的解散是指个人独资企业终止活动使其民事主体资格消灭的行为。根据《个人投资企业法》规定，个人独资企业有下列情形之一时应当解散：

（1）投资人决定解散；

（2）投资人死亡或被宣告死亡，无继承人或者继承人决定放弃继承；

（3）被依法吊销营业执照；

（4）法律、行政法规规定的其他情形。

（二）个人独资企业的清算

个人独资企业解散的，应当进行清算。《个人独资企业法》对个人独资企业清算规定如下：

1. 通知和公告债权人

个人独资企业解散，由投资人自行清算或者由债权人申请人民法院指定清算人进行清算。投资人自行清算的，应当在清算前15日内书面通知债权人，无法通知的，应当予以公告。债权人应当在接到通知之日起30日内，未接到通知的，应当在公告之日起60日内，向投资人申报其债权。

2. 财产清偿顺序

个人独资企业解散的，财产应当按照下列顺序清偿：

（1）所欠职工工资和社会保险费用；

（2）所欠税款；

（3）其他债务。

个人独资企业财产不足以清偿企业债务的，投资人应当以其个人的其他财产予以清偿。清算期间，个人独资企业不得开展与清算目的无关的经营活动，在按照法律规定的财产清偿顺序清偿债务前，投资人不得转移、隐匿财产。

3. 投资人的持续偿债责任

个人独资企业解散后，原投资人对个人独资企业存续期间的债务仍应承担偿还责任，但债权人在5年内未向债务人提出偿债请求的，该责任消灭。

4. 注销登记

个人独资企业清算结束后，投资人或者人民法院指定的清算人应当编制清算报告，并于15日内到登记机关办理注销登记。经登记机关注销登记，企业缴回营业执照，个人独资企业终止。

练一练

2015年8月1日，某地派出所警员张某出资8万元，拟设立个人独资企业，取名为远大发展公司。假设该个人独资企业成立，聘请朋友袁某管理企业事务，同时规定，凡袁某对外签订额度超过5 000元的合同，须经张某同意。同年12月1日，袁某未经张某同意，以个人独资企业名义与第三人庞某签订了购入1万元设备的合同。2016年2月15日，张某决定解散企业。2016年3月20日，债权人庞某要求张某偿还企业所欠设备款1万元。张某以企业已解散为由，拒绝偿还债务。

分析：

（1）该个人独资企业的设立过程中有无不合法之处？为什么？

（2）袁某与庞某签订的购入1万元设备的合同是否有效？为什么？

（3）张某以个人独资企业已解散为由拒不还款，是否有法律依据？为什么？

第二节　合伙企业法

一、合伙企业法概述

（一）合伙企业的概念

合伙企业，是指自然人、法人和其他组织依照《中华人民共和国合伙企业法》（以下简称《合伙企业法》）在中国境内设立的普通合伙企业和有限合伙企业。

合伙企业分为普通合伙企业和有限合伙企业两种。普通合伙企业由普通合伙人组成，合伙人对合伙企业债务承担无限连带责任，法律另有规定的除外。有限合伙企业由普通合伙人和有限合伙人组成，普通合伙人对合伙企业债务承担无限连带责任，有限合伙人以其认缴的出资额为限对合伙企业债务承担责任。

（二）合伙企业法

合伙企业法有广义和狭义之分。广义的合伙企业法是指国家立法机关或其他机关依法制定的、调整合伙企业合伙关系的各种法律规范的总称。狭义的合伙企业法是指由国家最高立法机关依法制定的、规范合伙企业合伙关系的专门法律，即《合伙企业法》。该法于1997年2月23日由第八届全国人民代表大会常务委员会第二十四次会议通过，于2006年8月27日第十届全国人民代表大会常务委员会第二十三次会议修订，自2007年6月1日起施行。

二、普通合伙企业

（一）普通合伙企业的特征

普通合伙企业，是指由普通合伙人组成，合伙人对合伙企业债务承担无限连带责任的一种合伙企业。普通合伙企业具有以下特征：

1. 由普通合伙人组成

普通合伙人是指在合伙企业中对合伙企业的债务依法承担无限连带责任的自然人、法人或者其他组织。

知识链接

无限连带责任包括两个方面：无限责任和连带责任。连带责任界定的是“债务人之间”的关系，即所有合伙人对合伙企业的债务都有责任向债权人偿还，不管自己在合伙协议中所承担的比例如何。一个合伙人不能清偿对外债务的，其他合伙人都有清偿责任，但是当某一合伙人偿还合伙企业债务超过自己所应当承担的数额时，应向其他合伙人追偿。无限责任界定的是“债务人和债权人”之间的关系，即不管合伙人内部之间如何约定，但是每个债务人都有义务对债权人承担全部的清偿责任，也就是当合伙企业财产不足以清偿其债务时，合伙人应以其在合伙企业出资以外的财产清偿债务，每一个合伙人对企业债务都有清偿的义务，债权人可以就合伙企业财产不足以清偿的部分，向任何一个合伙人要求全部偿还。

2. 合伙人对合伙企业债务依法承担无限连带责任

除法律另有规定外，当合伙企业的财产不足以清偿其债务时，合伙人应当以自己的个人财产承担连带清偿责任。

知识链接

法律另有规定的除外是指《合伙企业法》有特殊规定的，合伙人可以不承担无限连带责任。按照《合伙企业法》中“特殊普通合伙企业”的规定，对以专业知识和专门技能为客户提供有偿服务的专业服务机构，可以设立为特殊的普通合伙企业。在这种特殊的普通合伙企业中，合伙人在执业活动中因故意或者重大过失造成合伙企业债务的，应当承担无限责任或者无限连带责任，其他合伙人以其在合伙企业中的财产份额为限承担责任；执业活动中非因故意或者重大过失造成的合伙企业债务以及合伙企业的其他债务，由全体合伙人承担无限连带责任。

（二）合伙企业的设立条件

1. 有2个以上合伙人

合伙企业人至少为2人以上，对于合伙企业合伙人数的最高限额，我国《合伙企业法》未作规定。合伙人的资格，《合伙企业法》做了以下限定：

（1）合伙人可以是自然人，也可以是法人或者其他组织。

（2）合伙人是自然人的，应当具有完全民事行为能力。无民事行为能力人、限制民事行为能力人、国家法律法规规定禁止从事营利活动的人不得成为合伙企业的合伙人。

（3）国有独资公司、国有企业、上市公司以及公益性的事业单位、社会团体不得成为普通合伙人。

2. 有书面合伙协议

合伙协议是指由各合伙人通过协商，共同决定相互间的权利义务，达成的具有法律约束力的协议。合伙协议应当依法由全体合伙人协商一致，以书面形式订立。合伙协议应当载明下列事项：合伙企业的名称和主要经营场所的地点；合伙目的和合伙经营范围；合伙人的姓名或者名称、住所；合伙人的出资方式、数额和缴付期限；利润分配、亏损分担方式；合伙事务的执行；入伙与退伙；争议解决办法；合伙企业的解散与清算；违约责任等。合伙协议经全体合伙人签名、盖章后生效。合伙人依照合伙协议享有权利、履行义务。修改或者补充合伙协议，应当经过全体合伙人一致同意；但是，合伙协议另有约定的除外。

3. 有合伙人认缴或者实际缴付的出资

合同协议生效后，合伙人应当按照合伙协议的规定缴纳出资，合伙人可以用货币、实物、知识产权、土地使用权或者其他财产权利出资，也可以用劳务出资。合伙人以实物、知识产权、土地使用权或者其他财产权利出资，需要评估作价的，可以由全体合伙人协商确定，也可以由全体合伙人委托法定评估机构评估。合伙人以劳务出资的，其评估办法由全体合伙人协商确定，并在合伙协议中载明。合伙人应当按照合伙协议约定的出资方式、数额和缴付期限，履行出资义务。以非货币财产出资的，依照法律、行政法规的规定，需要办理财产权转移手续的，应当依法办理。

4. 有合伙企业名称和生产经营场所

普通合伙企业应当在其名称中标明“普通合伙”字样，其中特殊的普通合伙企业，应当在其名称中标明“特殊普通合伙”字样，合伙企业的名称必须和“合伙”联系起来，名称中必须有“合伙”二字。

5. 法律、行政法规规定的其他条件

练一练

甲、乙、丙三人拟设立一个普通合伙企业，其合伙协议部分内容如下：(1) 甲的出资为现金1万元和劳务作价5万元；(2) 乙的出资为专利使用权，作价2万元，于合伙企业成立后半年内缴付；(3) 丙的出资为作价10万元的房屋一栋，不办理财产转移手续；(4) 合伙企业的经营期限，于合伙企业成立满1年时再协商确定。

分析：该合伙协议内容是否符合法律规定？为什么？

（三）合伙企业的设立登记

合伙企业的设立登记，应按如下程序进行：

1. 申请人申请设立登记

申请人向企业登记机关申请设立登记需要提交相关文件，该类文件有：

(1) 登记申请书。它是由全体合伙人签署的设立合伙企业的书面申请。

(2) 合伙人的身份证明。合伙人是自然人的，应提交本人依法取得的身份证明，如居民身份证；属于法人、其他组织的，应提交证明法人、其他组织存在的合法证明全体合伙人的身份证明，如营业执照、事业单位法人证书、社会团体法人登记证等。

(3) 合伙协议书。它是全体合伙人签署的书面合伙协议。

(4) 其他法定的证明文件。比如全体合伙人指定代表或者共同委托代理人的委托书、出资权属证明、经营场所证明等。

合伙企业的经营范围中有属于法律、行政法规或者国务院规定在登记前须经批准的项目的，应当向企业登记机关提交批准文件。全体合伙人决定委托执行事务合伙人的，应当向企业登记机关提交全体合伙人的委托书。执行事务合伙人是法人或者其他组织的，还应当提交其委派代表的委托书和身份证明。以实物、知识产权、土地使用权或者其他财产权利出资，由全体合伙人协商作价的，应当向企业登记机关提交全体合伙人签署的协商作价确认书；由全体合伙人委托法定评估机构评估作价的，应当向企业登记机关提交法定评估机构出具的评估作价证明。

2. 企业登记机关核发营业执照

申请人提交的登记申请材料齐全、符合法定形式，企业登记机关能够当场登记的，应予当场登记，发给营业执照。如果申请人提交的登记申请材料不齐全、不完全符合法定形式，需要补充有关材料，才能达到法定情形的，或者企业登记机关认为当场难以发给营业执照，对有关材料需要进一步核实情况的，企业登记机关可以不予当场登记，但应当自受理申请之日起20日内，做出是否登记的决定。予以登记的，发给营业执照；不予登记的，应当给予书面答复，并说明理由。合伙企业的营业执照签发日期，为合伙企业的成立日期。合伙企业领取营业执照前，合伙人不得以合伙企业名义从事合伙业务。

（四）合伙企业财产

1. 合伙企业财产的构成

根据《合伙企业法》的规定，合伙企业财产由三部分构成。

(1) 合伙人的出资。合伙人的出资形成合伙企业的原始财产。它是全体合伙人"认缴"的财产，不是"实缴"财产。

(2) 合伙企业存续期间，以合伙企业名义取得的收益。主要包括合伙企业公共积累资金、未分配的盈余、合伙企业债权、合伙企业取得的工业产权和非专利技术、合伙企业的名称

(商号)、商誉等。

(3) 依法取得的其他财产。如合法接受捐赠的财产。

2. 合伙企业财产的性质

合伙企业财产具有共有的性质,即合伙企业的财产归合伙人共有,合伙人出资以后,一般来说就丧失了对其作为出资部分财产的持有权、占有权。合伙企业财产是作为一个整体而存在,合伙人对合伙企业财产权益的表现形式仅仅是依照合伙协议所确定的财产收益份额或比例。

合伙人在合伙企业清算前,不得请求分割合伙企业的财产;但是,法律另有规定的除外。合伙人在合伙企业清算前私自转移或者处分合伙企业财产的,合伙企业不得以此对抗善意第三人。在确认善意取得的情况下,合伙企业的损失只能向合伙人进行追索,而不能向善意第三人追索。合伙企业也不能以合伙人无权处分其财产而对善意第三人的权利要求进行对抗。

3. 合伙人财产份额的转让

合伙企业存续期间,合伙人向合伙人以外的人转让其在合伙企业中的全部或者部分财产份额时,须经其他合伙人一致同意。合伙人之间转让在合伙企业中的全部或者部分财产份额时,应当通知其他合伙人。合伙人依法转让其财产份额的,在同等条件下,其他合伙人有优先购买权。

合伙人以外的人依法受让合伙人在合伙企业中的财产份额的,须经修改合伙协议成为合伙企业的合伙人。合伙人以其在合伙企业中的财产份额出质的,须经其他合伙人一致同意。未经其他合伙人一致同意,其行为无效,由此给善意第三人造成损失的,由行为人依法承担赔偿责任。

想一想

张某、李某、刘某为普通合伙企业的合伙人。刘某在未征求李某意见,但征得张某同意的情况下,将其在合伙企业的财产份额转让给吴某,双方签订了转让协议。刘某转让财产份额的行为有效吗?为什么?

(五) 合伙事务执行

1. 合伙事务的执行方式

合伙企业事务可以由全体合伙人共同执行,也可以委托一个或数个合伙人执行。执行合伙企业事务的合伙人,对外代表合伙企业。委托一个或者数个合伙人执行合伙企业事务的,其他合伙人不再执行合伙企业事务。执行合伙企业事务的人应当依照约定向其他不参加执行事务的合伙人报告事务执行情况以及合伙企业的经营状况和财务状况,其执行合伙企业事务所产生的收益归全体合伙人,所产生的亏损或者民事责任,由全体合伙人承担。经全体合伙人同意,合伙企业可以聘用外部人员从事合伙企业的日常事务管理工作。被聘用的合伙企业的经营管理人员应当在合伙企业授权范围内履行职务,因超越合伙企业授权范围从事经营活动,或因故意或者重大过失,给合伙企业造成损失的,依法承担赔偿责任。

2. 合伙人的权利和义务

合伙人在执行合伙事务中的权利主要有:合伙人对执行合伙事务享有同等的权利;执行合伙事务的合伙人对外代表合伙企业;不执行合伙事务的合伙人有监督检查权;合伙人具有查阅企业会计账簿等财务资料的权利;合伙人有提出异议的权利和撤销委托的权利。

合伙人在执行合伙事务中的义务主要有：合伙事务执行人按照约定向不参加执行事务的合伙人报告企业经营状况和财务状况；合伙人不得自营或者同他人合作经营与本合伙企业相竞争的业务；合伙人不得同本合伙企业进行交易，除合伙协议另有约定或者经全体合伙人同意外；合伙人不得从事损害本合伙企业利益的活动。

3. 合伙事务执行的决议办法

合伙人对合伙企业有关事项做出决议，按照合伙协议约定的表决办法办理。合伙协议未约定或者约定不明确的，实行合伙人一人一票，并经全体合伙人过半数通过的表决办法。《合伙企业法》对合伙企业的表决办法另有约定的，从其规定。除合伙协议另有约定外，合伙企业的下列事项应当经全体合伙人一致同意：

(1) 改变合伙企业的名称；

(2) 改变合伙企业的经营范围、主要经营场所的地点；

(3) 处分合伙企业的不动产；

(4) 转让或者处分合伙企业的知识产权和其他财产权利；

(5) 以合伙企业名义为他人提供担保；

(6) 聘任合伙人以外的人担任合伙企业的经营管理人员。

4. 合伙企业的损益分配

合伙企业的损益分配包括合伙企业的利润分配和亏损分担两个方面。合伙企业的利润分配和亏损分担，按照合伙协议的约定办理；合伙协议未约定或者约定不明确的，由合伙人协商决定；协商不成的，由合伙人按照出资比例分配、分担；无法确定出资比例的，由合伙人平均分配、分担。合伙协议不得约定将全部利润分配给部分合伙人或者由部分合伙人承担全部亏损。

(六) 合伙企业与第三人的关系

1. 合伙企业对外代表权的效力

根据《合伙企业法》的规定，执行合伙企业事务的合伙人，对外代表合伙企业，执行合伙事务所产生的收益归全体合伙人，所产生的费用和亏损，由全体合伙人承担。可以取得合伙企业对外代表权的合伙人，主要有三种情况：一是由全体合伙人共同执行合伙企业事务的，全体合伙人都有权对外代表合伙企业；二是由部分合伙人执行合伙企业事务的，只有受委托执行合伙企业事务的那一部分合伙人有权对外代表合伙企业；三是由于特别授权在单项合伙事务上有执行权的合伙人，依照授权范围可对外代表合伙企业。

合伙企业对合伙人执行合伙企业事务以及对外代表合伙企业权利的限制，不得对抗善意第三人。

2. 合伙企业的债务清偿

合伙企业对其债务，应先以其全部财产进行清偿。合伙企业财产不足清偿的部分，由各合伙人承担无限连带责任。即合伙企业的债权人可以根据自己的清偿利益，请求全体合伙人中一人或数人承担全部清偿责任，也可以按照自己确定的比例向各合伙人分别追偿。被请求的合伙人不得以其出资的份额大小、合伙协议有特别约定等理由拒绝。

合伙人之间按合伙企业亏损分担的比例分担合伙企业的债务。但合伙人之间的分担比例对债权人没有约束力。如果合伙人实际支付的债务数额超过其依照既定比例所应承担的数额，该合伙人有权就超过部分向其他未支付或者未足额支付应承担数额的合伙人追偿。

3. 合伙人的债务清偿

合伙企业中某一合伙人的债权人，不得以该债权抵销其对合伙企业的债务。合伙企业具有独立的民事主体资格，与合伙人个人是两个不同的民事主体，债权债务不能混淆。

合伙人个人负有债务，其债权人不得代位行使该合伙人在合伙企业中的权利。

合伙人个人财产不足清偿其与合伙企业无关的债务时，该合伙人可以其从合伙企业中分取的收益用于清偿；债权人也可以依法请求人民法院强制执行该合伙人在合伙企业中的财产份额用于清偿。

想一想

某合伙企业合伙人张某因个人买车，向非合伙人李某借款4万元，而李某曾与该合伙企业签订了一份买卖合同，还欠该合伙企业货款6万元。当该合伙企业向李某催要货款时，李某提出因张某欠其4万元，所以他只需付合伙企业2万元即可。请问：李某的说法是正确吗？为什么？

（七）入伙与退伙

1. 入伙

入伙是指在合伙企业存续期间，合伙人以外的第三人加入合伙企业，取得合伙人资格。依照《合伙企业法》第四十三的规定："新合伙人入伙，除合伙协议另有约定外，应当经全体合伙人一致同意，并依法订立书面入伙协议。订立入伙协议时，原合伙人应当向新合伙人如实告知原合伙企业的经营状况和财务状况。"这一规定包括四层含义：

（1）新合伙人入伙，应当经全体合伙人一致同意，未获一致同意，不得入伙。

（2）合伙协议无另外约定，入伙的原合伙协议对新合伙人入伙约定了相应条件，则必须按照约定执行。

（3）新合伙人入伙，应当依法订立书面入伙协议，入伙协议应当以原合伙协议为基础，并对原合伙协议事项做相应变更，订立入伙协议不得违反公平原则和诚信原则。

（4）订立入伙协议时，原合伙人应当向新合伙人如实告知合伙企业的经营状况和财务状况。

一般来讲，入伙的新合伙人与原合伙人享有同等的权利，承担同等责任，入伙的新合伙人对入伙前合伙企业的债务承担连带责任。但是，如果原合伙人愿意以更优越的条件吸引新合伙人入伙，或者新合伙人愿意以较为不利的条件入伙，也可以在入伙协议中另行约定。新入伙的合伙人对入伙前合伙企业的债务承担无限连带责任。

2. 退伙

退伙是指合伙人退出合伙企业，从而丧失合伙人的资格。合伙人退伙一般有两种原因：一是自愿退伙；二是法定退伙。

自愿退伙是指合伙人基于自愿的意思表示而退伙，它分为协议退伙和通知退伙两种。

合伙协议中约定合伙期限的，在合伙企业存续期间，有下列情形之一的合伙人可以退伙：

（1）合伙协议约定的退伙事由出现；

（2）经全体合伙人一致同意；

（3）发生合伙人难以继续参加合伙企业的事由；

（4）其他合伙人严重违反合伙协议约定的义务。

合伙协议未约定合伙期限的，合伙人在不给合伙企业事务执行造成不利影响的情况下，可以退伙，但应当提前30日通知其他合伙人。合伙人违反上述规定擅自退伙的，应当赔偿由此给其他合伙人造成的损失。

法定退伙是指合伙人因出现法律规定的事由而退伙，法定退伙分为当然退伙和除名退伙两类。

合伙人有下列情形之一的，当然退伙：

(1) 作为合伙人的自然人死亡或者被依法宣告死亡；

(2) 个人丧失偿债能力；

(3) 作为合伙人的法人或者其他组织依法被吊销营业执照、责令关闭、撤销，或者被宣告破产；

(4) 法律规定或者合伙协议约定合伙人必须具有相关资格而丧失该资格；

(5) 合伙人在合伙企业中的全部财产份额被人民法院强制执行。

此外，合伙人被依法认定为无民事行为能力人或者限制民事行为能力人的，经其他合伙人一致同意，可以依法转为有限合伙人，普通合伙企业依法转为有限合伙企业。其他合伙人未能一致同意的，该无民事行为能力或者限制民事行为能力的合伙人退伙。退伙事由实际发生之日为退伙生效日。

合伙人有下列情形之一的，经其他合伙人一致同意，可以决议将其除名：

(1) 未履行出资义务；

(2) 因故意或者重大过失给合伙企业造成损失；

(3) 执行合伙企业事务时有不正当行为；

(4) 发生合伙协议约定的事由。

对合伙人的除名决议应当书面通知被除名人。被除名人自接到除名通知之日起，除名生效，被除名人退伙。被除名人对除名决议有异议的，可以在接到除名通知之日起30日内，向人民法院起诉。

想一想

田某是一普通合伙企业的合伙人，因车祸成为植物人，被人民法院依法宣告为无民事行为能力人，其他合伙人不同意将其转为有限合伙人，田某只能退出合伙企业。请问：田某属于哪种退伙？

合伙人死亡或者被依法宣告死亡的，对该合伙人在合伙企业中的财产份额享有合法继承权的继承人，按照合伙协议的约定或者经全体合伙人同意，从继承开始之日起，取得该合伙企业的合伙人资格。有下列情形之一的，合伙企业应当向合伙人的继承人退还被继承合伙人的财产份额：

(1) 继承人不愿意成为合伙人；

(2) 法律规定或者合伙协议约定合伙人必须具有相关资格，而该继承人未取得该资格；

(3) 合伙协议约定不能成为合伙人的其他情形。

合伙人的继承人为无民事行为能力人或者限制民事行为能力人的，经全体合伙人一致同意，可以依法成为有限合伙人，普通合伙企业依法转为有限合伙企业；全体合伙人未能一致同意的，合伙企业应当将被继承合伙人的财产份额退还该继承人。

合伙人退伙，其他合伙人应当与该退伙人按照退伙时的合伙企业财产状况进行结算，退还退伙人的财产份额。退伙人对给合伙企业造成的损失负有赔偿责任的，相应扣减其应当赔偿的数额。退伙时有未了结的合伙企业事务的，待该事务了结后进行结算。退伙人在合伙企业中财产份额的退还办法，由合伙协议约定或者由全体合伙人决定，可以退还货币，也可以退还实物。

退伙人对基于其退伙前的原因发生的合伙企业债务，承担无限连带责任。合伙人退伙时，合伙企业财产少于合伙企业债务的，退伙人应当按照合伙协议的约定分担亏损；合伙协议未约定或者约定不明确的，由合伙人协商决定；协商不成的，由合伙人按照出资比例分配、分担；无法确定出资比例的，由合伙人平均分配、分担。

三、有限合伙企业

（一）有限合伙企业的概念

有限合伙企业，是指由有限合伙人和普通合伙人共同组成，普通合伙人对合伙企业债务承担无限连带责任，有限合伙人以其认缴的出资额为限对合伙企业债务承担责任的合伙组织。

（二）有限合伙企业设立的特殊规定

1. 有限合伙企业人数

有限合伙企业由 2 个以上 50 个以下的合伙人设立；但法律另有规定的除外。有限合伙企业至少应当有 1 个普通合伙人。有限合伙企业仅剩有限合伙人的，应当解散；企业仅剩下普通合伙人的，应当转为普通合伙企业。

2. 有限合伙企业的名称

有限合伙企业的名称中应当标明“有限合伙”字样，不能标明“普通合伙”“特殊普通合伙”“有限公司”“有限责任公司”等字样。

3. 有限合伙企业协议

有限合伙协议除符合普通合伙企业合伙协议规定外，还应当载明下列事项：(1) 普通合伙人和有限合伙人的姓名或者名称、住所；(2) 执行事务合伙人应当具备的条件和选择程序；(3) 执行事务合伙人权限与违约处理办法；(4) 执行事务合伙人的除名条件和更换程序；(5) 有限合伙人入伙、退伙的条件、程序以及相关责任；(6) 有限合伙人和普通合伙人相互转变程序。

4. 有限合伙人出资形式

有限合伙人可以用货币、实物、知识产权、土地使用权或者其他财产权利作价出资，但是不得以劳务出资。有限合伙人应当按照合伙协议的约定按期足额缴纳出资；未按期足额缴纳的，应当承担补缴义务，并对其他合伙人承担违约责任。有限合伙企业登记事项中应当载明有限合伙人的姓名或者名称及认缴的出资数额。

（三）有限合伙企业事务执行的特殊规定

1. 有限合伙企业事务执行人

有限合伙企业由普通合伙人执行合伙事务。执行事务合伙人可以要求在合伙协议中确定执行事务的报酬及报酬提取方式。

2. 禁止有限合伙人执行合伙事务

《合伙企业法》规定，有限合伙人不执行合伙企业事务，不得对外代表有限合伙企业。有限合伙人的下列行为，不视为执行合伙事务：(1) 参与决定普通合伙人入伙、退伙；(2) 对企业的经营管理提出建议；(3) 参与选择承办有限合伙企业审计业务的会计师事务所；(4) 获取经审计的有限合伙企业财务会计报告；(5) 对涉及自身利益的情况，查阅有限合伙企业财务会计账簿等财务资料；(6) 在有限合伙企业中的利益受到侵害时，向有责任的合伙人主张权利或者提起诉讼；(7) 执行事务合伙人怠于行使权利时，督促其行使权利或者为了本企业的利益以自己的名义提起诉讼；(8) 依法为本企业提供担保。

另外，第三人有理由相信有限合伙人为普通合伙人并与其交易的，该有限合伙人对该笔交易承担与普通合伙人同样的责任。有限合伙人未经授权以有限合伙企业名义与他人进行交易，给有限合伙企业或者其他合伙人造成损失的，该有限合伙人应当承担赔偿责任。有限合伙企业不得将全部利润分配给部分合伙人；但合伙协议另有约定的除外。

3. 有限合伙人权利的特殊规定

有限合伙人可以同本有限合伙企业进行交易，可以自营或者同他人合作经营与本有限合伙企业相竞争的业务；但合伙协议另有约定的除外。

（四）有限合伙企业财产转让的特殊规定

有限合伙人可以按照合伙协议的约定向合伙人以外的人转让其在有限合伙企业中的财产份额，但应当提前30日通知其他合伙人。其他合伙人有优先购买权。有限合伙人可以将其在有限合伙企业中的财产份额出质；但合伙协议另有约定的除外。

（五）有限合伙人债务清偿的特殊规定

有限合伙人的自有财产不足清偿其与合伙企业无关债务的，该合伙人可以以其从有限合伙企业中分取的收益用于清偿；债权人也可以依法请求人民法院强制执行该合伙人在有限合伙企业中的财产份额用于清偿。人民法院强制执行有限合伙人的财产份额时，应当通知全体合伙人，在同等条件下，其他合伙人有优先购买权。

（六）有限合伙企业入伙与退伙的特殊规定

新入伙的有限合伙人对入伙前有限合伙企业的债务，以其认缴的出资额为限承担责任。有限合伙人出现下列情形时当然退伙：

(1) 作为合伙人的自然人死亡或者被依法宣告死亡；

(2) 个人丧失偿债能力；

(3) 作为合伙人的法人或者其他组织依法被吊销营业执照、责令关闭、撤销，或者被宣告破产；

(4) 法律规定或者合伙协议约定合伙人必须具有相关资格而丧失该资格；

(5) 合伙人在合伙企业中的全部财产份额被人民法院强制执行。

有限合伙人退伙后，对基于退伙前的原因发生的有限合伙企业债务，以其退伙时从有限合伙企业中取回的财产承担责任。作为有限合伙人的自然人在有限合伙企业存续期间丧失民事行为能力的，其他合伙人不得因此要求其退伙。作为有限合伙人的自然人死亡、被依法宣告死亡或者作为有限合伙人的法人及其他组织终止时，其继承人或者权利承受人可以依法取得该有限合伙人在有限合伙企业中的资格。

（七）合伙人性质转变的特殊规定

除合伙协议另有约定外，普通合伙人转变为有限合伙人，或者有限合伙人转变为普通合伙人，应当经全体合伙人一致同意。有限合伙人转变为普通合伙人的，对其作为有限合伙人期间有限合伙企业发生的债务承担无限连带责任。普通合伙人转变为有限合伙人的，对其作为普通合伙人期间合伙企业发生的债务承担无限连带责任。

四、合伙企业解散与清算

合伙企业有下列情形之一的，应当解散：

(1) 合伙期限届满，合伙人决定不再经营；

(2) 合伙协议约定的解散事由出现；

(3) 全体合伙人决定解散；

(4) 合伙人已不具备法定人数满 30 天；

(5) 合伙协议约定的合伙目的已经实现或者无法实现；

(6) 依法被吊销营业执照、责令关闭或者被撤销；

(7) 法律、行政法规规定的其他原因。

合伙企业解散，应当进行清算。合伙企业清算人由全体合伙人担任；经全体合伙人过半数同意，可以自合伙企业解散事由出现后 15 日内指定一个或者数个合伙人，或者委托第三人，担任清算人。15 日内未确定清算人的，合伙人或者其他利害关系人可以申请人民法院指定清算人。清算人自被确定之日起 10 日内通知债权人，并于 60 日内在报纸上公告。债权人应当自接到通知书之日起 30 日内，未接到通知书的自公告之日起 45 日内，向清算人申报债权。清算人在清算期间执行下列事务：

(1) 清理合伙企业财产，分别编制资产负债表和财产清单；

(2) 处理与清算有关的合伙企业未了结的事务；

(3) 清缴所欠税款；

(4) 清理债权、债务；

(5) 处理合伙企业清偿债务后的剩余财产；

(6) 代表合伙企业参加诉讼或者仲裁活动。

合伙企业财产在支付清算费用后，按下列顺序清偿：

(1) 合伙企业所欠职工工资、社会保险费用、法定补偿金；

(2) 合伙企业所欠税款；

(3) 合伙企业的债务；

(4) 剩余财产分配。

清算结束，清算人应当编制清算报告，经全体合伙人签名、盖章后，在 15 日内向企业登记机关报送清算报告，申请办理合伙企业注销登记。合伙企业注销后，原普通合伙人对合伙企业存续期间的债务仍应承担无限连带责任。

五、违反合伙企业法的法律责任

(一) 合伙人违法行为应承担的法律责任

合伙人提交虚假文件或者采取其他欺骗手段，取得合伙企业登记的，由企业登记机关责令改正，处以 5 000 元以上 5 万元以下的罚款；情节严重的，撤销企业登记，并处以 5 万元以上 20 万元以下的罚款。

合伙企业未在其名称中标明“普通合伙”“特殊普通合伙”或者“有限合伙”字样的，由企业登记机关责令限期改正，处以 2 000 元以上 1 万元以下的罚款。

未领取营业执照，而以合伙企业或者合伙企业分支机构名义从事合伙业务的，由企业登记机关责令停止，处以 5 000 元以上 5 万元以下的罚款。

合伙企业登记事项发生变更时，未依照规定办理变更登记的，由企业登记机关责令限期登记;逾期不登记的,处以2 000元以上2万元以下的罚款。合伙企业登记事项发生变更,执行合伙事务的合伙人未按期申请办理变更登记的,应当赔偿由此给合伙企业、其他合伙人或者善意第三人造成的损失。

合伙人执行合伙事务,或者合伙企业从业人员利用职务上的便利,将应当归合伙企业的利益据为己有的,或者采取其他手段侵占合伙企业财产的,应当将该利益和财产退还合伙企业;给合伙企业或者其他合伙人造成损失的,依法承担赔偿责任。

合伙人对《合伙企业法》规定或者合伙协议约定必须经全体合伙人一致同意始得执行的事务擅自处理,给合伙企业或者其他合伙人造成损失的,依法承担赔偿责任。

不具有事务执行权的合伙人擅自执行合伙事务,给合伙企业或者其他合伙人造成损失的,依法承担赔偿责任。

合伙人违反《合伙企业法》规定或者合伙协议的约定,从事与本合伙企业相竞争的业务或者与本合伙企业进行交易的,该收益归合伙企业所有;给合伙企业或者其他合伙人造成损失的,依法承担赔偿责任。

(二)合伙企业清算人违法行为应承担的法律责任

清算人未依照《合伙企业法》规定向企业登记机关报送清算报告,或者报送清算报告隐瞒重要事实,或者有重大遗漏的,由企业登记机关责令改正。由此产生的费用和损失,由清算人承担和赔偿。

清算人执行清算事务,牟取非法收入或者侵占合伙企业财产的,应当将该收入和侵占的财产退还合伙企业;给合伙企业或者其他合伙人造成损失的,依法承担赔偿责任。

清算人违反《合伙企业法》规定,隐匿、转移合伙企业财产,对资产负债表或者财产清单作虚假记载,或者在未清偿债务前分配财产,损害债权人利益的,依法承担赔偿责任。

(三)行政管理机关及其人员违法行为应承担的法律责任

有关行政管理机关的工作人员违反《合伙企业法》规定,滥用职权、徇私舞弊、收受贿赂、侵害合伙企业合法权益的,依法给予行政处分。

导入案例解析

赵某的说法不正确,按照《合伙企业法》的规定,合伙企业对其债务应先以全部财产进行清偿,合伙企业财产不足清偿部分,由合伙企业的合伙人承担无限连带责任,合伙人之间可以按照协议约定比例承担责任,但合伙人之间的分担比例对债权人没有约束力,即合伙企业的债权人可以向任何一个或数个合伙人要求其承担全部清偿责任,所以本案例中,赵某以协议规定自己只承担30%的损益为由拒绝支付剩余部分的债务是错误的,赵某必须全额偿还银行贷款,按照比例多支付的可以向张某、王某追偿。

本章小结

个人独资企业是在中国境内设立,由一个自然人投资,财产为投资人个人所有,投资人以其个人财产对企业债务承担无限责任的经营实体。设立个人独资企业必须具备法律规定的条件,由投资者提出申请,经企业登记机关核准登记后发给营业执照,营业执照签发法人日期为个人独资企业成立日期。成立后的个人独资企业的投资人可以自行管理企业事务,也可以委托或者聘用其他具有民事行为能力的人负责企业的事务管理。个人独资企业解散的，应当进行清算。企业财产按照所欠职工工资和社会保险费用、所欠税款、其他债务的顺序进行清偿。其财产不足以清偿债务的，投资人应当以其个人的其他财产予以清偿。

合伙企业，是指自然人、法人和其他组织依照《合伙企业法》在中国境内设立的普通合伙企业和有限合伙企业。合伙企业的设立必须符合法律规定的条件和程序。合伙企业财产具有共有的性质，它由合伙人的出资、合伙企业存续期间以合伙企业名义取得的收益和依法取得的其他财产三部分构成。合伙企业存续期间，合伙人向合伙人以外的人转让其在合伙企业中的全部或者部分财产份额时，须经其他合伙人一致同意。合伙人之间转让在合伙企业中的全部或者部分财产份额时，应当通知其他合伙人。合伙人对合伙企业有关事项做出决议，按照合伙协议约定的表决办法办理。合伙协议未约定或者约定不明确的，实行合伙人一人一票，并经全体合伙人过半数通过的表决办法。合伙企业的利润分配和亏损分担，按照合伙协议的约定办理；合伙协议未约定或者约定不明确的，由合伙人协商决定；协商不成的，由合伙人按照出资比例分配、分担；无法确定出资比例的，由合伙人平均分配、分担。合伙协议不得约定将全部利润分配给部分合伙人或者由部分合伙人承担全部亏损。

新合伙人入伙，除合伙协议另有约定外，应当经全体合伙人一致同意，并依法订立书面入伙协议。订立入伙协议时，原合伙人应当向新合伙人如实告知合伙企业的经营状况和财务状况。入伙的新合伙人对入伙前合伙企业的债务承担连带责任。

合伙人退伙有自愿退伙和法定退伙，自愿退伙分为协议退伙和通知退伙；法定退伙分为当然退伙和除名退伙。

思考练习

一、单选题

1. 普通合伙企业入伙的新合伙人对入伙前合伙企业的债务（　　）。

A. 不承担任何责任　　B. 以其认缴的出资额为限承担责任

C. 承担无限连带责任　　D. 只承担过错责任

2. 普通合伙人承担合伙企业债务的方式是（　　）。

A. 对内对外均承担连带责任

B. 对内对外均承担按份责任

C. 对内承担连带责任，对外承担按份责任

D. 对外承担连带责任，对内承担按份责任

3. 下列关于个人独资企业的表述中正确的是（　　）。

A. 个人独资企业的投资人可以是自然人、法人或者其他组织

B. 个人独资企业的投资人对企业债务承担无限责任

C. 个人独资企业不能以自己的名义从事民事活动

D. 个人独资企业具有法人资格

4. 合伙人通知退伙应符合的条件有（　　）。

A. 必须提前 10 天通知其他合伙人

B. 合伙协议未约定合伙期限

C. 必须提前 30 天通知其他合伙人

D. 退伙不会给合伙企业事务执行造成不利影响

5. 除合伙协议另有约定外，合伙人向合伙人以外的人转让其部分财产份额时须满足的条件是(　　)。

A. 应当通知其他合伙人

B. 应经其他合伙人半数以上同意

C. 须经全体合伙人 2/3 以上多数同意

D. 应经其他合伙人一致同意

6. A 是普通合伙企业的合伙人，B 为 A 个人债务的债权人。当 A 的个人财产不足以清偿乙的债务时，根据合伙企业法律制度的规定，B 可以(　　)。

A. 自行接管 A 在合伙企业中的财产份额

B. 依法请求人民法院强制执行 A 在合伙企业的财产份额用于清偿

C. 以其对 A 的债权抵销其对合伙企业的债务

D. 代位行使 A 在合伙企业中的权利

7. 合伙协议未约定损益分配比例的，其利润分配和亏损分担的原则是(　　)。

A. 在全体合伙人之间平均分配和分担

B. 按各合伙人实际出资比例分配和分担

C. 按合伙人贡献大小分配和分担

D. 由各合伙人协商决定

8. 个人独资企业解散后，原合伙人对合伙企业存续期间的债务仍承担连带责任，但是债权人在(　　)年内未向债务人提出请求的，该权利消灭。

A. 7　　B. 4　　C. 6　　D. 5

9. 下列人员中可以作为个人独资企业的投资人的是(　　)。

A. 退休公务员　　B. 法官　　C. 警官　　D. 商业银行工作人员

10. 欲加入甲、乙为合伙人的普通合伙企业，以下各项要求中，不属于丙在入伙时必须满足的条件是(　　)。

A. 甲、乙向丙告知合伙企业的经营和财务状况

B. 丙向甲和乙说明自己的个人负债情况

C. 甲、乙一致同意，并与丙签订书面入伙协议

D. 丙应停止其已经从事的与该合伙企业相竞争的业务活动

二、多选题

1. 普通合伙人的出资方式包括(　　)。

A. 货币　　B. 实物　　C. 土地使用权　　D. 劳务

2. 根据我国有关法律、法规，个人独资企业的名称中可以使用(　　)字样。

A. 中心　　B. 店　　C. 有限　　D. 工作室

3. 下列表述正确的有(　　)。

A. 有限合伙人转变为普通合伙人的，对其作为有限合伙人期间合伙企业发生的债务应承担有限责任

B. 普通合伙人转变为有限合伙人的，对其作为普通合伙人期间合伙企业发生的债务应承担无限责任

C. 除合伙协议另有约定的外，有限合伙人可以经营与本企业相竞争的业务

D. 除合伙协议另有约定的外，有限合伙人可以同本有限合伙企业进行交易

4. 下列情形中，属于合伙人当然退伙的是（ ）。

A. 经全体合伙人同意退伙

B. 被人民法院强制执行在合伙企业中的全部财产份额

C. 合伙协议约定的退伙事由出现

D. 其他合伙人严重违反合伙协议约定的义务

5. 普通合伙企业的下列事务中，必须经全体合伙人一致同意的有（ ）。

A. 以合伙企业名义为他人担保

B. 改变合伙企业名称

C. 处分合伙企业不动产

D. 聘任合伙企业以外的人担任合伙企业的经营管理人员

6. 下列各项中，属于个人独资企业应当解散的情形有（ ）。

A. 投资人死亡，继承人决定继承

B. 被依法吊销营业执照

C. 投资人决定解散

D. 投资人被宣告死亡，无继承人

7. 下列关于个人独资企业的表述中，正确的有（ ）。

A. 个人独资企业可以设立分支机构

B. 设立个人独资企业时，投资人可以用个人财产出资，也可以用家庭共有财产出资

C. 个人独资企业不具有法人资格

D. 个人独资企业不是独立的民事主体，不能独立地承担民事责任

8. 合伙人通知退伙应符合的条件有（ ）。

A. 退伙不会给合伙企业事务执行造成不利影响

B. 合伙协议未约定合伙期限

C. 必须提前 30 天通知其他合伙人

D. 必须提前 10 天通知其他合伙人

9. 下列情形中，属于有限合伙人当然退伙的情形有（ ）。

A. 作为有限合伙人的自然人在有限合伙企业存续期间丧失民事行为能力

B. 有限合伙人个人丧失偿债能力

C. 有限合伙人在合伙企业中的全部财产份额被人民法院强制执行

D. 作为有限合伙人的自然人死亡

三、判断题

1. 个人独资企业营业执照签发日期是个人独资企业成立日期。（ ）

2. 普通合伙企业入伙的新入伙人对入伙前合伙企业债务承担无限连带责任。（ ）

3. 个人独资企业财产不足以清偿债务的部分，由投资人以家庭共有财产清偿。（ ）

4. 个人独资企业具有法人资格，但却不是民事主体。（ ）

5. 作为有限合伙人的自然人在有限合伙企业存续期间丧失民事行为能力的，其他合伙人不能要求其退伙。（ ）

6. 国有独资企业和上市公司都可以成为普通合伙人。（　　）

7. 合伙人对合伙企业有关事项做出决议，按照合伙协议约定的表决办法办理。（　　）

8. 合伙人因重大过失给合伙企业造成损失的属于当然退火的情形之一。（　　）

9. 有限合伙人向合伙人以外的人转让其在合伙企业中的部分财产份额时，不需要经其他合伙人同意。（　　）

10. 普通合伙协议没有约定合伙企业的经营期限的，合伙人在不给合伙企业事务执行造成不利影响的情况下，可以退伙，但应当提前 30 日通知其他合伙人。（　　）

案例分析

1. 王翔为某高校大学生。2015 年 8 月，王翔申请注册了一家个人独资企业，注册资金为 15 万元，其中 5 万元为王翔的父母出资。后因经营管理不善负债 5 万元，王翔决定于 2016 年 12 月将企业自行解散。

分析：

(1) 王翔把个人独资企业自行解散行为是否有效？

(2) 该个人独资企业的出资额是否合法？那么该个人企业的负债是否可以要求以王翔父母的财产来清偿？

2. 甲、乙、丙三人为普通合伙企业的合伙人。因为丙家中有事急需一笔现金，在未征得甲、乙同意的情况下，丙将自己在合伙企业中的财产份额转让给丁。

分析：

(1) 丙的转让行为是否有效？为什么？

(2) 若丙未经甲同意，将其在合伙企业中的财产份额转让给了乙，该转让是否有效？为什么？

3. 张某、李某、王某三人共同出资于 2014 年 3 月开办了一个普通合伙企业。张某、李某和王某各以现金 8 万元、6 万元、6 万元出资。2015 年 4 月张某提出退伙，李某、王某同意，张某将其出资以 8 万元价格转让给了田某。2015 年 10 月，李某、王某、田某决定解散企业，偿还企业债务后，将剩余财产按出资比例分配，但却遗忘了一笔银行贷款。2016 年 2 月，企业所借银行的 1 年期借款 5 万元到期未还，银行找合伙企业追偿时才发现合伙企业已经解散，于是向张某要求偿还，张某以自己已经退伙为由，拒不偿还；银行向李某、王某主张债权，张某、王某表示只按出资比例承担自己的份额；银行向田某主张债权，田某认为贷款是在自己入伙前借的，不应负责。

分析：张某、李某、王某和田某的说法是否合法？为什么？

4. 2012 年 3 月 18 日，甲出资 8 万元设立了个人独资企业 A，同时聘请乙管理企业事务。2015 年 6 月 12 日，因企业不能清偿对丙的到期债务，经丙请示，人民法院指定丁作为清算人对 A 企业进行清算。经查，A 企业和甲个人的资产及债权债务如下：① A 企业欠缴税款 8 000 元，欠乙工资 5 000 元，欠社会保险费用 3 000 元，欠丙 90 000 元；② A 企业的银行存款 20 000 元，实物折价 60 000 元；③ 甲个人其他可执行的财产价值 30 000 元。

分析：甲应当如何清偿企业债务？

第三章 公 司 法

学习目标

☞知识目标

1. 掌握有限责任公司和股份有限公司的概念、设立、组织机构与股权转让。

2. 掌握股份有限公司的设立、组织机构、股份发行与转让。

3. 理解公司合并、分立、解散和清算。

4. 理解公司的法律责任。

☞能力目标

1. 能够识别公司设立过程中的违法行为。

2. 能够判别有限责任公司、股份有限公司股东会、董事会、监事会的组成、会议、决议是否合法。

3. 能正确计算公司利润分配。

4. 能正确计算公司解散时各股东应分得的财产。

案例导入

甲股份有限公司(以下简称甲公司)于2016年2月1日召开董事会会议,该次会议召开情况及讨论决议事项如下:(1)甲公司董事会的7名董事中有6名出席该次会议。其中,董事谢某因病不能出席会议,电话委托董事李某代为出席会议并行使表决权。(2)甲公司与乙公司有业务竞争关系,但甲公司总经理胡某于2013年下半年擅自为乙公司从事经营活动,损害甲公司的利益,故董事会做出如下决定:解聘公司总经理胡某;将胡某为乙公司从事经营活动所得收益收归甲公司所有。(3)为完善公司经营管理制度,董事会会议通过了修改公司章程的决议,并决定从通过之日起执行。

分析:

(1)董事谢某电话委托董事李某代为出席董事会会议并行使表决权的做法是否符合法律规定?简要说明理由。

(2)董事会做出解聘甲公司总经理的决定是否符合法律规定?简要说明理由。

(3)董事会做出将胡某为乙公司从事经营活动所得的收益收归甲公司所有的决定是否符合法律规定?简要说明理由。

(4)董事会做出修改公司章程的决议是否符合法律规定?简要说明理由。

第一节 公司法概述

一、公司的概念及特征

《中华人民共和国公司法》(以下简称《公司法》)规定,公司是指依法设立的,以营利为目的，由股东投资形成的企业法人。公司具有如下特征：

1. 公司是依法设立的

公司依法设立，意味着公司必须依照法定的条件和程序设立。一方面要求公司的章程、资本、组织机构、活动原则等必须合法；另一方面要求公司设立要经过法定程序，进行工商登记。

2. 公司是以营利为目的

出资者设立公司的目的是为了从公司经营中获取利润，因此，以营利目的不仅要求公司本身为盈利开展经营活动，而且要求公司盈利后应当给股东分配。

3. 公司以股东投资行为为基础设立

公司由股东的投资行为设立。有了股东们的投资，未来公司才有经营所必需的资本。股东投资行为形成的权力是股权。股权不同于所有权，也不同于经营权等物权，更不同于债权。公司股东依法享有资产收益、参与重大决策和选择管理者等权利。

4. 公司具有法人资格

我国公司法规定的两种类型的公司都符合《民法通则》中关于法人条件的规定，都具有法人资格。即股东以其认缴的出资额或者认购的股份为限对公司承担有限责任，公司以全部财产对公司经营活动产生的债务承担责任。

知识链接

法人是依法成立，具有民事权利能力和民事行为能力，独立享有民事权利和承担民事义务的组织。法人应当有自己的名称、组织机构、住所、财产或者经费。法人的民事权利能力和民事行为能力，从法人成立时产生，到法人终止时消灭。法人以其全部财产独立承担民事责任。法人分为营利性法人、非营利性法人和特别法人。以取得利润并分配给股东等出资人为目的成立的法人，为营利法人，包括有限责任公司、股份有限公司和其他企业法人等。营业执照签发日期为营利法人的成立日期。非营利法人是为公益目的或者其他非营利目的成立，不向出资人、设立人或者会员分配所取得利润的法人。非营利法人包括事业单位、社会团体、基金会、社会服务机构等。特别法人是指《民法总则》中规定的机关法人、农村集体经济组织法人、城镇农村的合作经济组织法人、基层群众性自治组织法人。

二、公司的种类

1. 以公司资本结构和股东对公司债务承担责任方式为标准分

(1) 无限公司。又称无限责任公司，是指由两个以上股东组成、股东对公司债务承担无限连带责任的公司。无限公司与合伙企业具有基本相同的法律属性。我国公司法所指公司不包括无限公司。

(2) 有限责任公司。又称有限公司，是指股东以其所认缴的出资额为限对公司承担责任，公司以其全部财产为限对其债务承担责任的公司。

(3) 两合公司。是指由无限责任股东和有限责任股东共同组成的公司。无限责任股东对公司债务负无限连带责任，有限责任股东仅以其出资额为限对公司债务承担责任。我国公司法所指公司不包括两合公司。

(4) 股份有限公司。又称股份公司，是指将公司资本分为等额股份，股东以其认购的股份为限对公司承担责任，公司以其全部财产为限对公司债务承担责任的公司。

想一想

无限公司、有限责任公司、两合公司、股份有限公司中,哪些具有法人资格?

2. 以管辖与被管辖的关系为标准分

以公司的管辖与被管辖的关系为标准,公司可分为总公司和分公司。总公司又称本公司,是在组织上统辖和管理若干分公司的公司;分公司是指受本公司管辖的分支机构。总公司具有法人资格,分公司一般不具有法人资格。

3. 以控制与被控制的关系为标准分

以控制与被控制的关系为标准,公司可分为母公司和子公司。母公司是指持有另一公司一定比例的股份,处于控制地位的公司;子公司是指由母公司投资并受其控制的公司。母公司和子公司都具有法人资格。

4. 以公司的信用基础为标准分

以公司的信用基础为标准,公司可分为人合公司、资合公司及人合兼资合公司。人合公司是指以股东个人的信用、地位和声望为信用基础的公司;资合公司是以股东个人出资为信用基础的公司;人合兼资合公司是指兼具有人的信用和资本信用的公司。

想一想

以公司的信用基础为标准,无限公司、有限责任公司、股份有限公司分别属于哪种类型的公司?

三、公司法的概念

公司法有广义和狭义之分。狭义的公司法仅指调整公司问题的专门法律,如《公司法》。该法于 1993 年 12 月 29 日第八届全国人民代表大会常务委员会第五次会议通过,后经过四次修订。广义的公司法是指规定公司法律地位,调整有关公司的组织与行为的各种法律规范的总称。

第二节　有限责任公司

一、有限责任公司的概念和特征

有限责任公司是指股东以其所认缴的出资额为限对公司承担责任,公司以其全部财产对其债务承担责任的公司。有限责任公司作为公司的一种重要形式,具有如下特征:

1. 股东人数有最高限制

《公司法》第二十四条规定:"有限责任公司由五十个以下股东出资设立。"这一规定意味着有限责任公司的股东人数有最高限制。

2. 股东和公司均承担有限责任

有限责任公司的股东以其所认缴的出资额为限对公司承担责任,但股东不直接对公司的债权人承担责任;公司以其全部财产对其债务承担责任,即使公司财产不足以清偿公司债务,公司债权人也不得要求股东承担责任。

3. 股东转让股权受到一定限制

有限责任公司的股东可以向其他人转让其全部或部分股权,但为了维持公司股东结构的稳定,《公司法》规定,有限责任公司的股东向股东以外的人转让股权,应当经其他股东过半数同意。

4. 设立程序简单，组织机构设置灵活

设立有限责任公司，除法律、行政法规明确规定应当办理审批的以外，只要符合法定条件，即可直接向登记机关办理注册登记，与股份有限公司设立相比，设立程序相对简单。另外，有限责任公司并非都要设置股东会、董事会和监事会，组织机构的设置根据公司的具体情况不同而不同。

5. 是封闭性公司

有限责任公司虽然有义务向公司股东提供其经营状况和财务会计报告，但不要求它们向社会公开这些资料，而且有限责任公司的资本由全体股东足额认缴，不能向社会公开募集资本，这些都体现了有限责任公司的封闭性。

二、有限责任公司的设立

（一）设立有限责任公司的条件

1. 股东符合法定人数

有限责任公司由 50 个以下股东出资成立，股东可以是自然人，也可以是法人组织，同时作为例外情况，法律允许一个自然人或一个法人设立一人有限责任公司，国家也可以单独出资设立国有独资公司。

2. 股东共同制定公司章程

章程是指公司必须具备的由发起设立公司的投资者制定的，并对公司、股东、公司经营管理人员具有约束力的，调整公司内部组织关系和经营行为的自治规则。股东应当在公司章程上签名、盖章。公司章程对公司、股东、董事、监事、高级管理人员具有约束力。

3. 有股东认缴的出资额

向公司登记机关申请登记时全体股东认缴的出资总额形成公司的法定资本，又称为注册资本。它既是公司成为法人的基本特征之一，又是企业承担亏损风险的资本担保，同时也是股东权益划分的标准。

股东可以用货币出资，也可以用实物、知识产权、土地使用权等可以用货币估价并可以依法转让的非货币财产作价出资；但是，法律、行政法规规定不得作为出资的财产除外。

4. 有公司名称，建立符合有限责任公司要求的组织机构

有限责任公司必须有自己的名称，并且在其名称中要标明“有限责任公司”或“有限公司”字样。公司的组织机构是公司运作并实现其意志的公司内部机构。公司股东通过公司的组织机构，参与对公司的决策和管理。

5. 有公司的住所

公司住所是公司主要办事机构所在地，它不同于公司的经营场所。公司的经营场所可以是多个，但公司住所只能有一个。确定住所，对于实现国家对公司进行行政登记和司法诉讼管辖以及开展对外业务都具有重要意义。

（二）有限责任公司设立的程序

1. 发起人发起

有限责任公司只能由发起人发起设立。发起人是 2 人以上时，应签订发起人协议或做成发起人会议决议。协议或决议是明确发起人各自在公司设立过程中权利义务的书面文

件。发起人协议(或决议)在法律上被视为合伙协议。发起人在公司未成立前,应对他人承担连带的无限责任。

2. 申请名称预先核准

设立有限责任公司,应当由全体股东指定的代表或者共同委托的代理人向公司登记机关申请名称预先核准。申请名称预先核准,应当提交全体股东签署的公司名称预先核准申请书、全体股东指定代表或者共同委托代理人的证明、国家工商行政管理总局规定要求提交的其他文件。

工商行政管理机关一般会在不超过5个工作日的时间内对申请预先核准企业名称做出核准或者驳回的决定。

3. 制定公司章程

有限责任公司章程应当载明的事项有:公司名称和住所;公司经营范围;公司注册资本;股东的姓名或者名称;股东的出资方式、出资额和出资时间;公司的机构及其产生办法、职权、议事规则;公司法定代表人;股东会会议认为需要规定的其他事项。我国法律要求章程须经全体股东同意并签名盖章,报登记主管核准登记后,才能正式生效。

4. 必要的审批

如果设立的有限责任公司是法律、行政法规规定需要报经批准的有限责任公司,则应当按照法律、行政法规的规定履行必要的批准手续。

5. 股东缴纳出资

有限责任公司的发起人(成立后即为股东)以货币出资的,应当将货币出资足额存入准备设立的有限责任公司在银行开设的临时账户,以实物、工业产权、非专利技术或者土地使用权出资的,应当依法办理其财产权的转移手续。

6. 建立公司组织机构

设立有限责任公司,应当在登记前建立公司的组织机构,一般组织机构应当包括公司的权力机构、执行机构和监督机构。

7. 申请设立登记

设立有限责任公司,应当由全体发起人指定的代表或者共同委托的代理人向公司登记机关申请设立登记,提交的文件有:

(1) 公司法定代表人签署的《公司设立登记申请书》;

(2) 全体股东签署的《指定代表或者共同委托代理人的证明》及指定代表或委托代理人的身份证件复印件;

(3) 全体股东签署的公司章程;

(4) 股东的主体资格证明或者自然人身份证件复印件;

(5) 依法设立的验资机构出具的验资证明;

(6) 股东以非货币财产出资的,提交已办理财产权转移手续的证明文件;

(7) 董事、监事和经理的任职文件及身份证件复印件;

(8) 法定代表人任职文件及身份证件复印件;

(9) 住所使用证明;

(10)《企业名称预先核准通知书》;

(11) 法律、行政法规和国务院决定规定设立有限责任公司必须报经批准的或经营范围中有登机前须报经批准的项目，提交有关的批准文件或者许可证书复印件。

8. 登记发照

公司登记机关对设立登记申请进行审查，对符合法律、法规规定条件的，予以核准登记，发给公司营业执照；对不符合法律、法规规定条件的，不予登记。公司营业执照签发之日，为有限责任公司成立之日。公司自成立之日起，取得法人资格，始对外营业。

三、有限责任公司的组织机构

（一）股东会

有限责任公司的股东会由全体股东组成，股东会是公司的权力机构，但一人有限责任公司和国有独资公司不设股东会。

1. 股东会的职权

股东会行使下列职权：

（1）决定公司的经营方针和投资计划；

（2）选举和更换非由职工代表担任的董事、监事，决定有关董事、监事的报酬事项；

（3）审议批准董事会的报告；

（4）审议批准监事会或者监事的报告；

（5）审议批准公司的年度财务预算方案、决算方案；

（6）审议批准公司的利润分配方案和弥补亏损方案；

（7）对公司增加或者减少注册资本做出决议；

（8）对发行公司债券做出决议；

（9）对公司合并、分立、解散、清算或者变更公司形式做决议；

（10）修改公司章程；

（11）公司章程规定的其他职权。

2. 股东会会议

有限责任公司股东会会议分为定期会议和临时会议。定期会议依照公司章程的规定安排召开。一般 1 年 1 次或 1 年 2 次。临时会议是必要时不定期召开的股东会会议。代表 1/10 以上表决权的股东、1/3 以上的董事、监事会或者不设监事会的公司的监事可提议召开临时股东会议。

首次股东会会议由出资最多的股东召集和主持，以后的股东会会议，公司设立董事会的，由董事会召集，董事长主持；董事长不能履行职务或者不履行职务的，由副董事长主持；副董事长不能履行职务或者不履行职务的，由半数以上董事共同推举 1 名董事主持。公司不设董事会的，股东会会议由执行董事召集和主持。董事会或者执行董事不能履行或者不履行召集股东会会议职责的，由监事会或者不设监事会的监事召集和主持；监事会或者监事不召集和主持的，代表 1/10 以上表决权的股东可以自行召集和主持。

召开股东会会议，应当于会议召开 15 日前通知全体股东。股东会会议由股东按照出资比例行使表决权，但公司章程另有规定的除外。股东会的议事方式和表决程序，除《公司法》另有规定的外，由公司章程规定。股东会会议做出修改公司章程，增加或者减少注册资本的决议，以及公司合并、分立、解散或者变更公司形式的决议，必须经过代表 2/3 以上表决权的股东通过。股东会应当对所议事项的决定作为会议记录，出席会议的股东应当在会议记录上签名。

（二）董事会和经理

1. 董事会

有限责任公司的董事会由全体董事组成。它是公司的执行机构，其成员为3～13人。董事会设董事长1人，可以设副董事长。董事长、副董事长的产生办法由公司章程规定，董事长是公司的法定代表人。两个以上的国有企业或者其他两个以上的国有投资主体投资设立的有限责任公司，其董事会成员中应当有公司职工代表；其他有限责任公司董事会成员中也可以有公司职工代表。董事会中的职工代表由公司职工通过职工代表大会、职工大会或者其他形式民主选举产生。

董事会的职权有：

（1）召集股东会会议，并向股东会报告工作；

（2）执行股东会的决议；

（3）决定公司的经营计划和投资方案；

（4）制订公司的年度财务预算方案、决算方案；

（5）制订公司的利润分配方案和弥补亏损方案；

（6）制订公司增加或减少注册资本以及发行公司债券的方案；

（7）制订公司合并、分立、解散或者变更公司形式的方案；

（8）决定公司内部管理机构的设置；

（9）决定聘任或解聘公司经理及其报酬事项，并根据经理的提名决定聘任或解聘公司副经理、财务负责人及其报酬事项；

（10）制定公司的基本管理制度；

（11）公司章程规定的其他事项。

董事会会议由董事长召集和主持；董事长不能履行职务或者不履行职务的，由副董事长召集和主持；副董事长不能履行职务或者不履行职务的，由半数以上董事共同推举1名董事召集和主持。董事会的议事方式和表决程序，除《公司法》有规定的外，由公司章程规定，董事会决议的表决，实行一人一票。董事会应当对所议事项的决定做成会议记录，出席会议的董事应当在会议记录上签名。

有限责任公司股东人数少或规模小时，可以不设董事会，只设1名执行董事，执行董事是公司的法定代表人。执行董事可以兼任公司经理。

2. 经理

有限责任公司设经理。经理由董事会决定聘任或者解聘。经理对董事会负责，行使下列职权：

（1）主持公司的生产经营管理工作，组织实施董事会决议；

（2）组织实施公司年度经营计划和投资方案；

（3）拟订公司内部管理机构设置方案；

（4）拟订公司的基本管理制度；

（5）制定公司的具体规章；

（6）提请聘任或解聘公司副经理、财务负责人；

（7）决定聘任或解聘除应由董事会决定聘任或解聘以外的负责管理人员；

（8）董事会授予的其他职权。

（三）监事会

监事会是有限责任公司的内部监督机构，行使对经营管理者的监督权，其成员不得少于3人。股东人数较少或者规模较小的，可只设1～2名监事，不设监事会。监事会应当包括股东代表和适当比例的职工代表，其中公司代表的比例不得低于1/3，具体比例由公司章程《公司法》第五十三条规定。监事会设主席1人，负责召集和主持监事会会议。

监事会和不设监事会的公司的监事行使下列职权：

(1) 检查公司财务；

(2) 对董事、高级管理人员执行公司职务的行为进行监督，对违反法律、行政法规、公司章程或股东会决议的董事、高级管理人员提出罢免建议；

(3) 当公司董事、高级管理人员的行为损害公司的利益时，要求董事、高级管理人员予以纠正；

(4) 提议召开临时股东会会议，在董事会不履行法律规定的召集和主持股东会会议职责时召集和主持股东会会议；

(5) 向股东会会议提出提案；

(6) 依照公司法的规定，对董事、高级管理人员提出诉讼；

(7) 公司章程规定的其他职权。

监事会每年度至少召开1次会议。监事可以提议召开临时监事会会议。监事会应当对所议事项的决定做成会议记录，出席会议的监事应当在会议记录上签名。

四、国有独资公司

国有独资公司是指国家单独出资，由国务院或地方人民政府委托国有资产监督管理机构履行出资人职责的有限责任公司。国有独资公司特别规定如下：

(1) 国有独资公司章程由国有资产监督管理机构制定，或者由董事会制定报国有资产监督管理机构批准。

(2) 国有独资公司不设股东会，由国有资产监督管理机构行使股东会职权。国有资产监督管理机构可以授权公司董事会行使股东会的部分职权，决定公司的重大事项，但公司的合并、分立、解散、增减注册资本和发行公司债券，必须由国有资产监督管理机构决定。

(3) 国有独资公司设立董事会，董事会中应当有职工代表。职工代表由职代会选举产生，其他成员由国有资产监督管理机构委派。董事长和副董事长由国有资产监督管理机构从董事会成员中指定。

(4) 国有独资公司设监事会，监事会成员不得少于5人，成员包括国有资产监督管理机构委派人员和职工代表大会选举产生的人员。

五、一人有限责任公司

一人有限责任公司是指只有一个自然人股东或者一个法人股东的有限责任公司。它是有限责任公司的一种特殊表现形式。一人有限责任公司的特别规定如下：

(1) 一人有限责任公司的股东应当一次足额缴纳公司章程规定的出资额，不允许分期缴纳出资。

(2) 一个自然人只能投资设立一个一人有限责任公司。该一人有限责任公司不能投资设立新的一人有限责任公司。一人有限责任公司应当在公司登记中注明自然人独资或者法人独资，并在公司营业执照中载明。

(3) 一人有限责任公司不设股东会,股东做出决定公司的经营方针和投资计划时,应当采用书面形式,并由股东签名后设置于公司。

(4) 一人有限责任公司可以不设董事会,而由唯一的股东担任执行董事。

(5) 一人有限责任公司的股东不能证明公司财产独立于股东自己的财产的,应当对公司债务承担连带责任。

想一想

为什么一人有限责任公司的股东不能证明公司财产独立于股东自己的财产的,股东要对公司债务承担连带责任?

第三节 股份有限公司

一、股份有限公司的概念和特征

股份有限公司也称股份公司,是指全部资本分为等额股份,股东以其所持有的股份为限对公司承担责任,公司以其全部资产对公司债务承担责任的公司。股份有限公司与有限责任公司相比有以下特征:

1. 公司的股本全部分为等额股份

股份有限公司的资本由股份组成,股东向公司出资是通过认购公司股份来实现的。每个股东持有的股份不同,但每一股的金额以及它所代表的权力是完全相同的。股份有限公司的资本划分为等额股份,有利于股份有限公司面向社会筹集资本和分散经营风险,也有利于股东行使股权和公司分配利润。

2. 股东人数没有上限

我国《公司法》规定,设立股份有限公司应当有 2 人以上 200 人以下的发起人。可见股份有限公司的股东人数最少是 2 人,有最低限。实际上许多股份有限公司除发起人股东以外,还有许多非发起人股东,公司的股东人数会更多,没有上限。

3. 股份的转让是自由的

除法律另有规定的以外,股份有限公司的股份只要在依法成立的证券交易场所就可以自由转让,基本不受限制。

4. 设立程序复杂

股份有限公司设立方式有发起设立和募集设立,如果采用后者,设立程序除包括有限责任公司设立的各环节以外,还包括制作招股说明书、报监管机构核准、承销股票、召开创立大会等环节,程序更为复杂。

5. 是开放性公司

由于股份有限公司可以向社会公开募集资本,《公司法》规定公司要向社会和股东公开其经营状况和财务会计报告。

二、股份有限公司的设立

(一) 股份有限公司设立的方式

股份有限公司的设立方式有发起设立和募集设立。

发起设立是由公司发起人认购全部股份的设立公司方式。采用发起设立方式设立股份有限公司的,发起人应将公司全部股份一次认足。

募集设立是指发起人只认购部分股份，其余股份向社会公众公开募集的设立公司方式。《公司法》第八十四条规定："以募集设立方式设立股份有限公司的，发起人认购的股份数不得少于公司股份总数的百分之三十五；但是，法律、行政法规另有规定的，从其规定。"

想一想

甲、乙、丙三家企业欲发起设立丁股份有限公司。章程规定：三方各出资200万元，分2次交清，只要在公司成立后5年内缴清即可。

分析：章程关于出资的规定合法否？

(二) 股份有限公司设立的条件

1. 发起人符合法定人数

公司的发起人是筹办创立公司并对公司设立承担责任的人。公司成立后发起人就成为公司的股东。发起人可以是自然人，也可以是法人或其他组织。我国《公司法》规定设立股份有限公司的发起人应当是2人以上200人以下，其中须有半数以上的发起人在中国境内有住所。

2. 有认缴的出资额

2013年12月28日，第十二届全国人民代表大会常务委员会第六次会议决定对原《公司法》做出修改，发起人出资或发起人股份有限公司设立将注册资本实缴登记制改为认缴登记制。也就是说，除法律、行政法规以及国务院决定对公司注册资本实缴有另行规定的以外，取消了关于公司股东（发起人）应自公司成立之日起2年内缴足出资，投资公司在5年内缴足出资的规定，转而采取公司股东（发起人）自主约定认缴出资额、出资方式、出资期限等，并记载于公司章程的方式。放宽注册资本登记条件。除对公司注册资本最低限额有另行规定的以外，取消了股份有限公司最低注册资本应达500万元的限制，也不再限制股东（发起人）的首次出资比例以及货币出资比例。

3. 股份发行、筹办事项符合法律规定

股份有限公司的设立程序比较复杂，发起人在筹办创立公司的活动中，必须按照法律的要求进行，公司才能成立。

4. 发起人制定公司章程，采用募集方式设立的需经创立大会通过

股份有限责任公司章程应当载明的事项有：公司名称和住所；公司经营范围；公司设立方式；公司股份总数、每股金额和注册资本；发起人的姓名或者名称、认购的股份数、出资方式和出资时间；董事会的组成、职权和议事规则；公司法定代表人；监事会的组成、职权和议事规则；公司利润分配办法；公司的解散事由与清算办法；公司的公告和通知办法；股东大会认为需要规定的其他事项。

创立大会是在募集设立股份有限公司过程中参与公司设立并认购股份的人参与召开的会议，是设立过程中公司的意思决定机关，其决议涉及公司设立行为、公司能否成立等有关事项。根据《公司法》规定，发起人应当在创立大会召开15日前将会议日期通知各认股人或者予以公告。创立大会应有代表股份总数过半数的发起人、认股人出席，方可举行。

5. 有公司名称，建立符合股份有限公司要求的组织机构

股份有限责任公司必须有自己的名称，并且在其名称中要标明"股份有限公司"或"股份公司"字样。公司的组织机构是公司运作并实现其意志的公司内部机构。建立股

东大会、董事会、经理、监事会等公司组织机构，有利于公司权责分明、管理科学、激励和约束相结合。

6. 有公司住所

公司住所即公司主要办事机构所在地。

（三）股份有限公司设立的程序

1. 发起设立方式设立公司的程序

发起设立主要经过以下环节：

（1）主发起人拟订设立股份有限公司方案，邀请发起人；

（2）对拟出资资产进行资产评估或审计；

（3）签订发起人协议书，明确各自在公司设立过程中的权利和义务；

（4）发起人制定公司章程；

（5）由全体发起人指定的代表或者共同委托的代理人向公司登记机关申请名称预先核准；

（6）以非货币性财产出资的，应依法办理以非货币性财产出资的财产权的转移手续；

（7）选举董事会和监事会；

（8）发起人缴纳出资；

（9）申请设立登记；

（10）领取营业执照并公告。

2. 募集设立方式设立公司的程序

募集设立主要经过以下环节：

（1）发起人签订发起人协议，明确各自在公司设立过程中的权利和义务。

（2）发起人共同制定公司章程。发起人认购的股份仅为公司股份总数的一部分，因此发起人不享有公司章程制定权。但作为发起人的一项重要义务，发起人应当置备公司章程草案，作为未来成立大会审议通过之用。

（3）发起人认缴股份。发起人率先垂范地认缴股份并及时缴纳出资是发起人取得未来股东资格的对价和前提，也是发起人对于自己筹划的公司大计具有自信心的表现形式。

（4）由全体发起人指定的代表或者共同委托的代理人向公司登记机关申请名称预先核准。

（5）发起人公告招股说明书，并制作入股书。

（6）与证券经营机构和银行分别签订股票承销协议和代收股款协议。

（7）依法报经国务院证券监督管理机构或者国务院授权的部门核准股份募集。

（8）预先信息披露。为了确保投资者尽早了解未来股份募集的最新动态，从而有充分的时间消化相关资料和信息，发行人申请首次公开发行股票的，在提交申请文件后，应当按照国务院证券监督管理机构的规定预先披露有关申请文件。

（9）国务院证券监督管理机构或者国务院授权的部门核准股份募集。

（10）公告招股说明书。公开募集申请获得核准以后，在公开发行股份前，公告招股说明书，并将该文件置备于指定场所供公众查阅。

（11）认股人认股并缴纳股款。

(12) 召开创立大会。发行股份的股款缴足后,发起人应当自股款缴足之日起 30 日内主持召开公司创立大会。创立大会由发起人、认股人组成。发起人应当在创立大会召开 15 日前将会议日期通知各认股人或者予以公告。创立大会应有代表股份总数过半数的发起人、认股人出席,方可举行。创立大会是股东大会的前身,也是设立过程中拟成立公司的最高决策机构。

(13) 申请设立登记。申请设立登机前,依法需要审批的必须办妥审批手续。

(14) 领取营业执照并公告。

三、股份有限公司的组织机构

(一) 股东大会

股份有限公司股东大会是由全体股东组成的公司最高权力机关,其职权与有限责任公司股东会基本相同。股东大会是通过股东大会会议的形式行使职权的。股东大会会议分为定期会议和临时会议。股东大会定期会议又称为股东大会年会,一般每年召开 1 次。有下列情形之一的,应当在 2 个月内召开临时股东大会:

(1) 董事人数不足法律规定人数或者公司章程所定人数的 2/3 时;

(2) 公司未弥补的亏损达实收股本总额 1/3 时;

(3) 单独或者合计持有公司 10%以上股份的股东请求时;

(4) 董事会认为必要时;

(5) 监事会提议召开时;

(6) 公司章程规定的其他情形。

股东大会会议由董事会召集,董事长主持。召开股东大会会议,应当将会议召开的时间、地点和审议的事项于会议召开 20 日前通知各股东;临时股东大会应当于会议召开 15 日前通知各股东;发行无记名股票的,应当于会议召开 30 日前公告会议召开的时间、地点和审议事项。

股东出席股东大会会议,所持每一股份有一票表决权。但是,公司持有的本公司股份没有表决权。股东大会做出决议,必须经出席会议的股东所持表决权过半数通过。但是,股东大会做出修改公司章程、增加或者减少注册资本的决议,以及公司合并、分立、解散或者变更公司形式的决议,必须经出席会议的股东所持表决权的 2/3 以上通过。

股东委托代理人参加股东大会会议的,代理人应当向公司提交股东授权委托书,并在授权范围内行使表决权。

(二) 董事会和经理

1. 董事会

董事会是股份有限公司的执行机构,其成员一般由公司股东大会选举产生,人数为 5 人至 19 人。董事会每年至少召开 2 次,必要时可召开临时会议。代表 1/10 以上表决权的股东、1/3 以上董事或者监事会,可以提议召开董事会临时会议。董事会会议由董事长召集和主持。会议应有过半数的董事出席方可举行,董事因故不能出席的可以书面委托其他董事代为出席。董事会会议表决实行一人一票。做出决议必须经全体董事的过半数通过。

想一想

A、B、C、D、E、F、G 为某股份有限公司的董事。董事 A、B、C、D、E 出席了 2015 年度第一次董事会会议，F和G因故未能出席但口头委托董事A代为出席。F和G的委托有效吗？

2. 经理

股份有限公司设经理，由董事会决定聘任或者解聘。《公司法》关于有限责任公司经理职权的规定，适用于股份有限公司经理。公司董事会可以决定由董事会成员兼任经理。

（三）监事会

股份有限公司设监事会，其成员不得少于3人。监事会应当包括股东代表和适当比例的公司职工代表，其中职工代表的比例不得低于1/3，具体比例由公司章程规定。董事、高级管理人员不得兼任监事。

股份有限公司监事会的职权与有限责任公司监事会职权基本相同。

监事会每6个月至少召开1次会议。监事会决议应当经半数以上监事通过。监事会应当对所议事项的决定做成会议记录，出席会议的监事应当在会议记录上签名。

四、股份有限公司的股份发行与转让

（一）股份的发行

股份发行是指股份有限公司以筹集资本为目的，分配或出售自己股份的行为。股份发行分新股发行和设立发行。新股发行指股份有限公司成立之后再次发行股份；设立发行指股份有限公司在设立过程中发行股份。股份的发行，实行公平、公正的原则，同种类的每一股份应当具有同等权利。公司的股份采取股票的形式。股票是公司签发的证明股东所持股份的凭证。股票发行价格可以按票面金额，也可以超过票面金额，但不得低于票面金额。

想一想

某股份有限公司拟发行股票，票面金额是每股10元，公司为了尽快筹集到资金，便以每股9.8元的价格向社会募股。该公司的做法合法吗？

（二）股份转让

股份转让是指股份持有人依法自愿把自己的股份让与他人，使他人成为公司股东的行为。《公司法》除规定股东对自己持有的股份可以依法自由转让外，对特定人群转让股份也做了一些必要的限制，这些限制主要有：

（1）股东转让其股份，必须在依法设立的证券交易所进行或者以国务院规定的其他方式进行。

（2）发起人持有的本公司股份，自公司成立之日起1年内不得转让，公司公开发行股份前已发行的股份，自公司股票在证券交易所上市交易之日起1年内不得转让。

（3）公司董事、监事、高级管理人员所持有本公司股份自公司股票上市交易之日起1年内不得转让，上述人员离职半年内不得转让其所持有的本公司股份。

（4）公司董事、监事、高级管理人员应当向公司申报所持有的本公司的股份及变动情况，在任职期间每年转让的股份不得超过其所持本公司股份总数的25%。

（5）公司不得收购本公司的股份，但为了减少公司注册资本、与持有本公司股份的其他公司合并、将股份奖励给本公司职工及股东因对股东大会做出的公司合并、分立决议持异议，要求公司收购其股份的除外。

第四节 公司的财务会计

一、公司财务、会计的基本要求

公司应依照法律、行政法规和国务院财政部门的规定，建立本公司的财务、会计制度。

公司应当在每一会计年度终了时编制财务会计报告，并依法经会计师事务所审计。财务会计报告应当依照《会计法》《企业财务会计报告条例》等法律、行政法规和国务院财政部门的规定制作。有限责任公司应当按照公司章程规定的期限将财务会计报告送交各股东，股份有限公司的财务会计报告应当在召开股东大会年会的20日前置备于本公司，供股东查阅；公开发行股票的股份有限公司必须公告其财务会计报告。公司除法定的会计账簿外，不得另立会计账簿。对公司资产，不得以个人名义开立账户存储。公司应当依法聘用会计事务所对财务会计报告审查验证。

二、利润分配

1. 公司利润的分配顺序

公司利润是指公司在一定会计期间的经营成果。公司应当按照如下顺序进行利润分配：

（1）弥补以前的年度亏损，但不得超过税法规定的弥补期限；

（2）缴纳所得税；

（3）弥补在税前利润弥补亏损后仍存在的亏损；

（4）提取法定公积金；

（5）提取任意公积金；

（6）向股东分配利润。

公司向股东分配利润时，有限责任公司按照股东实缴的出资比例分配，但全体股东约定不按照出资比例分配的除外；股份有限公司按照股东持有的股份比例分配，但股份有限公司章程规定不按持股比例分配的除外。

公司股东会、股东大会或者董事会违反规定，在公司弥补亏损和提取法定公积金之前向股东分配利润的，股东必须将违反规定分配的利润退还公司。公司持有的本公司股份不得分配利润。

2. 公积金

公积金是公司在资本之外所保留的资金金额，提取公积金制度是国家规定的一项强制制度。公积金分为盈余公积金和资本公积金两类。盈余公积金是从公司税后利润中提取的，分为法定盈余公积金和任意盈余公积金。法定盈余公积金按照税后利润的10%提取，当公司法定公积金累计达到注册资本的50%以上时，可以不再提取。

练一练

2016年，天成股份有限公司实现税后利润300万元，当年应当提取的法定公积金是多少？

公司的公积金应当按照规定的用途使用。公积金的用途主要有：

（1）弥补公司亏损。公司的亏损按照国家税法可以用缴纳所得税前利润弥补，超过用所得税前利润弥补期限仍未补足的亏损，可以用公司税后利润弥补，发生特大亏损，税后利润仍不足弥补的,可以用公积金弥补。但资本公积金不得用于弥补公司亏损。

(2) 扩大公司生产经营。用公积金扩大生产经营,增强公司实力。

(3) 转增公司资本。对任意公积金转增资本,法律没有限制,但法定公积金转增资本的,所留存的该项公积金不得少于转增前公司注册资本的25%。公积金不能作为红利分发给股东。

练一练

2015年末长城股份有限公司注册资本为8 000万元,累计法定公积金为4 600万元。若公司决定将法定公积金转增为资本,那么最多能转为资本的额度是多少?

第五节 公司的变更、解散和清算

一、公司的变更

公司的变更主要是指公司的合并、分立及注册事项的变更。

(一) 公司的合并

公司的合并是指两个或两个以上的公司依照法律规定或合同的约定,归并为一个公司的法律行为。公司合并可以采取吸收合并或者新设合并两种形式。一个公司吸收其他公司为吸收合并,被吸收的公司解散。两个以上公司合并设立一个新的公司为新设合并,合并各方解散。不论哪种合并,合并前各方分别享有债权和承担债务,都由合并后存续的公司或者新设的公司承继。

公司合并,应当由合并各方签订合并协议,并编制资产负债表及财产清单。公司应当自做出合并决议之日起10日内通知债权人,并于30日内在报纸上公告。债权人自接到通知书之日起30日内,未接到通知书的自公告之日起45日内,可以要求公司清偿债务或者提供相应的担保。

(二) 分立

公司的分立是指一个公司依法分解成两个或两个以上公司的法律行为。公司分立有两种形式,即派生分立和新设分立。派生分立是指一个公司在其自身存续的情况下,分出部分财产又成立另一公司。新设分立是指一个公司将其全部财产分割而设立两个以上公司,其自身归于消灭。公司分立前的债务由分立后的公司承担连带责任。但是,公司在分立前与债权人就债务清偿达成的书面协议另有约定的除外。

公司分立,应当编制资产负债表及财产清单。公司应当自做出分立决议之日起10日内通知债权人,并于30日内在报纸上公告。债权人自接到通知书之日起30日内,未接到通知书的自公告之日起45日内,有权要求公司清偿债务或者提供相应的担保。

(三) 注册事项的变更

公司注册事项变更中,最主要的是注册资本的增减变化,在此主要介绍注册资本的增减。

有限责任公司增加注册资本时,股东认缴新增资本的出资,依照《公司法》设立有限责任公司缴纳出资的有关规定执行;股份有限公司为增加注册资本发行新股时,股东认购新股,依照《公司法》设立股份有限公司缴纳股款的有关规定执行。

公司减少注册资本时,必须编制资产负债表及财产清单,在做出减少注册资本决议之日起10日内通知债权人，并于30日内在报纸上公告。债权人自接到通知书之日起30日内，未接到通知书的自公告之日起45日内，有权要求公司清偿债务或者提供相应的担保。

公司合并、分立，增减资本等登记事项发生变更的，应当依法向公司登记机关办理变更登记。

二、公司的解散和清算

公司因下列原因解散：

(1) 公司章程规定的营业期限届满或者公司章程规定的其他解散事由出现；

(2) 股东会或者股东大会决议解散；

(3) 因公司合并或者分立需要解散；

(4) 依法被吊销营业执照、责令关闭或者被撤销；

(5) 人民法院依法予以解散。

公司经营管理发生严重困难，继续存续会使股东利益受到重大损失，通过其他途径不能解决的，持有公司全部股东表决权10%以上的股东，可以请求人民法院解散公司。

公司解散时，应当进行清算。

1. 成立清算组

除公司因合并或分立需要解散的以外，其他情形应当在解散事由出现之日起15日内成立清算组，开始清算。有限责任公司的清算组由股东组成，股份有限公司的清算组由董事或者股东大会确定的人员组成。逾期不成立清算组进行清算的，债权人可以申请人民法院指定有关人员组成清算组进行清算。

2. 清算组的职权

清算组在清算期间行使下列职权：(1) 清理公司财产，分别编制资产负债表和财产清单；(2) 通知、公告债权人；(3) 处理与清算有关的公司未了结的业务；(4) 清缴所欠税款以及清算过程中产生的税款；(5) 清理债权、债务；(6) 处理公司清偿债务后的剩余财产；(7) 代表公司参与民事诉讼活动。

3. 清算及清偿

清算组应当自成立之日起10日内通知债权人，并于60日内在报纸上公告。债权人应当自接到通知书之日起30日内，未接到通知书的自公告之日起45日内，向清算组申报其债权。

债权人申报债权，应当说明债权的有关事项，并提供证明材料。清算组应当对债权进行登记。在申报债权期间，清算组不得对债权人进行清偿。清算组在清理公司财产、编制资产负债表和财产清单后，应当制定清算方案，并报股东会、股东大会或者人民法院确认。

公司财产在分别支付清算费用、职工的工资、社会保险费用和法定补偿金，缴纳所欠税款，清偿公司债务后的剩余财产，有限责任公司按照股东的出资比例分配，股份有限公司按照股东持有的股份比例分配。

清算期间，公司存续，但不得开展与清算无关的经营活动。公司财产在未依法清偿前，不得分配给股东。

4. 注销与公告

公司清算结束后，清算组应当制作清算报告，报股东会、股东大会或者人民法院确认，并报送公司登记机关，申请注销公司登记，公告公司终止。

第六节　违反公司法的法律责任

一、公司发起人、股东的主要法律责任

(1) 违反公司法规定，虚报注册资本、提交虚假材料或者采取其他欺诈手段隐瞒重要事实取得公司登记的，由公司登记机关责令改正，对虚报注册资本的公司，处以虚报注册资本金额5%以上15%以下的罚款；对提交虚假材料或者采取其他欺诈手段隐瞒重要事实的公司，处以5万元以上50万元以下的罚款；情节严重的，撤销公司登记或者吊销营业执照。

(2) 公司的发起人、股东虚假出资，未交付或者未按期交付作为出资的货币或者非货币财产的，由公司登记机关责令改正，处以虚假出资金额5%以上15%以下的罚款。

(3) 公司的发起人、股东在公司成立后，抽逃其出资的，由公司登记机关责令改正，处以所抽逃出资金额5%以上15%以下的罚款。

发起人、股东违法构成犯罪的，追究刑事责任。

二、公司的主要法律责任

(1) 公司违法在法定的会计账簿以外另立会计账簿的，由县级以上人民政府财政部门责令改正，处以5万以上50万元以下的罚款。

(2) 公司在依法向有关主管部门提供的财务会计报告等材料上作虚假记载或者隐瞒重要事实的，由有关主管部门对直接负责的主管人员和其他直接责任人员处以3万以上30万元以下的罚款。

(3) 公司不依法提取法定公积金的，由县级以上人民政府财政部门责令如数补足应当提取的金额，可以对公司处以20万元以下的罚款。

(4) 公司在合并、分立、减少注册资本或者进行清算时，不依法通知或者公告债权人的，由公司登记机关责令改正，对公司处以1万元以上10万元以下的罚款。

(5) 公司在进行清算时，隐匿财产，对资产负债表或者财产清单作虚假记载或者在未清偿债务前分配公司财产的，由公司登记机关责令改正，对公司处以隐匿财产或者未清偿债务前分配公司财产金额5%以上10%以下的罚款；对直接负责的主管人员和其他直接责任人员处以1万元以上10万元以下的罚款。

(6) 公司在清算期间开展与清算无关的经营活动的，由公司登记机关予以警告，没收违法所得。

(7) 公司成立后无正当理由超过6个月未开业的，或者开业后自行停业连续6个月以上的，可以由公司登记机关吊销营业执照。

(8) 公司登记事项发生变更时，未依法办理有关变更登记的，由公司登记机关责令限期登记；逾期不登记的，处以1万元以上10万元以下的罚款。

三、清算组的主要法律责任

(1) 清算组不依法向公司登记机关报送清算报告，或者报送清算报告隐瞒重要事实或者有重大遗漏的，由公司登记机关责令改正。

(2) 清算组成员利用职权徇私舞弊、谋取非法收入或者侵占公司财产的，由公司登记机关责令退还公司财产，没收违法所得，并可以处以违法所得1倍以上5倍以下的罚款。

承担资产评估、验资或者验证的机构、公司登记机关违反公司法,依法承担相应责任。

导入案例解析

(1) 不符合法律规定。根据规定,股份有限公司召开董事会,董事因故不能出席时,可以书面委托其他董事代为出席,但书面委托书中应载明授权范围。在本案例中,董事谢某以电话方式委托董事李某代为出席会议行使表决权,委托方式不合法。

(2) 符合法律规定。根据规定,解聘公司经理属于董事会的职权。

(3) 符合法律规定。根据规定,董事、高级管理人员不得未经股东会或股东大会同意,利用职务便利为自己或者他人谋取属于公司的商业机会,自营或者为他人经营与所任职公司同类的业务,否则所得收入归公司所有。

(4) 不符合法律规定。根据规定,股份有限公司修改公司章程应由股东大会决定。

本章小结

公司是指依法设立的,以盈利为目的的,由股东投资形成的企业法人。我国公司法所指的公司包括有限制责任公司和股份有限公司。

有限责任公司是指股东以其所认缴的出资额为限对公司承担责任,公司以其全部财产对其债务承担责任的公司。有限责任公司的设立必须依法进行。有限责任公司的组织机构主要是股东会、董事会和监事会。它们分别是公司的权力机构、执行机构和监督机构。

股份有限公司是指全部资本划分为等额股份,股东以其所持有的股份为限对公司承担责任,公司以其全部资产对公司债务承担责任的公司。股份有限公司的设立必须依法进行,其设立方式有发起设立和募集设立。采用募集设立方式的发起人认购的股份数不得少于公司股份总数的35%。股份有限公司股份的发行,实行公平、公正的原则,同种类的每一股份应当具有同等权利。发行价格可以按票面金额,也可以超过票面金额,但不得低于票面金额。

公司依法建立本公司的财务、会计制度。公司利润分配前,依次弥补以前的年度亏损、缴纳所得税、弥补在税前利润弥补亏损后仍存在的亏损、提取法定公积金、提取任意公积金,剩余部分有限责任公司按照股东出资比例分配,股份有限公司按照股东持有的股份比例进行分配。

公司的法定盈余公积金按照税后利润的10%提取,当公司法定公积金累计达到注册资本的50%以上时,可以不再提取。公积金的用途主要是弥补公司亏损、扩大公司生产经营和转增公司资本。

公司的变更主要是指公司的合并、分立和注册事项的变更。合并有吸收合并和新设合并两种形式。分立有派生分立和新设分立两种形式。

公司合并、分立、减少资本都应当在做出决议后履行通知公告义务,债权人在规定期限内有权要求公司清偿债务或者提供相应的担保。

公司解散时,应在规定期限内成立清算组。清算组负责清算等事务。债权人在规定期限内可向清算组申报其债权。

公司财产在分别支付清算费用、职工的工资、社会保险费用和法定补偿金,缴纳所欠税款,清偿公司债务后的剩余财产,有限责任公司按照股东的出资比例分配,股份有限公司按照股东持有的股份比例分配。

发起人、股东、公司、清算组、登记机关等违反公司法，依法承担相应责任。

思考练习

一、单选题

1. 有限责任公司股东会的首次会议召集人是（　　）。

A. 发起人　　B. 董事长

C. 执行董事　　D. 出资最多的人

2. 董事、监事、高级管理人员在任职期间每年转让的股份不得超过其所持有本公司股份总数的（　　）。

A. 10%　　B. 20%　　C. 25%　　D. 30%

3. 规模较小的有限责任公司，可以不设董事会，其法定代表人是（　　）。

A. 董事长　　B. 执行董事　　C. 监事　　D. 财务负责人

4. 设立股份有限公司发起人的法定人数要求是（　　）

A. 2 人以上 200 人以下　　B. 5 人以上 200 人以下

C. 5 人以上 500 人以下　　D. 10 人以上 500 人以下

5. 下列有权提议召开有限责任公司临时股东会会议的有（　　）。

A. 代表 8%以上表决权的股东　　B. 1/3 以上董事

C. 监事会主席　　D. 董事长

6. 下列有关股份有限公司股东大会通过增加或者减少注册资本决议的表述中，正确的是（　　）。

A. 必须经过半数表决权的股东通过

B. 必须经过 2/3 以上有表决权的股东通过

C. 必须经出席会议的股东所持表决权的 2/3 通过

D. 必须经出席会议的股东所持表决权过半数通过

7. 公积金作用之一是转增为公司股本，法定公积金转增为股本时，所留存的该项公积金不得少于注册资本的（　　）。

A. 25%　　B. 30%　　C. 35%　　D. 40%

二、多选题

1. 下列必须由股东大会做出决议的是（　　）。

A. 增加或者减少注册资本　　B. 转让和受让重大资产

C. 对外提供担保　　D. 变更公司形式

2. 某有限责任公司注册资本为 35 万元，共有 12 个股东、5 个董事和 2 名监事，下列人员可以提议召开临时股东会议的有（　　）。

A. 2 名股东提议，其出资合计 2 万元　　B. 1 名监事提议

C. 1 名股东提议，其出资额为 5 万元　　D. 2 名董事提议

3. 下列关于股份有限公司监事会的表述中，不符合《公司法》规定的是（　　）。

A. 监事会成员必须全部由股东大会选举产生

B. 监事会中必须有职工代表

C. 监事会主席由股东会指定

D. 监事会每年度至少召开一次会议

4. 股份有限公司可以收购本公司股份的情形有(　　)。

A. 减少公司注册资本

B. 与持有本公司股份的其他公司合并

C. 将股份奖励给本公司职工

D. 股东嫌分红太少

5. 下列不属于有限责任公司股东会职权的有(　　)。

A. 选举和更换由职工代表担任的董事　　B. 对公司合并做出决议

C. 决定公司的经营计划和投资方案　　D. 决定公司内部管理机构设置

三、判断题

1. 我国《公司法》规定,股票发行价格不得低于票面金额。　(　　)

2. 有限责任公司中股东可以用劳务出资。　(　　)

3. 一人有限责任公司不能证明公司财产独立于股东自己的财产的,应当对公司债务承担连带责任。　(　　)

4. 公司董事会开会时,董事因故不能出席的,可以书面委托他人代为出席。　(　　)

5. 公司财务部负责人不得兼任监事。　(　　)

案例分析

1. 2010 年 1 月,田某与吴某共同出资 30 万元,组建了兴华科技有限责任公司,其中田某出资 24 万元,占公司 80%的股份,并担任该公司的执行董事。2015 年 3 月,该公司欠下个体工商户张某 10 万元债务,张某多次催要未果,于是向法院请求强制执行兴华有限责任公司的财产,在强制执行中发现,兴华公司已资不抵债,公司被宣告破产。在公司清算中,张某只分得 3 万元。由于田某的出资占 80%,张某认为公司就是田某个人的企业。因此,向法院请求强制执行田某的其他个人财产。

分析:张某的请求是否会得到法院的认可?为什么?

2. 天佑股份有限公司属于发起设立的股份公司,注册资本为人民币 6 000 万元,公司章程规定每年 6 月 1 日召开股东大会年会。自 2013 年起,公司陷入亏损境地。2014 年 5 月,部分公司股东要求查阅财务账册遭拒绝。2014 年股东大会年会召开时,股东们发现公司财务会计报表仍不向他们公开,理由是公司的商业秘密股东们无须知道。经股东们强烈要求,公司才提供了一套财务报表,包括资产负债表和利润分配表。股东大会年会闭会后,不少股东了解到公司提供给他们的财务报表与送交工商部门、税务部门的不一致,公司对此的解释是送交有关部门的会计报表是为应付检查的,股东们看到的才是真正的账册。

分析:天佑股份有限公司的上述做法中哪些地方不合法?并说明理由。

3. 杜克股份有限公司属于募集设立的股份有限公司,注册资本为人民币 5 000 万元,在设立过程中,经有关部门批准,以超过股票票面金额 1.2 倍的发行价格发行,实际所得人民币 6 000 万元。溢价款 1 000 万元当年被股东作为股利分配。两年后,由于市场行情变化,杜克股份有限公司开始亏损，连续亏损 2 年，共计亏损人民币 1 200 万元。股东大会罢免了原董事长，重新选举新的董事长。经过一年的改革，公司开始盈利人民币 600 万元，公司考虑到各股东两年来经济利益一直受损，故决定将该利润分配给股东。自此以后，公司业务蒸蒸日上，不仅弥补了公司多年的亏损，而且发展越来越快。2016 年，公司财务状况良好，法定公积金占公司注册资本 55%，公司决定不再提取法定公积金。为了增大企业规模，公司股东大会决定把全部法定公积金转为公司资本。

分析：

(1) 杜克公司将股票溢价发行款作为股利分配合法否？为什么？

(2) 杜克公司在刚开始盈利时将盈利分配给各股东的做法合法否？为什么？

(3) 2016 年杜克公司决定不再提取法定公积金理由合法否？为什么？

(4) 公司股东会决定将公司的法定公积金全部转为公司资本合法否？为什么？

第四章　合　同　法

学习目标

☞知识目标

1. 了解合同的概念和分类。
2. 掌握合同的内容、形式和订立程序。
3. 掌握合同有效的要件、合同无效的情形、可变更可撤销合同的情形及撤销权的行使。
4. 掌握合同无效、被撤销的法律后果。
5. 掌握合同履行的有关规则及合同履行中的抗辩权。
6. 掌握合同变更、转让和终止的条件与效力。
7. 掌握违约责任的概念和方式。

☞能力目标

1. 会拟定简单购销合同。
2. 会判定合同的效力。
3. 会对无效和被撤销合同引起的财产进行处理。
4. 会办理合同的变更、转让和解除手续。
5. 会判定违约行为并确定违约责任方式。

案例导入

2014 年 9 月 6 日，冉某、张某（乙方）与某公司（甲方）签订商品房买卖合同，合同约定：冉某、张某购买某公司某楼盘二期房屋一套，房屋总成交价 36 万元。交房条件为甲方应当在 2015 年 12 月 10 日前，依照有关规定，将已进行建设工程竣工验收备案登记的商品房交付乙方使用。逾期交付的违约责任约定为：逾期超过 60 日后，乙方要求继续履行合同的，合同继续履行，自本合同约定的最后交付期限的第二天起至实际交付之日止，甲方按日向乙方支付已付房价款万分之三的违约金，并于该商品房交付之日起 30 日内向乙方支付违约金。合同签订后，冉某、张某依约向某公司支付了全部购房款。合同履行过程中，某公司在未取得建设工程竣工验收备案登记的情况下，将一期工程竣工验收备案证的复制件粘贴到质量保证书和使用说明书上，于 2015 年 12 月 10 日将房屋交付给冉某、张某。经向有关部门核查，冉某、张某所购房屋竣工验收不合格。冉某、张某认为开发商采取欺骗手段交房违约，按照合同约定应赔偿违约金，遂起诉至法院。

分析：

（1）冉某、张某的诉讼请求有无法律依据？为什么？

（2）法院应如何处理？

第一节　合同法概述

一、合同的概念与分类

（一）合同的概念

合同，又称契约、协议，是指平等主体的自然人、法人、其他组织之间设立、变更、终止民事权利义务关系的协议。依法成立的合同，受法律保护。

在不同的法律部门都有"合同"这一概念，如劳动法、民法。合同法规定的是民法意义上的合同。婚姻、收养、监护等有关身份关系的协议，适用其他法律的规定。

知识链接

自然人是指基于自然规律出生的人，包括中国人、外国人和无国籍人。

法人是与自然人相对应的民事权利义务主体，是具有民事权利能力和民事行为能力，依法独立享有民事权利和承担民事义务的组织。

其他组织是指依法成立，有一定的组织机构和财产，但是不具备法人资格的各种实体。如合伙组织、企业法人依法设立的分支机构等。

（二）合同的分类

根据不同的标准，可将合同分为不同的种类。合同的分类有助于准确地订立和履行合同，有助于正确地采用法律来处理合同纠纷。合同有以下几种分类：

1. 有名合同与无名合同

根据法律是否设有规范并赋予一个特定名称为标准，合同分为有名合同与无名合同。

有名合同，也称典型合同，是法律对某类合同赋予专门名称，并设定专门规范的合同，如《中华人民共和国合同法》（以下简称《合同法》）分则部分规定的15类合同：买卖合同；供用电、水、气、热力合同；赠与合同；借款合同；租赁合同；融资租赁合同；承揽合同；建设工程合同；运输合同；技术合同；保管合同；仓储合同；委托合同；行纪合同；居间合同。

无名合同，也称非典型合同，是法律上未规定专门名称和专门规则，由当事人自由创立的合同。

知识链接

买卖合同，是指出卖人转移标的物的所有权于买受人，买受人支付价款的合同。供电合同是指供电人向用电人供电，用电人支付电费的合同。赠与合同，是指赠与人将自己的财产无偿给予受赠人，受赠人表示接受赠与的合同。借款合同，是指借款人向贷款人借款，到期返还借款并支付利息的合同。租赁合同，是指出租人将租赁物交付承租人使用、收益，承租人支付租金的合同。融资租赁合同，是指出租人根据承租人对出卖人、租赁物的选择，向出卖人购买租赁物，提供给承租人使用，承租人支付租金的合同。承揽合同，是指承揽人按照定做人的要求完成工作，交付工作成果，定做人给付报酬的合同。建设工程合同，是指承包人进行工程建设，发包人支付价款的合同，建设工程合同包括工程勘察、设计、施工合同。运输合同，是指承运人将旅客或者货物从起运地点运输到约定地点，旅客、托运人或者收货人支付票款或者运输费用的合同，包括客运合同、货运合同、多式联运合同。技术合同，是指当事人就技术开发、转让、咨询或者服务订立的确立相互之间权利和义务的合同。保管合同，是指保管人保管寄存人交付的保管物，并返还该物的合同。仓储合同，是指保管人储存存货人交付的仓储物，存货人交付仓储费的合同。委托合同，是指委托人和受托人约定，由受托人处理委托人事务的合同。行纪合同，是指行纪人以自己的名义为委托人从事贸易活动，委托人支付报酬的合同。居间合同，是指居间人向委托人报告订立合同的机会或者提供订立合同的媒介服务，委托人支付报酬的合同。

2. 单务合同与双务合同

根据当事人是否互负义务为标准，合同分为单务合同与双务合同。

单务合同是指当事人一方只承担义务，另一方享有权利的合同，如赠与、借用合同。

双务合同是指当事人双方都享有权利、都负有义务的合同，如买卖合同、承揽合同、租赁合同等。

3. 有偿合同与无偿合同

根据合同当事人取得权益是否需要付出代价为标准，合同分为有偿合同与无偿合同。

有偿合同，是指当事人一方在享有合同规定权益的同时，必须向对方当事人偿付相应代价的合同，如买卖、租赁、雇佣、承揽、行纪等合同。

无偿合同是指当事人一方向对方给予某种利益，对方取得该利益时不用支付任何代价的合同，如赠与合同。有些合同既可以是有偿的也可以是无偿的，由当事人协商确定，如委托、保管等合同。

4. 诺成合同与实践合同

根据合同的成立是否须交付标的物为标准，合同分为诺成合同与实践合同。

诺成合同，又叫不要物合同，是指当事人意思表示一致即可成立。如买卖合同、承揽合同、委托合同等。

实践合同是指除双方当事人意思表示一致外，还需交付实物，合同才能成立。如保管合同、自然人之间的借贷合同、定金合同等。

练一练

2015 年 5 月 10 日，张某和 A 公司签订一份冷藏库房租赁合同，合同约定：A 公司将 2 号冷藏库整库租赁给张某使用，张某租赁的冷藏库由张某自行管理，A 公司提供的冷藏库库温要求保持在 0 ℃至＋5 ℃之间。由于张某货物较多，双方又口头约定：A 公司提供 1 号冷藏库的一部分给张某装货，张某用 1 号冷藏库存放毛皮。6 月初，张某曾雇人对两个冷藏库的毛皮进行翻动，以使库内温度同一。11 月 9 日，张某在将毛皮转移到其他地方存放过程中，发现 1 号库内的毛皮腐烂。双方为此发生纠纷而诉至法院。

案件审理中，张某诉称，其与 A 公司之间虽签订的是冷藏库房租赁合同，但实际上冷库的所有管理由 A 公司负责，因此，张某和 A 公司之间实为仓储合同关系。张某为了将这批毛皮保存好，才将毛皮存放于冷库，并为此向 A 公司支付了 3 万余元的保管费用，现却因 A 公司的管理不善造成 1 号冷库内的毛皮全部腐烂，造成张某经济损失 280 000 元，A 公司对此应承担赔偿责任。

A 公司辩称，其与张某之间的纠纷应属租赁合同纠纷，而非仓储合同纠纷。张某与 A 公司签订冷藏库房租赁合同，由张某租赁的 2 号冷藏库、1 号冷藏库的一部分。合同签订后，A 公司向张某提供了符合合同约定的标准的冷库，在合同的履行过程中，张某将毛皮存放进冷库，并未经 A 公司验收，A 公司也未向张某出具收货凭证，且张某也曾请人到冷库内对毛皮进行了翻动，证明张某对冷库进行了实际管理。故张某的损失是由其自身的管理不善所造成的，因此，张某的损失应由其自行负担。

请问：张某与A公司之间是仓储合同关系还是租赁合同关系？

5. 要式合同与不要式合同

根据合同成立是否要求具备一定的法律形式或手续，合同分为要式合同与不要式合同。

要式合同，是指法律要求必须具备一定的形式和手续的合同。要式合同有以下几种：第一种是不动产合同。关于不动产的合同，中国法律要求采用书面形式。第二种是有关特殊动产的合同。特殊动产的合同，是指法律行政法规规定应当进行特殊管理的动产，如汽车、飞机等，虽然属于动产的范畴，但是又通常作为不动产来对待。在涉及上述财产的转让、出租、抵押等合同，法律要求应当采用书面形式。第三种是有关标的额较大，又不能即时清结的合同。

不要式合同，是指法律不要求必须具备一定形式和手续的合同。不要式合同在合意达成时合同即成立。

6. 主合同与从合同

根据合同间是否有主从关系，合同分为主合同与从合同。

主合同，是指不依赖其他合同而能够独立存在的合同。

从合同，是指以其他合同的存在为前提而存在的合同。如担保合同中的保证、抵押、质押、留置和定金合同等相对于作为主合同的借款合同即为从合同。

想一想

甲公司卖给乙公司一批走私手表，甲(债权人)先交货，乙(债务人)后给钱，给债务人提供担保的是丙，甲、丙约定主合同无效，从合同继续有效。后来丙拒绝提供担保，主张从合同无效。甲则主张："主合同无效，从合同也无效，但当事人另有约定的除外。我们双方另有约定，因此从合同有效。"

请问：这个担保合同是否有效？

二、合同法及其基本原则

(一) 合同法的概念

合同法是调整平等主体之间合同关系的法律规范的总称。合同关系是指平等主体的公民、法人和社会组织在订立、履行、变更、解除、保全合同以及追究合同违约责任时发生的关系。《合同法》是1999年3月15日第九届全国人民代表大会第二次会议通过，自1999年10月1日起施行的。

为保障《合同法》的顺利实施，最高人民法院先后通过了《最高人民法院关于适用〈中华人民共和国合同法〉若干问题的解释》《最高人民法院关于审理商品房买卖合同纠纷案件适用法律若干问题的解释》《最高人民法院关于审理建设工程施工合同纠纷案件适用法律问题的解释》等。此外，《中华人民共和国物权法》《中华人民共和国担保法》以及《最高人民法院关于适用〈中华人民共和国担保法〉若干问题的解释》等法律及司法解释对合同问题也起着重要的调整作用。

(二) 合同法的原则

1. 平等原则

平等原则是指合同当事人的法律地位平等，一方不得将自己的意志强加给另一方。具体包括合同当事人法律地位平等和合同当事人权利义务对等。

任何一方不论其所有制性质及行政地位，都不能将自己的意志强加给对方。地位不平等的主体之间的合同，如行政管理合同，不是合同法的调整对象。

2. 自愿原则

当事人依法享有自愿订立合同的权利，任何单位和个人不得非法干预。民事活动除法律强制性的规定外，由当事人自愿约定，包括：① 是否订立合同自愿；② 与谁订合同自愿；③ 合同内容由当事人在不违法的情况下自愿约定；④ 当事人可以协议补充、变更有关内容；⑤ 双方也可以协议解除合同；⑥ 可以自由约定违约责任，在发生争议时，当事人可以自愿选择解决争议的方式。

3. 公平原则

公平原则要求合同双方当事人之间的权利义务要公平合理、对等。具体包括：① 在订立合同时，要根据公平原则确定双方的权利和义务，不得欺诈，不得假借订立合同恶意进行磋商；② 根据公平原则确定风险的合理分配；③ 根据公平原则确定违约责任。

4. 诚实守信原则

诚实守信原则要求当事人在合同的订立、履行和终止的全过程中，都要诚实信用，相互协作。诚实守信原则具体包括：① 在订立合同时，不得有欺诈或其他违背诚实守信的行为；② 在履行合同义务时，当事人应当遵循诚实守信的原则，根据合同的性质、目的和交易习惯履行及时通知、协助、提供必要的条件、防止损失扩大等义务；③ 合同终止后，当事人也应履行后契约义务，即根据交易习惯履行通知、协助、保密等义务。

5. 不得损害社会公共利益原则

《合同法》第七条规定："当事人订立、履行合同，应当遵守法律、行政法规，尊重社会公德，不得扰乱社会经济秩序，损害社会公共利益。"

第二节 合同的订立

一、合同的内容和形式

（一）合同的内容

合同的内容，在形式上表现为合同的条款。根据合同自愿原则，合同的内容由当事人约定。

1. 合同的一般条款

合同的一般条款包括：

（1）当事人的名称或者姓名和住所；

（2）标的；

（3）数量；

（4）质量；

（5）价款或者报酬；

（6）履行期限、地点和方式；

（7）违约责任；

（8）解决争议的方法。

2. 格式条款

格式条款是当事人为了重复使用而预先拟定，并在订立合同时未与对方协商的条款。格式条款的适用可以简化签约程序、加快交易速度、减少交易成本。但是，由于格式条款是由一方当事人拟定，且在合同谈判中不容对方协商修改，条款内容难免有不公平之处。《合同法》从维护公平、保护弱者出发，对格式条款从三个方面予以限制：

(1) 提供格式条款的一方应当遵循公平原则确定当事人之间的权利和义务，并采取合理的方式提请对方注意免除或者限制其责任的条款，按照对方的要求，对该条款予以说明。

(2) 提供格式条款一方免除其责任、加重对方责任、排除对方主要权利的，该条款无效。

(3) 对格式条款的理解发生争议的，应当按照通常理解予以解释。对格式条款有两种以上解释的，应当做出不利于提供格式条款一方的解释。格式条款和非格式条款不一致的，应当采用非格式条款。

3. 免责条款

免责条款是指当事人约定的用以免除或限制其未来合同责任的条款。免责条款常被合同一方当事人写入合同或格式合同之中，作为明确或隐含的意思要约，以获得另一方当事人的承诺，使其发生法律效力。

一般情况下，只要经当事人协商确定的免责条款，不违背社会公共利益，法律是承认免责条款效力的。但如事先约定的免责条款明显违反诚实信用原则及社会公共利益的，则法律规定其无效。《合同法》规定，合同中的下列免责条款无效：

(1) 造成对方人身伤害的；

(2) 因故意或者重大过失造成对方财产损失的。

想一想

某汽车贸易有限公司在经营活动中使用预先拟定的订购合约书。该合同第六条约定，本合约自签订之日起3个月内有效，买方逾期未办理缴款交车手续，本合约即自动失效，且卖方不退还已付购车订金；订单有效期内，若非归责于卖方之责任，买方要求办理退定需经卖方同意，并扣除一半订金作为违约金，买方不得异议。第七条约定，本合约签订后，如发生不可抗力、政府政策或生产因素变动等不可归责于卖方之事由，致卖方不能依约交车时，卖方得以书面通知买方取消合约，并退还已付购车订金，买方不得异议。

请问：上述条款属于什么性质的条款？

(二) 合同的形式

当事人订立合同，有书面形式、口头形式和其他形式。

法律、行政法规规定采用书面形式的，应当采用书面形式。当事人约定采用书面形式的，应当采用书面形式。书面形式是指合同书、信件和数据电文(包括电报、电传、传真、电子数据交换和电子邮件)等可以有形地表现所载内容的形式。

口头形式在日常生活中经常被采用。集市的现货交易、商店里的零售等一般都采用口头形式。以口头形式订立合同，可以简化手续、方便交易，提高效益，但其缺点是发生合同纠纷时难以取证，不易分清责任。所以，对于不能即时清结的合同和标的数额较大的合同，不宜采用这种形式。

其他形式，常见的方式是推定形式。推定形式是指当事人以一定的积极行为表达于外部，从而使他人可以推定其意思表示的形式。例如商店安装自动售货机，顾客将规定的货币投入机器内，买卖合同即成立。

二、合同订立的过程

当事人订立合同应当具备相应的资格，即具有相应的民事权利能力和民事行为能力。除依据合同性质不能代理的以外，当事人可以委托代理人订立合同。

合同的签订，一般应基于双方当事人的合意，即意思表示一致。合同订立的过程就是当事人双方使其意思表示趋于一致的过程。《合同法》第十三条规定："当事人订立合同，采取要约、承诺方式。"

（一）要约

1. 要约的概念

要约，是指一方当事人希望与他人订立合同的意思表示。前者是要约人，后者称为受要约人。

要约可以向特定人发出，也可以向非特定人发出。要约取得法律效力，应具备以下条件：

(1) 内容具体确定；

(2) 表明经受要约人承诺，要约人即受该意思表示约束。

2. 要约邀请

要约邀请是一方当事人希望他人向自己发出要约的意思表示。寄送的价目表、拍卖公告、招标公告、招股说明书、商业广告等为要约邀请。商业广告的内容符合要约规定的，如悬赏广告，则视为要约。要约与要约邀请最根本的区别就在于要约有成立合同的具体确定的内容，而要约邀请则没有，否则其就成为要约而不是要约邀请。要约一经相对方承诺，合同即告成立，如未按规定履行，则要承担违约的后果。

3. 要约的生效时间

要约到达受要约人时生效。"到达"的理解依要约的形式不同而有所不同：一般地说，口头要约自受要约人接收并了解后才生效；而书面要约的到达是指到达受要约人所能控制的地方，比如信件需送到受要约人接受要约的地址，至于受要约人是否看到要约，不影响要约的生效。采用数据电文形式订立合同，收件人指定特定系统接收数据电文的，该数据电文进入该特定系统的时间，视为到达时间；未指定特定系统的，该数据电文进入收件人的任何系统的首次时间，视为到达时间。

4. 要约的撤回

要约可以撤回。撤回要约的通知应当在要约到达受要约人之前或者与要约同时到达受要约人。撤回要约是在要约尚未生效的情形下发生的，如果要约已经生效，则要约就不能撤回，而是要约的撤销。

5. 要约的撤销

要约可以撤销。撤销要约的通知应当在受要约人发出承诺通知之前到达受要约人。但是有下列情形之一的，要约不得撤销：

(1) 要约人确定了承诺期限；

(2) 要约人以其他形式明示要约不可撤销；

(3) 受要约人有理由认为要约是不可撤销的，并已经为履行合同作了准备工作。

6. 要约的失效

有下列情形之一的，要约失效：

(1) 拒绝要约的通知到达要约人；

(2) 要约人依法撤销要约；

(3) 承诺期限届满，受要约人未做出承诺；

(4) 受要约人对要约的内容做出实质性变更。

(二) 承诺

1. 承诺的概念

承诺是指受要约人同意要约的意思表示。承诺的法律效力在于，承诺一经做出，并送达要约人，就表明双方当事人对合同的主要条款达成一致意见，合同宣告成立，要约人不得加以拒绝。

承诺取得法律效力，应具备以下条件：第一，承诺必须由受要约人做出；第二，承诺必须是在有效期内做出；第三，承诺必须与要约的内容相一致。

2. 承诺的方式

承诺应当以通知的方式做出，但根据交易习惯或者要约表明可以通过行为做出承诺的除外。

3. 承诺的有效时间

承诺生效时合同成立，因此承诺生效的时间对当事人极其重要。与要约生效时间规则一样，承诺生效时间的规则也采取到达主义。承诺通知到达要约人时生效；承诺不需要通知的，根据交易习惯或者要约的要求做出承诺的行为时生效。采用数据电文形式订立合同，收件人指定特定系统接收数据电文的，该数据电文进入该特定系统的时间，视为到达时间；未指定特定系统的，该数据电文进入收件人的任何系统的首次时间，视为到达时间。

4. 承诺的撤回

承诺的撤回是阻止承诺发生法律效力的一种意思表示。由于承诺通知一经收到，合同即告成立。因此，撤回承诺的通知应当在承诺通知到达要约人之前或者与承诺同时到达要约人。

5. 承诺的迟发与迟到

承诺的迟发是指受要约人超过承诺期限发出承诺的，除要约人及时通知受要约人该承诺有效的以外，这个承诺将成为新的要约。

承诺的迟到是指承诺的表示在发出时虽然不构成迟延，但由于传递故障等原因，到达要约人时超过了承诺的期限。受要约人在承诺期限内发出承诺，按照通常情形能够及时到达要约人，但因其他原因承诺到达要约人时超过承诺期限的，除要约人及时通知受要约人因承诺超过期限不接受该承诺的以外，该承诺有效。

练一练

一封信件的传递时间是 3 天。甲方以信件向乙方发出要约的时间是 1 月 1 日，信中要求如果做出承诺，期限是 15 日。乙方接到要约的时间是 1 月 4 日，经过考虑，乙方于 14 日向甲方邮寄接收要约的信件。表示承诺的信件本应于承诺期限的最后一天，即 1 月 16 日到达甲方，但由于邮局人员的工作失误，1 月 17 日承诺才送达甲方。那么这个承诺有效吗？

6. 要约的内容变更

承诺的内容应当与要约的内容一致。受要约人对要约的内容做出实质性变更的，为新要约。对要约内容的实质性变更，如有关合同标的、数量、质量、价款或者报酬、履行期限、履行地点和方式、违约责任和解决争议方式等的变更，便成了新要约。承诺对要约内容做出非实质性变更，除要约人未反对的，该承诺有效，合同的内容以承诺的内容为准。

练一练

甲公司给乙公司发出要约，要卖给乙公司 10 吨河北沧州小枣。要约中条款齐全，乙公司表示接受，同时提出，甲公司发货时应附有产地证明书。

请问：乙公司在表示接受的同时，增加了附产地证明书的要求是实质性变更，还是非实质性变更？

（三）合同成立的时间和地点

1. 合同成立的时间

合同订立方式不同，合同成立的时间也不同。

（1）承诺生效时合同成立，这是大部分合同成立的时间标准。

（2）当事人采用合同书形式订立合同的，自双方当事人签字或者盖章时合同成立。如双方当事人未同时在合同书上签字或盖章，则以当事人中最后一方签字或盖章的时间为合同的成立时间。

（3）当事人采用信件、数据电文等形式订立合同的，可以在合同成立之前要求签订确认书。签订确认书时合同成立。

想一想

甲公司给乙公司发了一份电子邮件，邮件提出希望购买乙公司一台电机，该信件内容具体、清楚，信件中还提到，双方须签订确认书。乙公司回信表示接受甲公司的条件，确认书就不必签订了。

请问：甲、乙两公司之间是否成立了合同关系？

对于第（2）、（3）种情况要注意一点：如果当事人未采用法律要求或者当事人约定的书面形式、合同书形式订立合同，或者当事人没有在合同书上签字盖章的，只要一方当事人履行了主要义务，对方接受的，合同仍然成立。

2. 合同成立的地点

关于合同成立的地点，法律有如下规定：

（1）承诺生效的地点为合同成立的地点，这是大部分合同成立的地点标准。

（2）当事人采用合同书形式订立合同的，双方当事人签字或者盖章的地点为合同成立的地点。如双方当事人未在同一地点签字或盖章，则以当事人中最后一方签字或盖章的地点为合同成立的地点。

（3）采用数据电文形式订立合同的，收件人的主营业地为合同成立的地点；没有主营业地的，其经常居住地为合同成立的地点。当事人另有约定的，按照其约定。

想一想

上海某公司以电子邮件方式在北京向西安某公司发出要约。西安某公司在南京回了一个电子邮件表示接受。

请问：合同成立地在哪里？

三、缔约过失责任

缔约过失责任，是指在合同订立过程中，一方因违背诚实信用原则而导致另一方信赖利益的损失，依法应承担的赔偿责任。

《合同法》规定，当事人在订立合同过程中有下列情形之一，给对方造成损失的，应当承担损害赔偿责任：

（1）假借订立合同，恶意进行磋商；

（2）故意隐瞒与订立合同有关的重要事实或者提供虚假情况；

（3）有其他违背诚实信用原则的行为；

此外，当事人泄露或者不正当地使用商业秘密给对方造成损失的，应当承担损害赔偿责任。

第三节　合同的效力

一、合同的生效

合同的生效，是指已经成立的合同具有法律约束力。合同是否生效，取决于是否符合法律规定的有效条件，合同的生效不同于合同成立。合同的成立与否取决于当事人之间是否有要约和承诺；而合同的生效是需要考察当事人之间的合同是否符合法律的规定。

《合同法》根据合同类型的不同，分别规定了不同的生效时间：

（1）依法成立的合同，自成立时生效。

（2）法律、行政法规规定应当办理批准、登记等手续生效的，依照其规定办理手续后生效。

（3）附生效条件的合同，自条件成立时生效；附解除条件的合同，自条件成就时失效。当事人为自己的利益不正当地阻止条件成就的，视为条件成就；不正当地促成条件成就的，视为条件没有成就。

当事人对合同的效力可以约定附期限。附生效期限的合同，自期限届至时生效。附终止期限的合同，自期限届满时失效。

例如，甲、乙双方于1月1日签订合同，约定该合同自10月1日起生效，这是附生效期限的合同；甲、乙双方于1月1日订立合同，约定该合同10月1日终止，这是附终止期限的合同。

二、效力待定的合同

效力待定的合同，是指合同虽然已经成立，但因其不完全符合有关生效要件的规定，因此其效力处于悬而未决的状态，一般须经权利人追认才能生效。

效力待定合同主要有以下几种类型：

1. 无行为能力人订立的合同

无民事行为能力人除可以订立某些与其年龄、智力相适应的合同外，其余必须由其法定代理人代理订立。

2. 限制民事行为能力人缔结的合同

限制民事行为能力人订立的合同，经法定代理人追认后，该合同有效，但纯获利益的合同或者与其年龄、智力、精神健康状况相适应而订立的合同，不必经法定代理人追认。

相对人可以催告法定代理人在1个月内予以追认。法定代理人未做表示的，视为拒绝追认。合同被追认之前，善意相对人有撤销的权利。撤销应当以通知的方式做出。

3. 无权代理人订立的合同

行为人没有代理权、超越代理权或者代理权终止后以被代理人名义订立的合同，未经被代理人追认，对被代理人不发生效力，由行为人承担责任。

相对人可以催告被代理人在1个月内予以追认。被代理人未做表示的，视为拒绝追认。合同被追认之前，善意相对人有撤销的权利。撤销应当以通知的方式做出。

法人或者其他组织的法定代表人、负责人超越权限订立的合同，除相对人知道或者应当知道其超越权限的以外，该代表行为有效。这种代理行为，法律上称为“表见代理”。所谓表见代理，是指代理人虽然不具有代理权，但具有代理权的表面要件，这些表面要件足以使无过错的相对人相信其有代理权，从而法律规定被代理人须对之负授权责任的无权代理。法律设立表见代理制度的意义在于保护善意相对人的利益，维护交易安全，维护人们对代理制度的信赖、对市场制度的信赖，也有鼓励交易和倡导效率的作用。

练一练

甲是某公司的总经理，曾多次向公民乙借钱，借款合同上加盖本公司的公章。2016年6月1日，甲又向乙借钱5万元，借款合同上加盖了公司公章，但这笔钱实际上是为自己借的款。甲任职的公司董事长出面，要求确认借款合同无效，由甲某自己还款，乙则要求公司还款。

请问：这5万元的款项应该由谁偿还？

4. 无处分权人订立的合同

无处分权的人处分他人财产，经权利人追认或者无处分权的人订立合同后取得处分权的，该合同有效。

三、无效合同、可撤销合同及其法律后果

（一）无效合同

无效合同是指合同虽然已经成立，而内容和形式上违反了法律、法规的强制性规定或社会公共利益，不符合法律要求而不予以承认和保护的合同。无效合同从订立的时候就不具有法律约束力。

根据《合同法》的规定，有下列情形之一的，合同无效：

1. 一方以欺诈、胁迫的手段订立合同，损害国家利益

一方以欺诈、胁迫的手段订立合同，如果只是损害对方当事人的利益，则属于可撤销的合同。一方以欺诈、胁迫的手段订立合同，损害了国家利益的，则为无效合同。

练一练

在房屋买卖中，经常会出现买卖双方签订阴阳合同的情况。所谓“阴阳合同”，是指合同当事人就同一事项订立两份以上的内容不相同的合同，一份对内，一份对外，其中对外的一份并不是双方真实意思表示，而是以逃避国家税收等为目的；对内的一份则是双方真实意思表示，可以是书面或口头。

分析：这种阴阳合同有效吗？为什么？

2. 恶意串通，损害国家、集体或者第三人利益

如串通招标投标，主要表现在投标单位部分联盟或全部联盟，抬高报价，使招标单位利

益受损而不易查证。性质恶劣的是招标单位与投标单位达成权钱交易，通过资格预审默许并精心安排，使“围标”现象成为可能。

3. 以合法形式掩盖非法目的

例如，订立假的买卖合同，目的是逃避法院的强制执行；订立假的房屋租赁合同以逃避税收等。

4. 损害社会公共利益

例如，实施会导致污染破坏的合同、赌博合同等。损害社会利益的合同，当事人主观上可能是故意，也可能是过失。

练一练

某出版社与王某签订了一份出版合同。出版合同中约定，由王某书写一部小说，出版社予以出版发行，后王某如期交稿。出版社的责任编辑在阅读该书稿时，发现该书属于黄色书籍，因此建议不予以出版。出版社采纳了编辑的建议，拒绝出版该书。王某起诉至法院，要求追究出版社的违约责任。经法院审查，该书确为黄色书籍。

请问：双方的出版合同是否有效？

5. 违反法律、行政法规的强制性规定

违反法律、行政法规的合同，不一定必然是无效合同。只有违反法律、行政法规中强制性规定的合同才是无效合同。其中，法律、行政法规的强制性规定是指全国人大和全国人大常委会颁布的法律中的强制性规范和国务院颁布的行政法规中的强制性规范。

（二）可撤销合同

1. 可撤销合同的概念

可撤销合同是指因合同当事人的意思表示不准确，撤销权人可以请求人民法院或者仲裁机构予以撤销或者变更的合同。

与无效合同相比，可撤销合同在撤销前已经生效，其法律效果可以对抗除撤销权人以外的任何人；而无效合同从一开始即不发生法律效力。再者，可撤销合同的撤销，应由撤销权人自主决定是否施行撤销行为，人民法院不主动干预；无效合同在内容上具有明显的违法性，故对无效合同的确认，司法机关和仲裁机构可以主动干预，宣告其无效。

2. 可撤销合同的类型

(1) 重大误解的合同

所谓重大误解，是指行为人对行为的性质、对方当事人及标的物的品种、质量、规格和数量等的错误认识，使行为的后果与自己的意思相悖，并造成较大损失的行为。

(2) 显失公平的合同

显失公平是指合同一方当事人利用自身优势，或者利用对方没有经验等情形，在与对方签订合同中设定明显对自己一方有利的条款，致使双方基于合同的权利义务和实际利益严重失衡，明显违反公平原则。此类合同的“显失公平”必须发生合同订立时，如果合同订立以后，因为商品价格发生变化而导致的权利义务不对等不属于显失公平。

(3) 一方以欺诈、胁迫的手段或者乘人之危，使对方在违背真实意思的情况下订立的合同

“欺诈”是指一方当事人故意告知对方当事人虚假的情况，或者故意隐瞒真实的情况，诱使对方当事人做出错误意思表示的行为。“胁迫”是指一方采用违法手段，威胁对方与自己

订立合同,被胁迫一方因恐惧而订立合同。“乘人之危”是指一方当事人乘对方处于危难之机,为牟取不正当利益,迫使对方做出不真实的意思表示,严重损害对方利益的行为。

对于这种类型的可撤销合同,注意两个方面:

① 因一方欺诈、胁迫而订立的合同,如损害到国家利益,则属于无效合同。对于乘人之危订立的合同,则不用考虑是否损害国家利益,一律属于可撤销合同。

② 并非所有的合同当事人都享有撤销权,只有合同的受损害方,即受欺诈方、受胁迫方等才享有撤销权。

(三) 合同无效和被撤销后的法律后果

无效合同或者被撤销的合同自订立的时候就没有法律约束力。合同部分无效,不影响其他部分效力的,其他部分仍然有效。合同无效、被撤销或者终止的,不影响合同中独立存在的有关解决争议条款的效力。

合同无效或者被撤销后,因该合同取得的财产,应当予以返还;不能返还或者没有必要返还的,应当折价补偿。有过错的一方应当赔偿对方因此所受到的损失,双方都有过错的,应当各自承担相应的责任。当事人恶意串通,损害国家、集体或者第三人利益的,因此取得的财产收归国家所有或者返还集体、第三人。

第四节 合同的履行

一、合同的履行规则

(一) 合同约定不明时的履行

合同生效后,当事人应当按照约定全面履行自己的义务。在合同的履行中,当事人应当遵循诚实信用原则,根据合同的性质、目的和交易习惯履行通知、协助、保密等义务。

合同生效后,当事人就质量、价款或者报酬、履行地点等内容没有约定或者约定不明确的,可以协议补充;不能达成补充协议的,按照合同有关条款或者交易习惯确定。当事人就有关合同内容约定不明确,适用《合同法》的下列规定:

(1) 质量要求不明确的,按照国家标准、行业标准履行;没有国家标准、行业标准的,按照通常标准或者符合合同目的的特定标准履行。

(2) 价款或者报酬不明确的,按照订立合同时履行地的市场价格履行;依法应当执行政府定价或者政府指导价的,按照规定履行。

(3) 履行地点不明确,给付货币的,在接受货币一方所在地履行;交付不动产的,在不动产所在地履行;其他标的,在履行义务一方所在地履行。

(4) 履行期限不明确的,债务人可以随时履行,债权人也可以随时要求履行,但应当给对方必要的准备时间。

(5) 履行方式不明确的,按照有利于实现合同目的的方式履行。

(6) 履行费用的负担不明确的,由履行义务一方负担。

执行政府定价或者政府指导价的,在合同约定的交付期限内政府价格调整时,按照交付时的价格计价。逾期交付标的物的,遇价格上涨时,按照原价格执行;价格下降时,按照新价格执行。逾期提取标的物或者逾期付款的,遇价格上涨时,按照新价格执行;价格下降时,按照原价格执行。

（二）向第三人履行和由第三人履行的合同

合同的履行中常常会涉及第三人，如当事人约定由债务人向第三人履行或由第三人向债权人履行。为保障涉及第三人的合同履行中各方当事人的正当权益，《合同法》第六十四条规定：“当事人约定由债务人向第三人履行债务的，债务人未向第三人履行债务或者履行债务不符合约定，应当向债权人承担违约责任。”第六十五条规定：“当事人约定由第三人向债权人履行债务的，第三人不履行债务或者履行债务不符合约定，债务人应当向债权人承担违约责任。”

（三）中止履行、提前履行与部分履行

1. 中止履行

中止履行是指在合同义务履行之前或履行的过程中，由于某种客观情况的出现，使得当事人不能履行合同义务而只能暂时停止的情况。

应当先履行债务的当事人，有确切证据证明对方有下列情形之一的，可以中止履行：

（1）经营状况严重恶化；

（2）转移财产、抽逃资金，以逃避债务；

（3）丧失商业信誉；

（4）有丧失或者可能丧失履行债务能力的其他情形。

当事人没有确切证据中止履行的，应当承担违约责任。

当事人中止履行的，应当及时通知对方。对方提供适当担保时，应当恢复履行。中止履行后，对方在合理期限内未恢复履行能力并且未提供适当担保的，中止履行的一方可以解除合同。债权人分立、合并或者变更住所没有通知债务人，致使履行债务发生困难的，债务人可以中止履行或者将标的物提存。

2. 提前履行

提前履行是指在合同约定的履行期限届满之前履行合同义务的情况。债权人可以拒绝债务人提前履行债务，但提前履行不损害债权人利益的除外。债务人提前履行债务给债权人增加的费用，由债务人负担。

例如，甲方向乙方提前10天交付100吨沙子。则乙方可以未准备好仓储场所而拒绝受领。如果乙方可以储存该100吨沙子，也可以向甲方要求相当于10天储存费的款项。如果提前履行对债权人有利，则债权人不得拒绝。

3. 部分履行

部分履行是指债务人仅履行部分合同义务。根据全面履行原则，债务人应当按照合同约定的履行方式履行债务，如果合同中未约定可以部分履行的，债权人有权对损害其利益的部分履行予以拒绝。但是基于诚实信用原则和公平原则，在债务人希望部分履行，而部分履行又不损害债权人利益的情况下，债权人则不能拒绝债务人部分履行。部分履行给债权人增加的费用，应由债务人负担。

二、双务合同的履行抗辩权

双务合同履行的抗辩权，是在符合法定条件时，当事人一方对抗对方当事人的履行请求权，暂时拒绝履行其债务的权利。

双务合同履行中的抗辩权的行使，只是在一定期限内中止履行债务，并不消灭债的履行效力，产生抗辩权的原因消失后，债务人仍应履行其债务。同时，保护了抗辩权人的基本权利，免去自己履行后得不到对方履行的风险，使对方当事人产生及时履行、提供担保等压力。抗辩权分为同时履行抗辩权、先履行抗辩权和不安抗辩权三种。

（一）同时履行抗辩权

同时履行抗辩权，是指双务合同的当事人应同时履行义务的，一方在对方未履行前，有权利拒绝对方请求自己履行合同。《合同法》第六十六条规定："当事人互负债务，没有先后履行顺序的，应当同时履行。一方在对方履行之前有权拒绝其履行要求。一方在对方履行债务不符合约定时，有权拒绝其相应的履行要求。"另外，必须在符合以下条件的情况下才可主张同时履行抗辩权：

(1) 双方必须在同一个双务合同中互负债务；

(2) 双方互负的债务均已届清偿期；

(3) 在对方未履行债务或未提出履行债务的情况下，要求另一方先行履行债务；

(4) 对方的债务是可能履行的。

例如，甲向乙购买一辆二手小轿车，在二人签订的合同中约定，甲以 30 万元向乙购买一辆汽车，2016 年 3 月 1 日一手交钱一手交货。如果甲请求乙交付汽车而未支付 30 万元价款，乙可以以甲没有支付 30 万元的价款为由行使同时履行抗辩权；如果乙要求甲支付 30 万元的价款而未提供轿车，甲可以以乙没有交付给自己汽车为由行使同时履行抗辩权。

（二）先履行抗辩权

先履行抗辩权，是指双务合同的当事人互负债务，有先后履行顺序的，先履行一方未履行的，后履行一方有权拒绝其履行要求。先履行一方履行债务不符合约定的，后履行一方有权拒绝其相应的履行要求，也就是说，行使先履行抗辩权的主体是负有后履行义务的一方当事人。例如，甲、乙签订合同约定：甲 1 月 1 日送货，乙 1 月 5 日给款。甲 1 月 1 日没有送货但却要求乙先付款。这种情况下，乙可以行使先履行抗辩权，要求甲先送货后，再付款。

（三）不安抗辩权

不安抗辩权，是指双务合同成立后，有先后履行顺序的，应先履行义务的一方当事人，有确切证据证明对方履行能力严重恶化，以致可能危及债权的实现时，可主张要求对方提供充分的担保，在对方未提供担保也未对待给付之前，有暂时中止履行合同的权利。

《合同法》第六十八条规定，应当先履行债务的当事人，有确切证据证明对方有下列情形之一的，可以中止履行：

(1) 经营状况严重恶化；

(2) 转移财产、抽逃资金，以逃避债务；

(3) 丧失商业信誉；

(4) 有丧失或者可能丧失履行债务能力的其他情形。

主张不安抗辩权的当事人如果没有确切证据中止履行的，则应当承担违约责任。

当事人行使不安抗辩权中止履行的，应当及时通知对方。对方提供适当担保时，应当恢复履行。中止履行后，对方在合理期限内未恢复履行能力并且未提供适当担保的，中止履行的一方可以解除合同。

例如，甲、乙订立买卖合同，双方约定：甲应于 2016 年 9 月 1 日向乙交付货物，乙应于 9 月 8 日向甲支付货款。8 月底，甲发现乙经营状况严重恶化，并有证据证明。甲可以在 9 月 1 日行使不安抗辩权，通知乙方暂停交付货物，并要求对方提供担保。

三、合同的保全

合同的保全，是指合同中的债权人依据法律规定，在债务人不正当处分其权利和财产，危及其债权实现时，可以对债务人或者第三人的行为行使撤销权或者代位权的保障方法。

（一）代位权

代位权，是指债务人怠于行使其到期债权，对债权人造成损害的，债权人可以向人民法院请求以自己的名义代位行使债务人的债权，但该债权专属于债务人自身的除外。代位权的行使范围以债权人的债权为限。债权人行使代位权的必要费用，由债务人负担。

1. 代位权行使的条件

债权人行使代位权，应当符合下列条件：

(1) 债权人对债务人的债权合法；

(2) 债务人怠于行使其到期债权，对债权人造成损害；

(3) 债务人的债权已到期；

(4) 债务人的债权不是专属于债务人自身的债权。

知识链接

专属于债务人的债权，是指基于扶养关系、抚养关系、赡养关系、继承关系产生的给付请求权和劳动报酬、退休金、养老金、抚恤金、安置金、人寿保险、人身伤害赔偿请求权等权利。

2. 代位权诉讼中的法律关系及法律后果

代位权的行使涉及三个法律关系：一是债权人与债务人之间的法律关系；二是债务人与次债务人之间的法律关系；三是债权人与次债务人之间的法律关系。代位权在经人民法院认定成立后，由次债务人向债权人清偿，在相应的数额内，次债务人不再向债务人清偿，债务人不再向债权人清偿。

（二）撤销权

撤销权，是指债务人实施了减少财产行为，危及债权人债权实现时，债权人为保障自己的债权，请求人民法院撤销债务人行为的权利。

1. 撤销权的成立要件

根据《合同法》的规定，债权人行使撤销权，应当具备以下条件：

(1) 债权人须以自己的名义行使撤销权；

(2) 债权人对债务人存在有效债权，债权人对债务人的债权可以到期，也可以未到期；

(3) 债务人实施了减少财产的处分行为；

(4) 债务人的处分行为对债权人债权的实现不利。

其中，债务人减少财产的处分行为有：放弃到期债权、无偿转让财产和以明显不合理的低价转让财产，对债权人造成损害，并且受让人知道该情形。

当债务人的处分行为符合上述条件时，债权人可以请求人民法院撤销债务人的处分行为。撤销权的行使范围以债权人的债权为限。

2. 撤销权的行使

撤销权的主体是因债务人不当处分财产而受其害的债权人。受害债权人以自己的名义向法院提起诉讼，请求法院撤销。撤销权的行使范围以债权人的债权为限。债权人行使撤销权的必要费用，由债务人负担。

撤销权自债权人知道或者应当知道撤销事由之日起1年内行使。自债务人的行为发生之日起5年内没有行使的，该撤销权消灭。

第五节 合同的变更、转让和终止

依法成立的合同受法律保护，对当事人具有法律约束力。当事人应当按照合同约定履行自己的义务，不得擅自变更或者解除合同。如果在合同订立之后，因为各种原因使得合同内容发生了变更，则为合同的变更；如果合同主体发生了变更，则为合同的转让；如果当事人基于履行、提存、抵销等原因使得合同消灭，则为合同的终止。

一、合同的变更

《合同法》所称合同的变更是指合同内容的变更。合同是双方当事人合意的体现，因此经当事人协商一致，可以变更合同。但法律、行政法规规定变更合同应当办理批准、登记等手续的，应当办理相应手续。当事人对合同变更的内容约定不明确的，推定为未变更。合同的变更，仅对变更后未履行的部分有效，对已履行的部分无溯及力。

二、合同的转让

合同的转让，即合同主体的变更，指当事人将合同的权利和义务全部或者部分转让给第三人。合同的转让分为合同权利的转让、合同义务的转让和合同权利义务的一并转让三种类型。

（一）合同权利的转让

1. 合同权利转让的概念及条件

合同权利的转让，是指债权人将合同的权利全部或者部分转让给第三人。其中，债权人是转让人，第三人是受让人。债权人转让权利的，无须债务人同意，但应当通知债务人。未经通知，该转让对债务人不发生效力。债权人转让权利的通知不得撤销，但经受让人同意的除外。根据此条规定，债权转让不以债务人的同意为生效条件，但是要对债务人发生效力，则必须通知债务人。

2. 禁止合同权利转让的情形

合同权利禁止转让的情形有以下几种：

(1) 根据合同性质不得转让。主要指基于当事人特定身份而订立的合同，如出版合同、赠与合同、委托合同、雇用合同等。

(2) 按照当事人约定不得转让。

(3) 依照法律规定不得转让。

3. 合同权利转让的效力

对债权人而言，合同的权利转让后，受让人取得与债权有关的从权利，如抵押权、质押权、留置权等，但该从权利专属于债权人的除外。

对债务人而言，合同权利的转让，不得损害债务人的利益，不应影响债务人的权利：① 债务人接到债权转让通知后，债务人对让与人的抗辩，可以向受让人主张，如提出债权无效、诉讼时效已过等事由的抗辩。② 债务人接到债权转让通知后，债务人对让与人的抗辩，可以向受让人主张。

（二）合同义务的转让

合同义务的转让，是指债务人在经债权人同意后将合同义务的全部或者部分转移给第三人。合同义务的转让须经债权人同意，是因为新债务人的资信情况和偿还能力须得到债权人的认可，以免债权人的利益受到不利影响。债务人转移义务的，新债务人可以主张原债务人对债权人的抗辩。新债务人应当承担与主债务有关的从债务，但该从债务专属于原债务人的除外。

（三）合同权利义务的一并转让

合同权利义务的一并转让，又称概况转让，是指合同一方当事人在经对方同意后，将自己在合同中的权利义务一并转让的法律制度。

合同权利义务的一并转让要发生法律效力，须具备以下要件：① 须有合法有效的合同存在。② 承受合同应为双务合同。合同承受是权利义务的概括移转，因而，承受合同应为双务合同。③ 原合同当事人一方与第三人必须就合同承受达成协议。④ 必须经原合同当事人对方同意。此外，必须依法经有关机关批准方能成立的合同，合同承受须经原批准机关批准。

三、合同的终止

合同的终止即合同权利义务的终止，是指由于一定法律事实的出现，致使合同设定的权利义务归于消灭。

（一）合同终止的原因

《合同法》规定的终止原因有：

（1）债务已经按照约定履行；

（2）合同解除；

（3）债务相互抵销；

（4）债务人依法将标的物提存；

（5）债权人免除债务；

（6）债权债务同归于一人；

（7）法律规定或者当事人约定终止的其他情形。

合同的权利义务终止后，有时当事人还负有后合同义务，即应当遵循诚实信用原则，根据交易习惯履行通知、协助、保密等义务。

（二）合同的解除

合同的解除，是指合同成立以后，没有履行或者没有完全履行之前，双方当事人通过协议或者一方行使解除权的方式，使得合同关系归于消灭的法律制度。合同的解除，分为合意解除与法定解除两种情况。

1. 合意解除

合意解除包括协商解除和约定解除两种情形。协商解除是指当事人协商一致，可以解除合同；约定解除是双方当事人在合同中约定有合同解除的条件，解除合同的条件成就时，解除权人可以解除合同。而法律规定或者当事人约定解除权行使期限的，期限届满当事人不行使的，该权利消灭。法律没有规定或者当事人没有约定解除权行使期限，经对方催告后在合理期限内不行使的，该权利消灭。

2. 法定解除

法定解除，是指根据法律规定而解除合同。《合同法》规定，有下列情形之一的，当事人可以解除合同：

(1) 因不可抗力致使不能实现合同目的；

(2) 在履行期限届满之前，当事人一方明确表示或者以自己的行为表明不履行主要债务；

(3) 当事人一方迟延履行主要债务，经催告后在合理期限内仍未履行；

(4) 当事人一方迟延履行债务或者有其他违约行为致使不能实现合同目的；

(5) 法律规定的其他情形。

当事人一方行使解除权，或依照《合同法》规定主张解除合同的，应当通知对方。合同自通知到达对方时解除。对方有异议的，可以请求人民法院或者仲裁机构确认解除合同的效力。法律、行政法规规定解除合同应当办理批准、登记等手续的，依照其规定。

合同解除后，尚未履行的，终止履行；已经履行的，根据履行情况和合同性质，当事人可以要求恢复原状、采取其他补救措施，并有权要求赔偿损失。

合同的权利义务终止，不影响合同中结算和清理条款的效力。

（三）抵销

抵销是双方当事人互负债务时，将两项债务相互充抵，使双方债务在对等额内消灭的行为。抵销分为法定抵销与协商抵销。抵销具有简化交易程序、降低交易成本、提高交易安全的作用。

1. 法定抵销

法定抵销是指当事人互负到期债务，该债务的标的物种类、品质相同的，任何一方可以将自己的债务与对方的债务抵销，但依照法律规定或者按照合同性质不得抵销的除外。当事人主张抵销的，应当通知对方，通知自到达对方时生效。抵销不得附条件或者附期限。

例如，甲欠乙 10 万元货款，2016 年 6 月 1 日到期。乙欠甲 10 万元工程款，2016 年 11 月 1 日到期。那么在 2016 年 11 月 1 日以后，双方债务均到期了，而且性质也相同，可以抵销。

2. 协商抵销

协商抵销是指当事人互负债务，标的物种类、品质不相同的，经双方协商一致，也可以抵销。

例如，甲欠乙 10 万元货款，2016 年 6 月 1 日到期。乙欠甲 10 万元人身损害赔偿款，2016 年 11 月 1 日到期。那么在 2016 年 11 月 1 日以后，双方债务均到期了，这种货款和人身损害赔偿款属于不同种类的欠款，但是经双方协商一致，也可以抵销。

（四）提存

1. 提存的概念

提存是指债务人无法履行债务或者难以履行债务的情况下，将标的物交由提存机关保存，以终止合同权利义务的行为。其中，交付合同标的物的债务人为提存人；债权人为提存领受人；交付的标的物为提存物；由国家设立并保管提存物的机关为提存机关。提存制度的建立，使债务人及时了结债务关系，避免产生延迟履行的新债务，有利于保护债务人的利益。

2. 提存的条件

《合同法》规定，有下列情形之一，难以履行债务的，债务人可以将标的物提存：

(1) 债权人无正当理由拒绝受领；

(2) 债权人下落不明；

(3) 债权人死亡未确定继承人或者丧失民事行为能力未确定监护人;

(4) 法律规定的其他情形。

3. 提存的地点

提存应当在合同履行地的提存机关进行。

4. 提存的法律效力

自提存之日起,债务人的债务归于消灭。

标的物提存后,除债权人下落不明的以外,债务人应当及时通知债权人或者债权人的继承人、监护人。标的物提存后,毁损、灭失的风险由债权人承担。提存期间,标的物的孳息归债权人所有。提存费用由债权人负担。

债权人可以随时领取提存物,但债权人对债务人负有到期债务的,在债权人未履行债务或者提供担保之前,提存部门根据债务人的要求应当拒绝其领取提存物。债权人领取提存物的权利,自提存之日起 5 年内不行使而消灭,提存物扣除提存费用后归国家所有。

(五) 免除与混同

免除是指债权人免除债务人部分或者全部债务,合同的权利义务部分或者全部终止。混同是指债权和债务同归于一人,使得债权人即是债务人,债务人即是债权人,此时合同权利义务关系终止,但涉及第三人利益的除外。

第六节　违约责任

一、违约责任概述

(一) 违约责任的概念

违约责任也称为违反合同的责任,是指合同当事人因违反合法有效合同而应当承担的责任。《合同法》第一百零七条规定:"当事人一方不履行合同义务或者履行合同义务不符合约定的,应当承担继续履行、采取补救措施或者赔偿损失等违约责任。"

(二) 违约责任的构成要件

违约责任的构成要件有两个:① 合同当事人有违约行为。《合同法》规定的违约责任归责原则为严格责任原则。因此,只要合同当事人有违反合法有效合同行为存在,不管导致违约的原因是什么,除了法定或者约定的免责事由以外,均不得主张免责。② 不存在法定和约定的免责事由。

(三) 违约责任的种类

违约责任的种类是根据合同当事人违反合同义务的性质、特点可以做不同的分类。我国将违约行为区分为预期违约和届期违约两种类型。

预期违约是指在履行期限到来之前,一方无正当理由明确表示其在履行期到来后将不履行合同,或者以行为表明在履行期到来以后自己将不可能履行合同的违约行为;届期违约是履行期限到来以后,当事人不履行或不完全履行合同义务的违约行为。

二、承担违约责任的方式

《合同法》规定的违约责任方式有:

(一) 继续履行

继续履行,是指债权人在债务人不履行合同义务时,可请求人民法院或者仲裁机构强制债务人实际履行合同义务。

《合同法》规定，当事人一方未支付价款或者报酬的，对方可以要求其支付价款或者报酬。当事人一方不履行非金钱债务或者履行非金钱债务不符合约定的，对方可以要求履行，但有下列情形之一的除外：

(1) 法律上或者事实上不能履行；

(2) 债务的标的不适于强制履行或者履行费用过高；

(3) 债权人在合理期限内未要求履行。

（二）采取补救措施

采取补救措施，是债务人履行合同义务不符合约定，债权人在请求人民法院或者仲裁机构强制债务人实际履行合同义务的同时，可根据合同履行情况要求债务人采取的补救履行措施。《合同法》规定，当事人履行合同义务，质量不符合约定的，应当按照当事人的约定承担违约责任。对违约责任没有约定或者约定不明确，受损害方根据标的的性质以及损失的大小，可以合理选择要求对方承担修理、更换、重做、退货、减少价款或者报酬等违约责任。

（三）损害赔偿

当事人一方不履行合同义务或者履行合同义务不符合约定的，在履行义务或者采取补救措施后，对方还有其他损失的，应当赔偿损失。当事人一方不履行合同义务或者履行合同义务不符合约定，给对方造成损失的，损失赔偿额应当相当于因违约所造成的损失，包括合同履行后可以获得的利益，但不得超过违反合同一方订立合同时预见到或者应当预见到的因违反合同可能造成的损失。

（四）支付违约金

违约金是指当事人一方违反合同应当向对方支付的一定数量的金钱或财物。

当事人可以约定一方违约时应当根据违约情况向对方支付一定数额的违约金，也可以约定因违约产生的损失赔偿额的计算方法。

约定的违约金低于造成的损失的，当事人可以请求人民法院或者仲裁机构予以增加；约定的违约金过分高于造成的损失的，当事人可以请求人民法院或者仲裁机构予以适当减少。

当事人就迟延履行约定违约金的，违约方支付违约金后，还应当履行债务。

（五）定金

定金是指当事人依照《中华人民共和国担保法》约定，一方向对方给付货币作为债权的担保。债务人履行债务后，定金应当抵作价款或者收回。给付定金的一方不履行约定债务的，无权要求返还定金；收受定金的一方不履行约定债务的，应当双倍返还定金。

当事人在合同中既约定违约金，又约定定金的，一方违约时，对方可以选择适用违约金或者定金条款，但两者不可同时并用。当事人一方违约后，对方应当采取适当措施防止损失的扩大；没有采取适当措施致使损失扩大的，不得就扩大的损失要求赔偿。

（六）当事人约定的其他违约责任方式

在不违背法律原则及有关规定的情况下，合同当事人可以约定其他违约责任。

三、违约的免责事由

免责事由也称免责条件，是指当事人即使违约也不承担责任的事由。

《合同法》规定的免责事由仅限于不可抗力。所谓不可抗力，是指不能预见、不能避免并不能克服的客观情况。常见的不可抗力有自然灾害、政府行为和社会异常事件，如地震、台风、洪水、海啸等及征收、征用、罢工、骚乱、战争等。

不可抗力虽为合同的免责事由，但有关不可抗力的具体事由很难由法律做出具体列举式的规定，因此根据合同自由原则，当事人可以在订立不可抗力条款时，具体列举各种不可抗力事由。

不可抗力发生后对当事人责任的影响，要注意以下两点：

(1) 当事人一方因不可抗力不能履行合同的，应当及时通知对方，以减轻可能给对方造成的损失，并应当在合理期限内提供证明。

(2) 不可抗力并非当然免责，要根据不可抗力对合同履行的影响决定。《合同法》规定，因不可抗力不能履行合同的，根据不可抗力的影响，部分或者全部免除责任，但法律另有规定的除外。当事人迟延履行后发生不可抗力的，不能免除责任。

导入案例解析

(1) 冉某、张某的诉讼请求有法律依据。根据《合同法》的规定，当事人应当按照约定全面履行自己的义务。当事人应当遵循诚实信用原则，根据合同的性质、目的和交易习惯履行通知、协助、保密等义务。

(2) 法院应根据《合同法》的规定要求甲方承担违约责任。根据《合同法》的规定，当事人一方不履行合同义务或者履行合同义务不符合约定的，应当承担继续履行、采取补救措施或者赔偿损失等违约责任；当事人可以约定一方违约时应当根据违约情况向对方支付一定数额的违约金，也可以约定因违约产生的损失赔偿额的计算方法。

本章小结

合同是平等主体的自然人、法人及其他组织之间设立、变更、终止民事权利义务关系的协议。

合同的订立必须经过要约和承诺两个阶段，合同的内容可以由双方当事人协商确定，一般应包括当事人的姓名或名称和住所、标的、数量、质量、价款或报酬、履行期限、地点、方式、争议的解决方式、违约责任等。订立合同时违反诚实信用原则导致合同未能成立或无效，当事人应承担缔约过失责任。

合同从其效力上来看，分为有效合同、效力待定合同、可变更可撤销合同、无效合同。法律对有效合同的要件及效力待定合同、可变更可撤销合同、无效合同的情形做了具体规定。对于合同无效或被撤销合同财产的处理方式有返还原物、折价补偿、赔偿损失、收归财产归国家、集体和第三人。

双务合同的当事人在合同履行时有权行使抗辩权。抗辩权分为同时履行抗辩权、先履行抗辩权和不安抗辩权。

双务合同的当事人在债务人怠于行使到期债权或债务人财产不当减少，给债权人债权实现造成损害的，债权人可以行使财产保全。财产保全包括代位权和撤销权。

合法有效的合同，合同当事人应当全面履行合同义务。当事人违反合法有效合同，除法律规定或当事人约定的免责事由以外，都应当承担违约责任。承担违约责任的方式有继续履行、赔偿损失、支付违约金等其他合理的补救措施。

思考练习

一、单选题

1. 我国《合同法》调整的关系是(　　)。

A. 婚姻关系　　B. 收养关系　　C. 监护关系　　D. 财产关系

2. 下列属要约的是(　　)。

A. 某股份公司的招股说明书

B. 某公司在电视台播发的售房广告,称“价格面议”

C. 某出租车未打开顶灯,在马路上行驶

D. 顾客向运营中的自动售货机投入 2 元硬币(自动售货机注明纯净水 2 元 1 瓶)

3. 采用数据电文形式订立合同,收件人指定计算机系统接收数据电文的,要约到达受要约人的时间是(　　)。

A. 该数据电文进入该特定系统的时间

B. 该数据电文为收件人第一次阅读的时间

C. 该数据电文为发件人发送完毕的时间

D. 该数据电文为收件人接收的首次时间

4. 在法律没有特别规定及合同没有特别约定时,一方当事人有权解除合同的是(　　)。

A. 对方当事人有违约行为

B. 发生不可抗力事件,致使合同不能适当履行

C. 对方当事人在合同约定的期限内没有履行合同

D. 以种类物为标的合同,其标的部分损灭

5. 甲、乙二人订立一份玉米购销合同,但对玉米质量未约定,合同订立后,买方乙要求重新协商玉米质量,甲未同意,则本合同的效力如何?(　　)

A. 本合同无效

B. 本合同可撤销

C. 本合同有效,甲提供的玉米没有质量要求

D. 本合同有效,甲、乙二人可按交易习惯确定玉米质量要求

6. 采用格式条款订立的合同,对格式条款有两种以上解释的,应当做出(　　)。

A. 不利于提供格式条款一方的解释

B. 不利于接受格式条款一方的解释

C. 双方协商一致的解释

D. 随意解释

7. 甲公司向乙公司购买小轿车,约定 7 月 1 日预付 10 万元,10 月 1 日预付 20 万元,12 月 1 日乙公司交车时付清尾款。甲公司按时预付第一笔款。乙公司于 9 月 30 日发函称因原材料价格上涨,需提高小轿车价格。甲公司于 10 月 1 日拒绝,等待乙公司答复未果后于 10 月 3 日向乙公司汇去 20 万元。乙公司当即拒收,并称甲公司迟延付款构成违约,要求解除合同,甲公司则要求乙公司继续履行。下列哪一表述是正确的?(　　)

A. 甲公司不构成违约

B. 乙公司有权解除合同

C. 乙公司可行使先履行抗辩权

D. 乙公司可要求提高合同价格

8. 甲公司与乙公司签订买卖合同。合同约定甲公司先交货。交货前夕，甲公司派人调查乙公司的偿债能力，有确切材料证明乙公司负债累累，根本不能按时支付货款。甲公司遂暂时不向乙公司交货。甲公司的行为是(　　)。

A. 违约行为

B. 行使同时履行抗辩权

C. 行使先诉抗辩权

D. 行使不安抗辩权

二、判断题

1. 以行为做出承诺，不包括单纯的沉默或不作为。(　　)

2. 张某是某企业的销售人员，随身携带盖有该企业公章的空白合同书，便于对外签约。后张某因收取回扣被企业除名，但空白合同书未被该企业收回。张某以此合同书与他人签订购销协议，该购销协议有效。(　　)

3. 寄送的价目表、拍卖公告、招标公告、招股说明书、商业广告等为要约邀请。(　　)

4. 要约生效以后，任何人都有权对要约做出承诺，受要约人之外的第三人做出的承诺，同样具有法律上的效力。(　　)

5. 要约邀请是当事人在订立合同的过程中的一种必经程序。(　　)

6. 在要约的有效期间内要约人可以随意撤销要约。(　　)

7. 如果合同仅仅是成立，而并未生效，不存在缔约责任问题。(　　)

8. 撤销权行使的期限是权利人知道或应当知道之日起 1 年内行使。(　　)

9. 承诺与要约一样，均可以被撤回或撤销。(　　)

10. 违约责任是当事人之间订立合同不能成功时，有过错方应当承担的法律责任。(　　)

三、简答题

1. 简述承诺的要件。

2. 简述合同被确认无效或被撤销的法律后果。

案例分析

1. 2 月 5 日，甲与乙订立一份房屋买卖合同，约定乙购买甲的房屋一套，价格 80 万元。并约定：合同签订后一周内乙先付 20 万元，交付房屋后付 30 万元，办理过户登记后付 30 万元。2 月 8 日，丙得知甲欲将该房屋出卖，表示愿意购买。甲告其已与乙签订合同的事实，丙说愿出 90 万元。于是，甲与丙签订了房屋买卖合同，约定合同签订后 3 日内丙付清全部房款，同时办理过户登记。2 月 11 日，丙付清了全部房款，并办理了过户登记。2 月 12 日，当乙支付第一笔房款时，甲说房屋已卖掉，但同小区还有另一套房屋，可作价 100 万元出卖。乙看后当即表示同意，但提出只能首付 20 万元，其余 80 万元向银行申请贷款。甲、乙在原合同文本上将房屋相关信息、价款和付款方式作了修改，其余条款未修改。

分析：

(1) 甲、丙之间的房屋买卖合同效力如何？

(2) 2 月 12 日，甲、乙之间对原合同修改的行为的效力应当如何认定？为什么？

2. 甲公司与乙公司签订了一份轿车买卖合同。由于甲公司的业务员对汽车型号不太熟悉，在签订合同时，将甲公司原先想买的 B 型号轿车写成了 A 型号轿车。虽然乙公司提供的型号不是甲公司原想购买的 B 型号轿车，但 A 型号轿车销量也不错。甲公司按照合同约定提货并支付了货款。

分析：

(1) 如何认定此次买卖行为？

(2) 如果甲又反悔，可以退回车子要回货款吗？

3. 甲厂与乙厂订立一份购销合同，双方约定由乙厂在 1 个月内向甲厂供应某货物 30 吨，每吨单价 1 000 元。在合同履行期间，丙厂找到乙厂表示愿意以每吨 1 300 元的单价购买 15 吨该货物，乙厂见其出价高，就将 15 吨本来准备运给甲厂的货物卖给了丙厂，致使只能供应 15 吨货物给甲厂。甲厂要求乙厂按照合同的约定供应剩余的 15 吨货物，乙厂表示无法按照原合同的条件供货，并要求解除合同。甲厂不同意，坚持要求乙厂履行合同。

分析：

(1) 甲厂的要求是否有法律依据？

(2) 在合同没有明确约定的情况下，甲厂如果要求乙厂继续履行合同有无法律依据？

(3) 乙厂能否只赔偿损失或者只支付违约金而不继续履行合同？

4. 某公司与某服装厂在 2016 年 1 月签订了一份服装加工合同，合同规定：由服装厂为某公司加工厂服 500 套，平均每套支付加工费 300 元，共计 150 000 元，某公司负责提供布料、服装型号和规格，某公司在接到服装厂取货通知后 2 天内付款，服装厂接到货款后 3 天内将厂服送达某公司。服装厂在规定的时间里完成了服装加工任务并收到货款。依约在第 3 天将厂服送达某公司，可由于该公司领导班子正处于调整之中，无人负责接收该批厂服的状态持续一周。因此服装厂只好将该厂服提存，在提存之后，服装厂认为既然某公司领导班子未定，待领导班子确定后再通知某公司来领。15 天后服装厂才通知某公司领取提存物，某公司在领取提存物时被要求交付 15 天的保管费用，某公司拒交，认为服装厂未能及时通知本公司去取，导致厂服提存 15 天，应由服装厂支付提存费用。

分析：

(1) 某公司拒绝支付提存费用的理由有法律依据吗？为什么？

(2) 服装厂的行为中有无不当之处？为什么？

(3) 此案如何处理？

第五章 担 保 法

学习目标

☞知识目标

1. 了解担保的概念、特征、方式和种类。
2. 了解担保法律关系的构成。
3. 掌握保证责任和保证合同的基本内容。
4. 掌握抵押合同和抵押登记的效力。
5. 掌握动产质押和权利质押法律制度。
6. 掌握留置和定金的主要内容。

☞能力目标

1. 会判定保证合同中保证人的责任及其范围。
2. 会判定同一财产设定多个抵押时,抵押权实现的顺序。
3. 会判定质押合同的效力。
4. 会行使留置权。
5. 会判定定金合同的效力。

案例导入

2015 年 11 月,太仓某企业向银行申请借款 400 万元,为保障借款的顺利进行,企业同银行签订了一份最高额抵押担保合同,企业以自身的机器设备(价值 300 万)为其所形成的债务提供抵押担保。同时王某为该笔借款提供保证担保,并签订了保证担保合同。保证合同约定,银行有权要求保证人先于抵押担保承担保证责任。2016 年 12 月,因被告企业经营不善,不能清偿到期债务,银行遂向法院起诉,要求保证人王某偿还银行的借款及利息。但王某主张不能由其承担全部保证责任,应该先实现太仓某企业的机器设备担保。

分析:该如何确定不同担保方式下担保责任顺序及大小?

第一节 担保法概述

在市场经济社会里,货币与实物在各个经济主体之间的分布总是处于不平衡状态。从经济的角度看,资金的闲置就意味着实物的闲置,可见得资金的融通具有非常重要的意义。

资金融通过程主要是由借贷关系来完成的。现实中,如果拥有货币的人不敢轻易将货币租借出去,那么,货币需求者在资金市场就很难借到货币。担保制度的设立,一方面使拥有货币的人放心大胆地贷出资金而又有所保障,另一方面使缺钱的人在借入一定资金后,原则上并不因为设立担保就失去了对其物的用益权或处分权。

一、担保的概念、特征和方式

(一) 担保的概念

担保是保证合同履行和债权实现而采取的法律措施,具体地讲,是按照法律规定或当事人的约定,债务人(或第三人)以特定的财产(或第三人的信用)来督促债务人履行债务的法律制度。《合同法》中的担保不是刑事诉讼法上的担保,刑事担保是指为取保候审、保外就医等提供一定的保证。

(二) 担保的特征

担保具有以下法律特征:

(1) 从属性。担保合同是从属于主合同的从合同,主合同无效,担保合同无效。担保合同另有约定的,按照约定。

(2) 自愿性。担保在大多数情况下是依据债权人、债务人和担保人三方的自愿合意成立,只有少数情况下是依据法律规定而成立。

(3) 保障性。担保是用以保障合同的履行和债权的实现,这是担保制度设立的目的。

(三) 担保的方式

《担保法》规定的担保方式可分为保证、抵押、质押、留置、定金五种。

二、担保的种类

(一) 人的担保、物的担保和金钱担保

以担保标的物为标准,担保可分为人的担保、物的担保和金钱的担保三类。人的担保,是指由债务人之外的第三人以其财产为债权提供的担保;物的担保,是指以债务人或第三人的特定财产作为抵偿债权的标的,在债务人不履行其债务时,债权人依法享有就担保财产优先受偿的担保;金钱的担保,是指债务人在约定给付以外交付一定数额的金钱,债务是否履行决定着该金钱的返还还是丧失,使当事人双方产生心理压力,从而促其积极履行债务,保障债权实现的制度。

想一想

《担保法》确定的五种担保方式中,哪些是人的担保,哪些是物的担保,哪些是金钱的担保?

(二) 约定担保与法定担保

以担保设立的根据为标准,担保可分为约定担保和法定担保。约定担保,是指按照民法中意思自由的原则,当事人为保障债权的实现,自行订立担保合同的一种担保方式;法定担保是指基于法律的规定而直接成立并发生效力的担保方式。约定担保与法定担保的方式都可以是保证、抵押、质押、留置和定金。

(三) 债务人担保和第三人担保

根据提供担保的主体不同,担保可分为债务人的担保和第三人的担保。债务人的担保是指债务人以自己的财产作为合同履行保障的担保方式;第三人的担保是指除债务人以外的第三人以其财产作为合同履行保障的担保方式。

(四) 典型担保和非典型担保

以法律规定的适用类型为标准,担保可分为典型担保和非典型担保。典型担保是指《民法通则》《物权法》《担保法》《海商法》等民事法律规范中已经明确规定的担保类型,主要方式是保证、抵押、质押、留置、定金;非典型担保是指虽具有担保的作用,但法律尚未明确规定其

为担保的担保方式，如让与担保、票据保证等。

（五）一般担保和连带责任担保

以承担责任的具体做法和担保力度的不同，担保可分为一般担保和连带责任担保。一般担保是指当事人在担保合同中约定，债务人不能履行债务时，由担保人承担责任的担保。一般担保的担保人在主合同纠纷未经审判或者仲裁，并就债务人财产依法强制执行仍不能履行债务前，对债权人可以拒绝承担担保责任；连带责任担保是当事人在担保合同中约定，担保人与债务人对债务承担连带责任的担保。连带责任担保的债务人在主合同规定的债务到期时没有履行债务的，债权人可以要求债务人履行债务，也可以要求担保人在其保证范围内承担责任。

（六）本担保和反担保

以担保的对象不同，担保可分为本担保和反担保。本担保是指债务人或第三人为保障主债务的履行而设定的担保，其担保的是主债权的实现；反担保是指债务人或第三人向担保人做出保证或设定物的担保，在担保人因清偿债务人的债务而遭受损失时，债务人向担保人做出清偿，其担保的是追偿权的实现。第三人为债务人向债权人提供担保时，可以要求债务人提供反担保。

三、担保法

担保法是指调整担保关系的法律规范的总称。我国不仅在《民法通则》《物权法》和其他民事单行法中规定了担保制度，而且还于 1995 年 6 月 30 日第八届全国人民代表大会常务委员会第十四次会议专门制定了《担保法》，此法自 1995 年 10 月 1 日起施行。此外，最高人民法院于 2000 年 9 月 29 日通过了《最高人民法院关于适用〈中华人民共和国担保法〉若干问题的解释》，此解释自 2000 年 12 月 31 日起施行。

第二节　保　　证

一、保证及保证人

保证，是指保证人和债权人约定，当债务人不履行债务时，保证人按照约定履行债务或者承担责任的行为。具有代为清偿债务能力的法人、其他组织或者公民，可以作保证人，但并非所有的法人、其他组织或公民都可以成为保证人。法律对保证人的限制主要有：

(1) 国家机关不得为保证人，但经国务院批准为使用外国政府或者国际经济组织贷款进行转贷的除外。

(2) 学校、幼儿园、医院等以公益为目的的事业单位、社会团体不得为保证人。

(3) 企业法人的分支机构、职能部门不得为保证人。但是，企业法人的分支机构有法人书面授权的，可以在授权范围内提供保证。

任何单位和个人不得强令银行等金融机构或者企业为他人提供保证，银行等金融机构或者企业对强令其为他人提供保证的行为，有权拒绝。

想一想

某市某企业为了做大做强，欲从银行贷款人民币 2 亿元扩大其经营规模。银行要求其提供担保，该市财政局能否为其提供保证？

二、保证合同

《担保法》第十三条规定:“保证人与债权人应当以书面形式订立保证合同。”保证人与债权人可以就单个主合同分别订立保证合同,也可以协议在最高债权额限度内就一定期间连续发生的借款合同或者某项商品交易合同订立一个保证合同。保证合同的内容有:

(1) 被保证的主债权种类、数额;

(2) 债务人履行债务的期限;

(3) 保证的方式;

(4) 保证担保的范围;

(5) 保证的期间;

(6) 双方认为需要约定的其他事项。

保证合同不完全具备这些规定内容的,可以补正。

三、保证方式

根据保证人承担责任方式的不同,保证有一般保证和连带责任保证两种方式。

一般保证是指当事人在保证合同中约定,债务人不能履行债务时,由保证人承担保证责任的方式。一般保证的保证人在主合同纠纷未经审判或者仲裁,并就债务人财产依法强制执行仍不能履行债务前,对债权人可以拒绝承担保证责任。

连带责任保证是指当事人在保证合同中约定保证人与债务人对债务承担连带责任的。连带责任保证的债务人在主合同规定的债务履行期届满没有履行债务的,债权人可以要求债务人履行债务,也可以要求保证人在其保证范围内承担保证责任。

当事人对保证方式没有约定或者约定不明确的,按照连带责任保证承担保证责任。

想一想

在连带责任保证中,借款人死亡后借款合同到期,保证人有还款义务吗?

四、保证责任

(一) 保证责任的范围

保证担保的范围包括主债权及利息、违约金、损害赔偿金和实现债权的费用。保证合同另有约定的,按照约定。

当事人对保证担保的范围没有约定或约定不明确的,保证人应当对全部债务承担责任。

(二) 保证合同变更时的保证责任承担

除保证合同另有约定的,在保证期间,债权人与债务人协议变更主合同的,应当取得保证人书面同意。保证人对未经其同意转让的债务,不再承担保证责任。具体表现为:

(1) 保证期间,债权人依法将主债权转让给第三人的,保证人在原保证担保范围内继续承担保证责任。保证合同另有约定的,按照约定。

(2) 保证期间,债权人许可债务人转让债务的,应当取得保证人书面同意,保证人对未经其同意转让的债务,不再承担保证责任。

(3) 债权人与债务人协议变更主合同的,应当取得保证人书面同意,未经保证人书面同意的,保证人不再承担保证责任。保证合同另有约定的,按照约定。

(三) 保证人不承担民事责任的情形

有下列情形的,保证人不承担民事责任:

(1) 主合同当事人双方串通,骗取保证人提供保证的。

(2) 主合同债权人采取欺诈、胁迫等手段使保证人在违背真实意思的情况下提供保证的。

根据相关法律的规定,主合同债务人采取欺诈、胁迫等手段,使保证人在违背真实意思的情况下提供保证的,债权人知道或者应当知道欺诈、胁迫事实的,保证人不承担民事责任。但是,债务人与保证人共同欺骗债权人,订立主合同和保证合同的,债权人可以请求人民法院予以撤销。因此给债权人造成损失的,由保证人与债务人承担连带赔偿责任。

(四) 保证期间与保证的诉讼时效

保证期间为保证责任的存续期间,是债权人向保证人行使追索权的期间。保证期间性质上属于除斥期间,不发生诉讼时效的中止、中断和延长。债权人应在保证期间主张权利,没有在保证期间主张权利的,保证人免除保证责任。"主张权利"的方式在一般保证中表现为对债务人提起诉讼或者申请仲裁,在连带责任保证中表现为向保证人要求承担保证责任。

一般保证和连带保证的保证期间都是一样的。保证期间应在保证合同中明确规定。如果当事人没有约定的,保证期间为主债务履行期届满之日起 6 个月。在保证期间内,债权人未对债务人提起诉讼或者申请仲裁的,保证人免除保证责任;债权人已提起诉讼或者申请仲裁的,保证期间适用诉讼时效中断的规定。

练一练

2016 年 1 月,杨某因生意资金周转困难向吴某借款人民币 4 万元,并于借款当日向债权人吴某出具了一张借条,双方在借条上约定了还款时间。保证人张某(杨某的母亲)在该借条上签署"如果债务人不履行义务的,保证人愿意承担保证责任"的保证意见。还款期限届满后,债务人杨某未能履行还款义务,吴某向人民法院提起诉讼,要求债务人履行还款义务,并要求担保人吴某承担连带清偿责任。

请问:保证人吴某应该承担什么样的保证责任?

第三节 抵　押

一、抵押的概念

抵押是指债务人或者第三人不转移对财产的占有,将该财产作为债权的担保。债务人不履行债务时,债权人有权依法以该财产折价或者以拍卖、变卖该财产的价款优先受偿。其中,债务人或者第三人为抵押人,债权人为抵押权人,提供担保的财产为抵押物。

二、抵押担保的类型

(一) 不动产抵押和动产抵押

不动产抵押是指以不动产为抵押物而设置的抵押。所谓不动产,是指不能移动或移动后会丧失其原有价值或失去其使用价值的财产,如土地、建筑物和其他土地附着物(如房屋、公路、铁路等)。

动产抵押是指以动产作为抵押物而设置的抵押。所谓动产,是指可以移动并且移动后不影响其使用价值,不降低其价值的财产。

知识链接

我国的动产抵押制度并没有一般性限制条件,除了《担保法》所规定的不可抵押的财产,其余均可抵押。我国的动产抵押的标的物范围很广，具体有如下几类：

(1) 飞机、船舶、汽车等特殊动产。这类动产的特殊性在于其权属状态以登记而确定，其交易也须进行过户登记。对这类动产强制登记是国家对那些流动性强、价值较大的动产进行行政管理的需要。

(2) 企业的机器设备、农业用具、牲畜。这类动产是企业或农业生产所必须，只能设立抵押之担保方式。其中，可抵押的牲畜应仅限于生产性牲畜，而对于羊、猪、鸡、鸭之类不具生产力者，则不允许设立抵押。

(3) 企业的产品、材料等动产。此类动产因其流动性较大，允许设立抵押显然不利于对抵押权人及第三人利益的保护。而采取登记制度，规定第三人的查询义务，又势必影响交易的正常进行。因而，此类动产不允许单独设立抵押，但可与企业其他财产一并设立浮动担保。

(二) 一般抵押和最高额抵押

一般抵押是指为担保债务的履行，债务人或者第三人不转移财产的占有，将该财产抵押给债权人的，债务人未履行债务时，债权人有权就该财产优先受偿。

最高额抵押是指抵押人与抵押权人协议，在最高债权额限度内，以抵押物对一定期间内连续发生的债权作担保。借款合同可以附最高额抵押合同，最高额抵押的主合同债权不得转让。债权人与债务人就某项商品在一定期间内连续发生交易而签订的合同，可以附最高额抵押合同。

三、可抵押的财产

根据《担保法》的规定，以下财产可以抵押：

(1) 抵押人所有的房屋和其他地上定着物。

(2) 抵押人所有的机器、交通运输工具和其他财产。

(3) 抵押人依法有权处分的国有的土地使用权、房屋和其他地上定着物。必须坚持土随房走和房随地走的担保原则，农村集体土地使用权不得抵押。

(4) 抵押人依法有权处分的国有的机器、交通运输工具和其他财产。

(5) 抵押人依法承包并经发包方同意抵押的荒山、荒沟、荒丘、荒滩等荒地的土地使用权，不包括耕地、养殖水域、果园、草地、苗圃、经济植物用地和林地，这些地关系到抵押人的谋生基础，所以不能用来抵押。

(6) 依法可以抵押的其他财产，但是这些财产不包括人身以及人身有关的无形财产利益，以及人们生活所必需保留的日常生活用品。

抵押人可以将上述财产一并抵押。抵押人所担保的债权不得超出其抵押物的价值。财产抵押后，该财产的价值大于所担保债权的余额部分，可以再次抵押，但不得超出其余额部分。

以依法取得的国有土地上的房屋抵押的，该房屋占用范围内的国有土地使用权同时抵押。以出让方式取得的国有土地使用权抵押的，应当将抵押时该国有土地上的房屋同时抵押。乡(镇)、村企业的土地使用权不得单独抵押。以乡(镇)、村企业的厂房等建筑物抵押的，其占用范围内的土地使用权同时抵押。

四、禁止抵押的财产

根据《担保法》的规定，以下财产不得抵押：

（1）土地所有权；

（2）耕地、宅基地、自留地、自留山等集体所有的土地使用权；

（3）学校、幼儿园、医院等以公益为目的的事业单位、社会团体的教育设施、医疗卫生设施和其他社会公益设施；

（4）所有权、使用权不明或者有争议的财产；

（5）依法被查封、扣押、监管的财产；

（6）依法不得抵押的其他财产。

五、抵押合同

抵押人和抵押权人应当以书面形式订立抵押合同。抵押合同应当包括以下内容：

（1）被担保的主债权种类、数额；

（2）债务人履行债务的期限；

（3）抵押物的名称、数量、质量、状况、所在地、所有权权属或者使用权权属；

（4）抵押担保的范围；

（5）当事人认为需要约定的其他事项。

抵押合同不完全具备这些规定内容的，可以补正。

抵押合同签订后，法律规定必须办理抵押登记的，还应当办理抵押登记手续。抵押登记分为强制抵押登记和自愿抵押登记两种。

当事人对以下财产进行抵押时，应当强制性办理抵押物登记，抵押合同自登记之日起生效。办理抵押物登记的财产和管理部门如下：

（1）以无地上定着物的土地使用权抵押的，为核发土地使用权证书的土地管理部门；

（2）以城市房地产或者乡（镇）、村企业的厂房等建筑物抵押的，为县级以上地方人民政府规定的部门；

（3）以林木抵押的，为县级以上林木主管部门；

（4）以航空器、船舶、车辆抵押的，为运输工具的登记部门；

（5）以企业的设备和其他动产抵押的，为财产所在地的工商行政管理部门。

当事人以其他财产抵押的，可以自愿办理抵押物登记，抵押合同自签订之日起生效。当事人未办理抵押物登记的，不得对抗第三人。当事人办理抵押物登记的，登记部门为抵押人所在地的公证部门。办理抵押物登记，应当向登记部门提供下列文件或者其复印件：主合同和抵押合同；抵押物的所有权或者使用权证书。

想一想

房屋抵押不登记，这样的抵押有效吗？

六、抵押的效力

（一）抵押担保的范围

抵押担保的范围包括主债权及利息、违约金、损害赔偿金和实现抵押权的费用。抵押合同另有约定的，按照约定。

（二）抵押担保对抵押物的效力

（1）抵押效力及于从物。抵押权设定前为抵押物的从物的，抵押权的效力及于抵押物的从物。但是，抵押物与其从物为两个以上的人分别所有时，抵押权的效力不及于抵押物的从物。

(2) 对孳息的效力。债务履行期届满，债务人不履行债务致使抵押物被人民法院依法扣押的，自扣押之日起抵押权人有权收取由抵押物分离的天然孳息以及抵押人就抵押物可以收取的法定孳息。抵押权人未将扣押抵押物的事实通知应当清偿法定孳息的义务人的，抵押权的效力不及于该孳息。上述孳息应当先充抵收取孳息的费用。

知识链接

孳息指由原物所产生的收益。在民法上，孳息分为天然孳息和法定孳息。

天然孳息指因物的自然属性而获得的收益，如果树结的果实、母畜生的幼畜。法定孳息指因法律关系所获得的收益，如出租人根据租赁合同收取的租金、贷款人根据贷款合同取得的利息等。

(三) 抵押担保的效力

1. 抵押担保对抵押人的效力

抵押担保对抵押人的效力表现为抵押人的权利。具体有：

(1) 抵押人在其财产设定抵押后，仍享有对抵押物的占有、使用、收益权；

(2) 抵押人对抵押物的处分权，如转让标的物的权利；

(3) 就标的物再次设定抵押权或者质权等担保物权；

(4) 就抵押物为他人设定用益物权。

2. 抵押担保对抵押权人的效力

抵押担保对抵押权人的效力表现为抵押权人的权利。具体有：

(1) 收取孳息的权利。抵押权人对因债务人不履行债务致使被人民法院依法扣押的抵押物的天然孳息和法定孳息有收取权。

(2) 抵押保全的权利。在抵押权人因抵押物受到损害而遭受损失时，抵押权人基于其抵押权可以行使法律所赋予的权利，保全其抵押权，如在抵押人的行为足以使抵押物的价值减少时，抵押权人有权要求抵押人停止其行为。或者抵押物价值减少时，抵押权人有权要求抵押人恢复抵押物的，或提供与减少的价值相当的担保。抵押人对抵押物价值的减少无过错的，抵押权人有权在抵押人因损害而得到的赔偿范围内要求提供担保。抵押物价值减少的部分，仍作为债权的担保。

(3) 优先受偿权。抵押人转让抵押物所得的价款，应当向抵押权人提前清偿所担保的债权或者向与抵押权人约定的第三人提存。超过债权数额的部分，归抵押人所有，不足部分由债务人清偿。

练一练

2016 年 7 月 2 日，郑某和雷某签订了个人借款合同，约定雷某向郑某借款 20 万元，雷某以其名下的房产提供抵押担保。2016 年 7 月 3 日，郑某通过银行转账的方式向雷某支付了借款 20 万元。随后，雷某向郑某提供了其与刘某共同所有的房产的房地产权证复印件。后因雷某未按期还款，郑某诉至法院，主张其对雷某和刘某共同所有的房产享有优先受偿权。

分析：

(1) 郑某的诉讼请求有无法律依据？为什么？

(2) 法院应如何处理？

第四节 质　　押

一、质押的概念及分类

质押，又称动产质押，是指债务人或者第三人将其动产移交债权人占有，将该动产作为债权的担保。债务人不履行债务时，债权人有权依照法律规定以该动产折价或者以拍卖、变卖该动产的价款优先受偿。其中，债务人或者第三人为出质人，债权人为质权人，移交的动产为质物。

质押分为动产质押和权利质押两种。

动产质押是指债务人或者第三人将其动产移交债权人占有，将该动产作为债权的担保。其中，不包括房屋等建筑物和土地使用权，也不包括属于个人生活必需品。前者属于抵押担保的范围，后者属于法律规定不可强制执行的财产。

权利质押是指以可转让的权利为标的物的质押，可以质押的权利包括：

(1) 汇票、支票、本票、债券、存款单、仓单、提单；

(2) 依法可以转让的股份、股票；

(3) 依法可以转让的商标专用权、专利权、著作权中的财产权；

(4) 依法可以质押的其他权利。

知识链接

汇票、支票、本票、债券、存款单、仓单、提单，这七种单据都属于有价证券，分别由银行、公司等机构开出，只要到期就能变现，或者由持票人将票据所代表的财产提走。在未到期之前，这些票据单证可以贴现或者折价转让，持票人要提前获得现金就可能有一些利息损失。所以有些持票人不愿意贴现，也不愿意转让，而是将这些证券以质押形式交付给债权人保管，并取得一定资金。

二、质押合同的签订和禁止

出质人和质权人应当以书面形式订立质押合同。质押合同应当包括以下内容：

(1) 被担保的主债权种类、数额；

(2) 债务人履行债务的期限；

(3) 质物的名称、数量、质量、状况；

(4) 质押担保的范围；

(5) 质物移交的时间；

(6) 当事人认为需要约定的其他事项。

质押合同不完全具备这些规定内容的，可以补正。

我国法律禁止签订流质合同。所谓流质合同，是指约定于债务清偿期届满而未能清偿时，质物的所有权转移为质权人所有的一种合同形式。《担保法》第六十六条规定："出质人和质权人在合同中不得约定在债务履行期届满质权人未受清偿时，质物的所有权转移为质权人所有。"

想一想

质权人能否请求双方约定如未还款便"以物抵债"？

三、质押担保的范围

质押担保的范围包括主债权及利息、违约金、损害赔偿金、质物保管费用和实现质权的费用。质押合同另有约定的,按照约定。

四、出质人的权利和义务

1. 出质人的权利

出质人享有以下权利:

(1) 收取孳息权。

(2) 质物损害赔偿请求权。当出质人发现质权人不能妥善保管质物可能致使其灭失或者毁损的,出质人可以要求质权人将质物提存,或者要求提前清偿债权而返还质物。

(3) 质物返还请求权。在债务人清偿债务后,质权人未及时返还质物的,出质人有权要求质权人返还并赔偿损失。

2. 出质人的义务

出质人需承担以下义务:

(1) 质权人负有妥善保管质物的义务。因保管不善致使质物灭失或者毁损的,质权人应当承担民事责任。质权人不能妥善保管质物可能致使其灭失或者毁损的,出质人可以要求质权人将质物提存,或者要求提前清偿债权而返还质物。

(2) 质物担保的义务。质物有损坏或者价值明显减少的可能,足以危害质权人权利的,质权人可以要求出质人提供相应的担保。出质人不提供的,质权人可以拍卖或者变卖质物,并与出质人协议将拍卖或者变卖所得的价款用于提前清偿所担保的债权或者向与出质人约定的第三人提存。

五、抵押与质押的区别

抵押与质押是经济活动中常见的两种担保方式,但实践中常常有人会将二者混同。它们的区别表现如下:

(1) 担保物不同。抵押标的物为动产与不动产,质押标的物为动产与财产权利。

(2) 担保物的占有不同。抵押并不将担保物实体转移给债权人占有,质押必须将担保物的占有转移给质权人,否则不生效。

(3) 生效方式不同。对于抵押,有的财产必须办理抵押物登记,抵押合同自登记之日起生效。而质押合同自质物或权利凭证交付之日起生效。

(4) 登记处不同。当事人办理抵押登记的,登记部门为抵押物的相应管理部门。以股票、知识产权出质的,当事人应向其相应的管理机构办理出质登记。

第五节 留 置

一、留置的概念

留置是指债权人按照合同约定占有债务人的动产,债务人不按照合同约定的期限履行债务的,债权人有权依照法律的规定留置该财产,以该财产折价或者以拍卖、变卖该财产的价款优先受偿。

二、留置担保的范围和适用场合

留置担保的范围包括主债权及利息、违约金、损害赔偿金、留置物保管费用和实现留置权的费用。

留置担保一般适用于保管合同、运输合同、加工承揽合同所发生的债权，当债务人不履行债务的，债权人有留置权。法律规定可以留置的其他合同，也可适用留置担保的规定。同时，当事人可以在合同中约定不得留置的物。

知识链接

保管合同是保管方保管寄存方交付的保管物，并返还该物的合同。其中，寄存方应当按照约定向保管方支付保管费。当事人对保管费没有约定或者约定不明确，依照《合同法》的规定仍不能确定的，保管是无偿的。而保管方承担妥善保管保管物的义务。如果存放方不履行交款义务，保管方有权留置存放的物品。保管合同自保管物交付时成立，但当事人另有约定的除外。

运输合同是承运方将旅客或者货物从起运地点运输到约定地点，旅客、托运方或者收货方支付票款或者运输费用的合同。如果托运方不支付运费，承运方有权留置承运的物品。

承揽合同是承揽方按照定做方的要求完成工作，交付工作成果，定做方给付报酬的合同。承揽包括加工、定做、修理、复制、测试、检验等工作。定做方应当按照约定的期限支付报酬。对支付报酬的期限没有约定或者约定不明确，依照《合同法》的规定仍不能确定的，定做方应当在承揽方交付工作成果时支付；工作成果部分交付的，定做方应当相应支付。定做方未向承揽方支付报酬或者材料费等价款的，承揽方对完成的工作成果享有留置权，但当事人另有约定的除外。

三、留置权的成立要件

留置权成立需满足以下要件：

(1) 是债权人须合法占有债务人动产；

(2) 是债权已届清偿期；

(3) 是债权人占有的动产与债权属于同一法律关系，如保管合同，货主将货物交给保管人进行保管，如果不支付保管费用，保管人有权留置货主所送交的保管物。如果动产与债权无关，则不能成立留置权。

四、留置权人的权利和义务

(一) 留置权人的权利

留置权人享有三种权利：

(1) 留置标的物权，在债务人不履行债务时，债权人就可以留置标的物，拒绝债务人交付标的物的请求。

(2) 收取孳息权，留置权人在占有留置物期间，对留置物所生之自然孳息和法定孳息有权收取，但收取的孳息应先充抵收取孳息的费用。

(3) 偿还费用权，债权人因保管留置物所支出的必要费用，有权向债务人请求返还。

(二) 留置权人的义务

留置权人还需要承担两项义务：

(1) 留置权人负有妥善保管留置物的义务，因保管不善致使留置物灭失或者毁损的，留置权人应当承担民事责任。

(2) 返还留置物的义务，当留置权所担保的债权消灭时，留置权人有义务将留置物返还于债务人。

五、留置权的消灭

我国法律所规定留置权消灭有以下两种原因：

(一) 债权消灭

债权消灭，可以因债务人在宽展期内清偿全部债务而消灭，也可以因债权人于宽展期届满后，行使留置权，满足自己的债权而消灭。债权也可因其他原因(混同、抵销、免除等)而消灭。债权消灭，作为债权担保的从物权，自然随之消灭。

(二) 债务人另行提供担保并被债权人接受的

如果债务人为清偿债务另行提供了相当的担保，该担保就构成了留置权的替代，债权人的债权受偿得到了充分的保障，原留置财产上的留置权理应消灭。

练一练

A 商场委托 B 服装厂在 2016 年 3 月 1 日前加工 1 000 套西服，双方签订了来料加工合同，约定于 2016 年 4 月 1 日前交货，加工费共计 200 万元，于交货前 20 日即 3 月 11 日支付。合同期满后，A 商场未向 B 服装厂及时支付加工费，B 服装厂遂将加工的西服留置并给予 A 商场两个月的宽限期，期限届满后 A 商场仍未支付加工费，B 服装厂将其中的 100 套西服予以变卖折抵加工费。

请问：B 服装厂的行为是否合法？

第六节 定 金

一、定金的概念

定金是指约定当事人一方向对方给付一定的金钱作为债权担保的一种担保方式。债务人履行债务后，定金应当抵作价款或者收回。给付定金的一方不履行约定债务的，无权要求返还定金；收受定金的一方不履行约定债务的，应当双倍返还定金。

二、定金合同及法律效力

《担保法》第九十条规定：“定金应当以书面形式约定。当事人在定金合同中应当约定交付定金的期限。定金合同从实际交付定金之日起生效。”

定金的效力表现为以下几个方面：

(1) 当事人约定以交付定金作为订立主合同担保的，给付定金的一方拒绝订立主合同的，无权要求返还定金；收受定金的一方拒绝订立合同的，应当双倍返还定金。

(2) 当事人约定以交付定金作为主合同成立或者生效要件的，给付定金的一方未支付定金，但主合同已经履行或者已经履行主要部分的，不影响主合同的成立或者生效。

(3) 当事人交付留置金、担保金、保证金、订约金、押金或者订金等，但没有约定定金性质的，当事人主张定金权利的，人民法院不予支持。

(4) 当事人约定的定金数额不得超过主合同标的额的 20%。如果超过 20%的，超过部分无效。实际交付的定金数额多于或者少于约定数额，视为变更定金合同；收受定金一方提出异议并拒绝接受定金的，定金合同不生效。

(5) 因当事人一方迟延履行或者其他违约行为，致使合同目的不能实现，可以适用定金罚则。但法律另有规定或者当事人另有约定的除外。当事人一方不完全履行合同的，应当按照未履行部分所占合同约定内容的比例，适用定金罚则。

(6) 因不可抗力致使主合同不能履行的,不适用定金罚则。

导入案例解析

本案中既有物的担保,又有保证人的保证,该如何确定保证责任的顺序及大小呢?

首先,根据《担保法》第七条的规定:“具有代为清偿债务能力的法人、其他组织或者公民,可以作保证人。”因此,该案中的王某可以作为保证人承担保证责任。根据《物权法》的相关规定,被担保的债权既有物的担保又有人的担保的,债务人不履行到期债务或者发生当事人约定的实现担保物权的情形,债权人应当按照约定实现债权;没有约定或者约定不明确,债务人自己提供物的担保的,债权人应当先就该物的担保实现债权;第三人提供物的担保的,债权人可以就物的担保实现债权,也可以要求保证人承担保证责任。提供担保的第三人承担担保责任后,有权向债务人追偿。据此,银行有权向债务人太仓某企业及保证人王某要求实现担保债权。

其次,保证人承担保证责任的大小确定。根据《担保法》第二十八条的规定:“同一债权既有保证又有物的担保的,保证人对物的担保以外的债权承担保证责任。”该案中企业以自身的机器设备(价值300万元)首先偿还贷款,余下的100万元贷款及利息由保证人王某来承担。

本章小结

担保是为了担保债权实现而采取的法律措施,《担保法》确立的担保方式有:保证、抵押、质押、留置和定金。

保证担保属于人的担保,有一般责任保证和连带责任保证两种方式。一般保证在债务人不能履行债务时,保证人才承担保证责任;连带责任保证在主合同规定的债务履行期届满债务人没有履行债务,保证人就要承担保证责任。保证担保的范围包括主债权及利息、违约金、损害赔偿金和实现债权的费用。

抵押包括不动产抵押和动产抵押,当事人应当签订抵押合同,法律规定必须办理抵押登记的,还应当办理抵押登记手续。

质押分为动产质押和权利质押两种。质押担保的范围包括主债权及利息、违约金、损害赔偿金、质物保管费用和实现质权的费用。质押合同另有约定的,按照约定。

留置担保一般适用于保管合同、运输合同、加工承揽合同所发生的债权。留置担保的范围包括主债权及利息、违约金、损害赔偿金、留置物保管费用和实现留置权的费用。

定金的担保作用体现在:给付定金的一方不履行约定债务的,无权要求返还定金;收受定金的一方不履行约定债务的,应当双倍返还定金。当事人约定的定金数额不得超过主合同标的额的20%。

思考练习

一、单选题

1. 不属于《担保法》规定的担保方式有(　　)。

A. 动产质押　　B. 不动产抵押　　C. 权利质押　　D. 违约金

2. 甲公司与乙公司签订一份借款协议。借款金额100万元,月利率30%,期限为2015

年1月1日至2016年1月1日。丙公司为甲公司的债务提供了担保，其向乙公司出具的担保书声称：如借款人到期不还，担保人清偿。还款期限届至，甲公司无力偿还，乙公司要求保证人丙公司偿还债务和利息。则下列说法正确的是（　　）。

A. 尽管借款利率高于银行贷款利率，但主合同有效，丙公司应负保证责任

B. 尽管主合同无效，但保证合同有效，丙公司仍应承担保证责任

C. 企业间禁止借贷且利率达30%，故主合同无效，而保证合同作为从合同也因此无效，甲、乙公司均有过错，各依过错承担责任；丙公司若有过错，也应当承担不超过债务人不能清偿部分三分之一的责任

D. 丙公司仅向乙公司出具了担保书，此为单方允诺而非合同，保证合同不成立

3. 甲向乙银行借款10万元，乙银行要求提供担保。甲自己没有财产可供抵押或出质，遂找到丁，丁也没有相应的财产，便将丙在其家中寄存的笔记本电脑6台交给乙银行用作质押，并且以丁的名义与银行订立了质押合同。甲到期不能还款，乙银行欲实现其质权。则（　　）。

A. 乙银行不享有质押权，因该质押合同因丁无权处分而无效

B. 乙银行为善意，可享有质押权

C. 质押合同无效，但乙银行没有过错，甲和丁应当共同承担主合同债权人的经济损失

D. 该质押合同因丁无权处分而效力待定，乙银行享有质押权须由丙追认

4. 下列情形中（　　）可以行使留置权？

A. 张某为王某送货，约定货物送到后一周内支付运费，张某在货物运到后立刻要求王某支付运费被拒绝，张某可留置部分货物

B. 刘某把房屋租给方某，方某退租搬离时尚有部分租金未付，刘某可留置方某部分家具

C. 何某将丁某的行李存放在火车站小件寄存处，后丁某取行李时认为寄存费过高而拒绝支付，寄存处可留置该行李

D. 甲公司加工乙公司的机器零件，约定先付费后加工，付费和加工均已完成，但乙公司因其他原因尚欠甲公司借款，甲公司可留置机器零件

5. 同一抵押财产上设定两个以上的抵押权的，下列关于拍卖、变卖抵押物所有的价款的顺序，不正确是（　　）。

A. 抵押合同自签订之日起生效的，按合同生效时间的先后顺序受偿

B. 抵押合同登记生效并且登记顺序相同的，按债权比例清偿

C. 抵押合同登记生效的，按抵押物登记的先后顺序清偿

D. 抵押合同自签订之日起生效且有的登记，有的未登记的，已登记的优先于未登记的受偿

6. 下列（　　）权利不能作为权利质权的标的。

A. 汇票、本票、支票、债券、存款单、仓单、提单

B. 依法可以转让的股份、股票、基金份额

C. 商标专用权、专利权、著作权中的财产权

D. 依法可以转让的债权

7. 同一财产向两个债权人抵押的，抵押合同以登记生效的，清偿顺序正确的是（　　）。

A. 按照抵押物登记的先后顺序清偿,顺序相同的,按照债权比例清偿

B. 按照合同生效时间的先后顺序清偿,顺序相同的,按照债权比例清偿

C. 按照起诉时间先后清偿

D. 按债权比例清偿

二、判断题

1. 质押贷款,是指按《担保法》规定的质押方式以借款人或第三人的财产作为抵押物发放的贷款。 ( )

2. 在一般保证中,保证期间债权人未对债务人提起诉讼或者申请仲裁的,保证人不能免除保证责任。 ( )

3. 定金的数额由当事人约定,但不得超过主合同标的 30%。 ( )

4. 质权是移转质物占有的担保物权,质权以占有标的物为成立要件。 ( )

5. 广州某制造公司受大唐服饰公司委托,加工一批服装,双方约定大唐服饰公司提供面料并支付加工费。大唐服饰公司超过领取期 3 个月不来取货也不支付加工费,广州某制造公司经催交无效便将其做好的服装予以拍卖,所得价款用于抵补加工费、保管费之后,将剩余款项全部退给了大唐服饰公司。广州某制造公司的行为是否合法。 ( )

三、简答题

1. 根据《担保法》规定,常见的担保方式有哪些?这些担保方式的具体含义是什么?

2. 根据《担保法》规定,哪些财产可以抵押,哪些财产是禁止抵押的?

3. 抵押与质押的主要区别有哪些?

4. 根据《担保法》的规定,同一财产向两个以上债权人抵押的,拍卖、变卖抵押物所得的价款应如何清偿?

案例分析

1. 自然人甲与自然人乙是好友,甲因扩大店面急需资金,向乙借款 10 万元,乙提出要求,要求甲为这笔债务提供担保,甲将自己的奥迪车质押给乙,乙因自己不会开车,不同意甲拿奥迪车做质押,并要求甲将该车开回。后甲向自然人丙借款 10 万元,又将该车出质给丙。丙对该车进行了占有。该奥迪车的价值为 50 万元。在丙占有期间,因丁向丙租用该车,丙未经甲同意,即与丁签订了租赁合同。丁因违章驾驶造成该车灭失,为此引起纠纷。

分析:

(1) 本案中,甲、乙之间的质押合同是否生效?为什么?

(2) 甲、丙之间存在何种法律关系?丙是否有权出租该车?为什么?

(3) 甲可就该车损失向谁主张权利?为什么?

2. 李某与王某签订了房屋买卖合同,约定李某将其在该市某区 18 号的房屋卖给王某,王某先交定金 2 万元,房屋总价款为 40 万元。王某表示同意,并于第二天上午将定金交于李某,余款在半个月内交清,并办理房屋过户手续。后王某得知该房为危房,根本不能入住,也不能办理房屋过户手续。于是要求李某双倍返还定金 4 万元,李某不予返还。

分析:李某应否双倍返还定金?为什么?

第六章　工业产权法

学习目标

☞知识目标

1. 了解知识产权和工业产权的概念和特征。
2. 掌握专利法律关系的构成。
3. 掌握专利权的授予条件、申请、审查、批准、期限、终止、无效、保护、实施和转让。
4. 掌握商标权的取得、保护、续展和驰名商标的特殊管理。

☞能力目标

1. 会确定专利权的主体。
2. 会申请商标注册、续展、转让和使用许可注册商标。
3. 会识别专利侵权、商标侵权。
4. 会选择专利权和商标权的保护方式。

案例导入

"M广东乐卖面膜"是广州M广东乐卖化妆品有限公司(下简称"M广东乐卖公司")生产的护肤产品,因种类丰富、宣传广泛,受到广大女性消费者的青睐。近年来,不仅在大型的商场、超市,甚至某些批发市场、药店的柜面上也出现了"M广东乐卖面膜"。2016年,M广东乐卖公司发现吉林省某药房出售标注为长春M广东乐卖生物有限公司生产的面膜,二者外观基本相同,仅在个别文字印制上有细微差别,并且在产品价格、产品材质、防伪标志等因素也出现雷同之处。因此,广州M广东乐卖化妆品有限公司向长春市中级人民法院提起侵害外观设计专利权之诉。

分析:

(1)长春M广东乐卖生物有限公司的行为是否构成侵权行为?为什么?

(2)广州M广东乐卖化妆品有限公司应如何维护自己的权利?

(3)广州M广东乐卖化妆品有限公司的主张能否得到法院支持?为什么?

第一节　工业产权法概述

一、工业产权的概念和特征

(一)工业产权的概念

工业产权,是指人们依法对应用于商品生产和流通中的创造发明和显著标记等智力成果,并在一定地区和期限内所享有的专有权。按照国际上《保护工业产权巴黎公约》的规定,工业产权包括发明、实用新型、外观设计、商标、服务标记、厂商名称、货源标记、原产地名称以及制止不正当竞争的权利。在我国,工业产权主要指商标权和专利权。

（二）工业产权的特征

工业产权属于无形财产权，与有形财产权相比具有以下特征：

1. 专有性

工业产权的专有性是指工业产权是国家赋予专利权人和商标专用权人，在有效期内对其专利和商标享有的独占、使用、收益和处分的权利。未经权利人许可，任何第三人不得使用，否则即构成侵权。

2. 地域性

工业产权的地域性是指工业产权的地域限制，即一个国家法律所确认和保护的工业产权只在该国范围内有效，对其他国家不发生效力，即不具有域外效力。如想获得该国的保护，必须依照该国的法律取得相应的知识产权或根据共同签订的国际条约取得保护。

3. 时间性

所谓工业产权的时间性，是指工业产权的时间限制，即工业产权的保护是有一定期限的，这也就是工业产权的有效期。法律规定的期限届满，工业产权的专有权即告终止，权利人即丧失其专有权，这些智力成果即成为社会财富。

二、工业产权法的概念

工业产权法是调整因确认、保护、使用和管理工业产权而发生的社会关系的法律规范的总称。在我国，工业产权法包括《中华人民共和国商标法》《中华人民共和国商标法实施细则》《中华人民共和国专利法》《中华人民共和国专利法实施细则》等专门的法律、法规，以及我国《民法通则》等有关法律中关于工业产权的法律规范，它们构成了我国现行的工业产权法律制度。

在国际上，保护工业产权的国际条约较多。1883 年，由 11 个国家在巴黎签订了《保护工业产权巴黎公约》，1891 年在马德里签订了《商标国际注册马德里协定》。这两个国际公约，经过多次修改，参加的国家越来越多。我国为了适应工业产权法律保护国际化的趋势，1984 年 11 月 14 日，由第六届全国人民代表大会常务委员会第八次会议决定加入了《保护工业产权巴黎公约》，自 1985 年 2 月 19 日起该公约对我国生效；我国于 1989 年 7 月申请加入了《商标国际注册马德里协定》，同年 10 月 4 日起该协定对我国生效。

三、《保护工业产权巴黎公约》

《保护工业产权巴黎公约》（简称《巴黎公约》）于 1883 年 3 月 20 日在巴黎签订，1884 年 7 月 7 日生效。《巴黎公约》的调整对象包括发明、实用新型、工业品外观设计、商标、服务标记、厂商名称、产地标记或原产地名称以及制止不正当竞争等。《巴黎公约》的基本目的是保证任何一个成员国的工业产权在所有其他成员国都得到保护。

《巴黎公约》的具体原则有以下几方面：

1. 国民待遇原则

在工业产权方面，每一缔约国必须把它给予本国国民的待遇平等地给予其他缔约国国民，即使是非成员国国民，只要他在公约某一成员国内有住所，或有真实有效的工商营业所，亦应给予相同于该国国民的待遇。

2. 优先权制度

《巴黎公约》规定成员国的国民向某个缔约国提出专利申请或注册商标申请后，在一定期限内(发明和实用新型为 12 个月,工业品外观设计和商标为 6 个月)享有优先权。即当该成员国的国民又向其他缔约国提出同样的申请,后来的申请视作是在第一申请提出的日期提出的。优先权的作用在于保护首次申请人,使他在向其他成员国提出同样的注册申请时,不致由于两次申请日期的差异而被第三者钻空子抢先申请注册。

想一想

根据专利法律制度规定,当事人甲于 2016 年 1 月 1 日首次向美国专利部门提出外观设计专利申请,请问:甲在哪一天之前在中国就相同主题提出专利申请的,可以享有优先权?

3. 独立性原则

各成员国授予专利和商标的权利相互独立,互不干涉,一缔约国对某项商标、专利权申请的处理,对另一缔约国没有影响。

第二节　专　利　法

一、专利法概述

(一) 专利

专利是专利权的简称,它有三层含义。第一,专利是专利权人对发明创造享有的专利权,即国家依法在一定时期内授予发明创造者或者权利的继受者独占使用其发明创造的权利。这种权利具有独占的排他性。非专利权人要想使用他人的专利技术,必须依法征得专利权人的授权或许可。第二,指受到专利法保护的发明创造,也就是常说的专利技术,是受国家认可并在公开的基础上进行法律保护的专有技术。专利是受法律规范保护的发明创造,它是指一项发明创造向国家审批机关提出专利申请,经依法审查合格后向专利申请人授予的该国内规定的时间内对该项发明创造享有的专有权,并需要定时缴纳年费来维持这种国家的保护状态。第三,指专利局颁发的确认申请人对其发明创造享有的专利权的专利证书或指记载发明创造内容的专利文献,是具体的物质文件。

(二) 专利法

专利法是确认发明人(或权利的继受人)对其发明享有专有权,规定了专利权的取得与消灭、专利权的实施与保护,以及其他专利权人的权利和义务的法律规范的总称。

我国在 1984 年 3 月 12 日第六届全国人民代表大会常务委员会第四次会议通过了《中华人民共和国专利法》(以下简称《专利法》)。它的颁布和实施,标志着我国保护发明创造的法律制度进入了一个新的历史时期。这之后,《专利法》又经过了多次修订,现行的《专利法》自 2009 年 10 月 1 日起施行。

二、专利法律关系

(一) 专利权的主体

专利权的主体是指可以申请并取得专利权的单位和个人。享有专利权的单位和个人统称为专利权人。它包括:发明人或者设计人;发明人或设计人所在的单位;合作或者委托完成发明创造的单位和个人。此外,发明人与其所在的单位可约定专利的归属。

1. 发明人或者设计人

发明人或者设计人是指对发明创造的实质性特点做出创造性贡献的人。在完成发明创造过程中,只负责组织工作的人、为物质技术条件的利用提供方便的人或者从事其他辅助工作的人，不是发明人或者设计人。

发明人或者设计人一般具有以下特征：

(1) 发明人或者设计人为自然人；

(2) 发明人或者设计人的认定不受其民事行为能力的限制；

(3) 发明人或者设计人必须是对发明创造的实质性特点做出创造性贡献的人。

专利申请人是指有资格就发明创造向专利行政部门申请专利的自然人或法人。专利申请人可以是发明人、设计人，也可以不是发明人、设计人。申请人可以为单位，也可以为自然人。职务发明创造的单位，发明创造的受让人，发明人或者设计人的合法继承人，都可以成为专利申请人。

2. 发明人或设计人所在的单位

职务发明是指企业、事业单位、社会团体、国家机关的工作人员执行本单位的任务，或者主要利用本单位的物质条件所完成的发明创造。职务发明创造申请专利的权利属于该单位；申请被批准后，该单位为专利权人。凡是不能被证明为职务发明创造的，为非职务发明创造。

凡符合下列条件之一的，均属于职务发明创造：

(1) 在本职工作中做出的发明创造；

(2) 履行本单位交付的本职工作之外的任务所做出的发明创造；

(3) 退职、退休或者调动工作后1年内做出的，与其在原单位承担的本职工作或者原单位分配的任务有关的发明创造；

(4) 主要利用本单位的物质技术条件完成的发明创造。利用本单位的物质技术条件所完成的发明创造，单位与发明人或者设计人订有合同，对申请专利的权利和专利权的归属做出约定的，从其约定。

知识链接

对“主要是利用本单位的物质技术条件”的理解：“主要”是指如果没有这一物质技术条件，该发明创造就无法产生；“物质技术条件”是指本单位的资金、设备、零部件、原材料和不对外公开的技术资料，不包括房屋、水电。

知识链接

《专利法》规定，职务发明创造的专利申请权属于单位。在这种情况下，发明人或设计人本人享有以下两种权利：① 在发明创造完成后，发明人或设计人就享有人身权。人身权主要有两方面的内容：第一，发明人或设计人享有署名权，即在专利文件中写明自己是发明人或设计人的权利；第二，专利权授予后，发明人或设计人享有获得奖励的权利，其中包括精神奖励和物质奖励。这种精神奖励也属于人身权，其形式可为授予专利证书副本、奖章、给予表扬，等等。② 国有企、事业单位的发明人、设计人有获得“一奖两酬”的权利。物质奖励的颁发分为两个阶段：一是在专利权被授予后，专利权的所有或持有单位应对发明人或设计人发给资金；二是在本单位实施或许可其他单位或个人实施的，应按税后利润的不同比例作为报酬支付给发明人或设计人(简称“一奖两酬”)。

3. 共同发明人、设计人

两个以上单位或者个人合作完成的发明创造、一个单位或者个人接受其他单位或者个人委托所完成的发明创造，除另有协议的以外，申请专利的权利属于完成或者共同完成的单位或者个人；申请被批准后，申请的单位或者个人为专利权人。

想一想

某厂（以下简称甲方）与某科研所（以下简称乙方）于2015年10月15日签订了一份技术开发合同。合同约定：甲方委托乙方研究开发某电动车蓄电池。双方约定，研制费由甲方支付，研制出的成果归甲方使用。4个月后，乙方研制成功，甲方按约定支付研制费，同时依约定享有成果使用权。2016年4月，乙方将该技术成果向专利局申请发明创造专利权。甲方得知后也向专利局申请该技术的发明创造专利权。

请问：

（1）专利权应该属于哪一方呢？

（2）若一方取得专利权，另一方可以享有什么权利？

（二）专利权的客体

专利权的客体，也称专利法保护的对象，是指可以获得专利法保护的发明创造。我国《专利法》规定的发明创造是指发明、实用新型和外观设计三种。

1. 发明

发明是指对产品、方法或者其改进所提出的新的技术方案。发明分为两种，分别是产品发明和方法发明。产品发明，是指人们通过研究开发出来的关于各种新产品、新材料、新物质等的技术方案，如电子计算机、超导材料等。方法发明，是指人们为制造产品或者解决某个技术课题而研究开发出来的操作方法、制造方法以及工艺流程等技术方案，如汉字输入方法、无铅汽油提炼方法等。

2. 实用新型

实用新型是指对产品的形状、构造或者其结合所提出的适于实用的新的技术方案。

实用新型具有如下特征：

（1）实用新型是一种新的技术方案；

（2）实用新型仅限于产品，不包括方法；

（3）实用新型要求产品必须是具有固定的形状、构造的产品，气态、液态、凝胶状或颗粒粉末状的物质或者材料，不属于实用新型的产品范围。

3. 外观设计

外观设计，是指对产品的形状、图案或者其结合以及色彩与形状、图案的结合所做出的富有美感并适于工业应用的新设计。形状指设计的平面或立体轮廓；图案是指作为装饰而加于产品表面的花色图样、线条等；色彩是指产品表面所用的颜色。很多外观设计是形状、图案和色彩的三者结合。外观设计与发明、实用新型的不同是：它只涉及美化产品的外表和形状，不涉及产品的制造和设计技术。

三、授予专利权的条件

（一）授予专利权的发明和实用新型应当符合的条件

1. 新颖性

新颖性，是指该发明或者实用新型不属于现有技术范畴，申请日以前没有同样的发明或者实用新型在国内外出版物上公开发表过、在国内公开使用过或者以其他方式为公众所知；也没有同样的发明或者实用新型由他人向专利局提出过申请并且记载在申请日以后公布的专利申请文件中。

我国判断新颖性的标准是:公开标准、地域标准和时间标准。

(1) 公开标准

公开与否,是区别新旧发明、新旧实用新型,以及判断发明或实用新型是否具有新颖性的重要根据。所谓公开,主要是指书面公开、使用公开和口头公开三种公开的方式,即用上述的方式公开发明或者实用新型的实质内容,以达到为人们所知晓。在实际操作中,审查一项发明或者实用新型是否具有新颖性,往往靠文献检索。查阅已批准的专利中是否包括申请专利的发明或实用新型,查阅公开发表的文献中是否包括申请专利的发明或实用新型。

(2) 时间标准

同一发明或实用新型可以由两个以上的人分别独立地创造出来,那么,判别新颖性就需要有一个时间标准。《专利法》第九条明确规定:“两个以上的申请人分别就同样的发明创造申请专利的,专利权授予最先申请的人。”可见,我国采取的是申请日时间标准,即凡是发明或者实用新型的实质内容在申请日之前未被公知公用就具有新颖性。

(3) 地区标准

我国《专利法》在书面公开上采用了绝对世界性地区标准,而在使用公开或者其他公开上采取了本国性地区标准。

考虑到现实生活中的实际情况,以及科学研究和国际交往的需要,我国《专利法》第二十四条还规定,申请专利的发明创造在申请日以前 6 个月内,有下列情形之一的,不丧失新颖性:

(1) 在中国政府主办或者承认的国际展览会上首次展出的;

(2) 在规定的学术会议或者技术会议上首次发表的;

(3) 他人未经申请人同意而泄露其内容的。

这里所称中国政府承认的国际展览会,是指《国际展览会公约》规定的在国际展览局注册或者由其认可的国际展览会;所称学术会议或者技术会议,是指国务院有关主管部门或者全国性学术团体组织召开的学术会议或者技术会议。

想一想

李腾是某新产品研发团队的成员,2016 年 5 月 25 日,该团队完成了对新产品的研发任务,准备向国家专利局申请专利。2016 年 8 月 10 日,李腾未经研发团队许可,向某媒体泄露了该产品,在媒体的报道中还附有产品的图片。如果对该产品申请专利,其是否有新颖性?

2. 创造性

创造性是指同申请日以前已有的技术相比,该发明具有突出的实质性特点和显著的进步,该实用新型具有实质性特点和进步。突出的实质性特点,是指发明相对于现有技术,对所属技术领域的技术人员来说是显而易见的。如果发明是其所属技术领域的技术人员在现有技术的基础上通过逻辑分析、推理或者有限的试验可以得到的,则该发明是非显而易见的,不具有突出的实质性特点,就不能申请专利。显著的进步是指发明与现有技术相比能够产生有益的技术效果。

3. 实用性

实用性是指该发明或者实用新型能够制造或者使用,并且能够产生积极效果。

（二）授予专利权的外观设计应当符合的条件

授予专利权的外观设计应当符合的条件有：

（1）授予专利权的外观设计，应当不属于现有设计（现有设计，是指申请日以前在国内外为公众所知的设计），也没有任何单位或者个人就同样的外观设计在申请日以前向国务院专利行政部门提出过申请，并记载在申请日以后公告的专利文件中。

（2）授予专利权的外观设计与现有设计或者现有设计特征的组合相比，应当具有明显区别。

（3）授予专利权的外观设计不得与他人在申请日以前已经取得的合法权利相冲突。

（三）不授予专利权的项目

（1）下列各项，不授予专利权：

① 科学发现；

② 智力活动的规则和方法；

③ 疾病的诊断和治疗方法；

④ 动物和植物品种；

⑤ 用原子核变换方法获得的物质；

⑥ 对平面印刷品的图案、色彩或者二者的结合做出的主要起标识作用的设计。

（2）对违反国家法律、社会公德或者妨害公共利益的发明创造，不授予专利权。

（3）对违反法律、行政法规的规定获取或者利用遗传资源，并依赖该遗传资源完成的发明创造，不授予专利权。

四、专利权的申请、审查和批准

（一）专利的申请

1. 专利申请的原则

（1）单一性原则

单一性原则是指一份专利申请文件只能就一项发明创造提出专利申请。同样的发明创造只能授予一项专利权。但是，同一申请人同日对同样的发明创造既申请实用新型专利又申请发明专利，先获得的实用新型专利权尚未终止，且申请人声明放弃该实用新型专利权的，可以授予发明专利权。

（2）先申请原则

先申请原则是指两个或两个以上的申请人分别就同样的发明创造申请专利的，专利权授予最先申请的人。先申请的判断标准是专利申请日，专利申请日是国务院专利行政部门收到完整专利申请文件的日期。如果两个以上申请人在同一日分别就同样的发明创造申请专利的，应当在收到专利行政管理部门的通知后自行协商确定申请人。

练一练

东方通信器材有限公司 2015 年 6 月 22 日研究出某一全新的通信产品，2015 年 8 月 1 日向国家专利局申请了发明专利。天路通信器材有限公司 2015 年 6 月 28 日也研究出同样的产品，2015 年 7 月 28 日向国家专利局申请了发明专利。如果该产品可以授予专利，专利权应归谁？

（3）优先权原则

优先权原则是指专利申请人就其发明创造自第一次提出专利申请后，在法定期限内，又就相同发明创造提出专利申请的，以其第一次申请的日期为其申请日。优先权包括外国优先权和本国优先权。外国优先权指申请人自发明或者实用新型在外国第一次提出专利申请之日起12个月内，或者自外观设计在外国第一次提出专利申请之日起6个月内，又在中国就相同主题提出专利申请的，可以享有优先权；本国优先权指申请人自发明或者实用新型在中国第一次提出专利申请之日起12个月内，又向国务院专利行政部门就相同主题提出专利申请的，可以享有优先权。

2. 申请专利应提交的文件

申请发明或者实用新型专利的，应当提交请求书、说明书及其摘要和权利要求书等文件。这些文件的具体要求如下：

(1) 请求书应当写明发明或者实用新型的名称，发明人的姓名，申请人姓名或者名称、地址，以及其他事项。

(2) 说明书应当对发明或者实用新型做出清楚、完整的说明，以所属技术领域的技术人员能够实现为准；必要的时候，应当有附图。摘要应当简要说明发明或者实用新型的技术要点。

(3) 权利要求书应当以说明书为依据，清楚、简要地限定要求专利保护的范围。

申请外观设计专利的，应当提交请求书、该外观设计的图片或者照片以及对该外观设计的简要说明等文件。申请人提交的有关图片或者照片应当清楚地显示要求专利保护的产品的外观设计。

(二) 专利申请的审查和批准

我国《专利法》对发明、实用新型和外观设计三种专利申请，规定了两种不同的审查制度。对发明专利申请采取早期公开、延迟审查制度；对实用新型和外观设计专利申请采取登记制度。

1. 发明专利申请的审查批准

审查批准分为以下几个阶段：

(1) 初步审查，主要是形式审查。

(2) 申请公开。国务院专利行政部门收到发明专利申请后，经初步审查认为符合《专利法》要求的，自申请日起满18个月，即行公布。国务院专利行政部门可以根据申请人的请求早日公布其申请。

(3) 实质审查。实质审查是国务院专利行政部门根据申请人的请求，对发明的新颖性、创造性、实用性等实质性条件进行的审查。发明专利申请自申请日起3年内，国务院专利行政部门可以根据申请人随时提出的请求，对其申请进行实质审查；申请人无正当理由逾期不请求实质审查的，该申请即被视为撤回。国务院专利行政部门认为必要时，可以自行对发明专利申请进行实质审查。

(4) 授权决定。发明专利申请经实质审查没有发现驳回理由的，由国务院专利行政部门做出授予发明专利权的决定，发给发明专利证书，同时予以登记和公告。发明专利权自公告之日起生效。

2. 实用新型和外观设计专利申请的审查批准

实用新型和外观设计专利申请经初步审查没有发现驳回理由的，由专利行政部门做出授予实用新型专利权和外观设计权的决定，发给相应的专利证书，同时予以登记和公告。

3. 复审

国务院专利行政部门设立专利复审委员会。专利申请人对国务院专利行政部门驳回申请的决定不服的，可以自收到通知之日起 3 个月内，向专利复审委员会请求复审。专利申请人对专利复审委员会的复审决定不服的，可以自收到通知之日起 3 个月内向人民法院起诉。

五、专利权的期限、终止和无效

（一）专利权的期限

专利权的期限是指专利权的法律保护期限。专利权只是在法律规定的期限内有效，超过法律规定的有效期，专利权就自行消灭。在我国，发明专利权的期限为 20 年，实用新型和外观设计专利权的期限为 10 年，均自申请之日起计算。

想一想

取得专利权后，是否在任何时候，其他人要实施或使用该专利，都必须经过专利权人许可，否则即构成专利侵权？

（二）专利权的终止

专利权的终止是指专利权由于保护期限届满或其他原因而失去法律效力。一旦专利权终止，该发明创造即成为社会的公共财富。专利权的终止原因有以下几种：

（1）保护期届满；

（2）没有按规定缴纳年费；

（3）专利权人以书面声明放弃其专利权；

（4）专利权人死亡又无继承人。

专利的终止，由专利行政部门登记和公告。

（三）专利权的无效

专利权无效是在专利权授予之后，被发现其具有不符合《专利法》及其实施细则中有关授予专利权的条件，并经专利复审委员会复审确认并宣告其无效的情形，被宣告无效的专利权视为自始即不存在。

自国务院专利行政部门公告授予专利权之日起，任何单位或者个人认为该专利权的授予不符合法律、法规规定的，可以请求专利复审委员会宣告该专利权无效。专利复审委员会对宣告专利权无效的请求应当及时审查和做出决定，并通知请求人和专利权人。宣告专利权无效的决定，由国务院专利行政部门登记和公告。对专利复审委员会宣告专利权无效或者维持专利权的决定不服的，可以自收到通知之日起 3 个月内向人民法院起诉。人民法院应当通知无效宣告请求的对方当事人作为第三人参加诉讼。

六、专利权的实施和转让

（一）专利权的实施

专利权的实施是指专利权人自己或者许可他人为了生产经营的目的，制造、使用和销售专利产品或使用专利方法。

专利的实施除专利权人自己实施这种直接方式外，还有间接实施的方式，包括许可他人实施、依照国家的需要指定实施和强制许可实施。

1. 专利权人的实施

专利权人的实施是指专利申请人获得专利权后自己实施其专利的行为。又分为两种情况：一是专利权人自己单独实施；二是专利权人将其专利作为投资，与他人合资经营或者合作经营进行合作实施。

2. 许可实施

专利权人除了自己实施其专利外，还可以许可他人实施其专利。这里指的是通过签订专利实施许可合同，达到专利使用权的有偿转移，由被许可方在合同规定的范围内实施专利，并按照合同的约定向专利权人支付报酬。

3. 指定实施

指定实施是指国家主管机关基于国家利益和社会公共利益的需要，对重要的发明专利指令推广应用的特殊实施行为。国有企业事业单位的发明专利，对国家利益或者公共利益具有重大意义的，国务院有关主管部门和省、自治区、直辖市人民政府报经国务院批准，可以决定在批准的范围内推广应用，允许指定的单位实施，由实施单位按照国家规定向专利权人支付使用费。我国集体所有制单位和个人的发明专利，对国家利益或者公共利益具有重大意义，需要推广应用的，参照国有企事业单位专利制定实施的规定办理。

4. 强制许可实施

专利强制实施许可，是指专利行政部门依照法定条件和程序颁发的使用专利的许可。申请人获得这种许可后无须专利权人同意即可得以实施专利，并可以不支付专利使用费。强制许可的对象指发明专利和实用新型专利，不包括外观设计。

有下列情形之一的，可以给予强制许可实施：

(1) 专利权人自专利权被授予之日起满 3 年，且自提出专利申请之日起满 4 年，无正当理由未实施或者未充分实施其专利的；

(2) 专利权人行使专利权的行为被依法认定为垄断行为，为消除或者减少该行为对竞争产生的不利影响的；

(3) 一项取得专利权的发明或者实用新型此前已经取得专利权的发明或者实用新型具有显著经济意义的重大技术进步，其实施又有赖于前一发明或者实用新型的实施的，国务院专利行政部门根据后一专利权人的申请，可以给予实施前一发明或者实用新型的强制许可。在依照前款规定给予实施强制许可的情形下，国务院专利行政部门根据前一专利权人的申请，也可以给予实施后一发明或者实用新型的强制许可。

(二) 专利权的转让

专利权的转让是指专利权人将专利申请权和专利权转让给他人的行为。转让专利申请权或者专利权的，当事人应当订立书面合同，并向国务院专利行政部门登记，由国务院专利行政部门予以公告。专利申请权或者专利权的转让自登记之日起生效。

七、专利权的保护

(一) 专利权的保护范围

专利权的保护范围是指专利权法律效力所涉及的发明创造的范围。发明或者实用新型专利权的保护范围以其权利要求的内容为准，说明书及附图可以用于解释权利要求。外观设计专利权的保护范围以表示在图片或者照片中的该外观设计专利产品为准。

(二) 专利侵权行为

1. 专利侵权行为

专利侵权行为是指在专利权有效期限内，行为人未经专利权人许可又无法律依据，以营利为目的实施他人专利的行为。专利侵权行为分为直接侵权行为和间接侵权行为两类。

直接侵权行为表现为：

(1) 未经专利权人许可，实施其专利的行为。

(2) 假冒他人专利的行为。专利权终止前依法在专利产品、依照专利方法直接获得的产品或者其包装上标注专利标识，在专利权终止后许诺销售、销售该产品的，不属于假冒专利行为。

(3) 以非专利产品冒充专利产品、以非专利方法冒充专利方法的行为。

间接侵权行为，是指行为人本身的行为并不直接构成对专利权的侵害，但实施了诱导、怂恿、教唆、帮助他人侵害专利权的行为。

2. 不属于专利侵权行为的情形

有下列情形之一的，不视为侵犯专利权：

(1) 专利产品或者依照专利方法直接获得的产品，由专利权人或者经其许可的单位、个人售出后，使用、许诺销售、销售、进口该产品的；

(2) 在专利申请日前已经制造相同产品、使用相同方法或者已经做好制造、使用的必要准备，并且仅在原有范围内继续制造、使用的；

(3) 临时通过中国领陆、领水、领空的外国运输工具，依照其所属国同中国签订的协议或者共同参加的国际条约，或者依照互惠原则，为运输工具自身需要而在其装置和设备中使用有关专利的；

(4) 专为科学研究和实验而使用有关专利的；

(5) 为提供行政审批所需要的信息，制造、使用、进口专利药品或者专利医疗器械的，以及专门为其制造、进口专利药品或者专利医疗器械的。

练一练

韩国某公司 2015 年 8 月 13 日在中国获得一项传感技术专利。北京某大学未经该公司许可在其实验室安装了具有该传感技术的设备，该校教授在教学和科学研究中使用了该设备，北京这所大学及其教授的行为是否属于专利侵权行为？为什么？

(三) 专利权纠纷的解决方式

(1) 协商

未经专利权人许可，实施其专利，引起纠纷的，由当事人协商解决。

(2) 由专利管理部门处理

专利纠纷当事人也可以请求管理专利工作的部门处理。管理专利工作的部门，认定侵权行为成立的，可以责令侵权人立即停止侵权行为，当事人不服的，可以自收到处理通知之日起 15 日内向人民法院起诉；侵权人期满不起诉又不停止侵权行为的，管理专利工作的部门可以申请人民法院强制执行。管理专利工作的部门应当事人的请求，可以就侵犯专利权的赔偿数额进行调解；调解不成的，当事人可以向人民法院起诉。

(3) 诉讼

专利纠纷当事人不愿协商或者协商不成的，专利权人或者利害关系人可以向人民法院起诉。

(四) 侵害专利权行为的法律责任

为了保护专利权人的合法权益，专利侵权行为人应当承担的法律责任包括民事责任、行政责任与刑事责任。

1. 民事责任

承担民事责任的方式主要有：停止侵害、排除妨碍、消除危险、返还财产、恢复原状、赔偿损失、支付违约金、消除影响、恢复名誉、赔礼道歉等。

2. 行政责任

对专利侵权行为，除依法承担民事责任外，管理专利工作的部门可责令改正并予公告，没收违法所得，还可并处罚款。从事专利管理工作的国家机关工作人员以及其他有关国家机关工作人员玩忽职守、滥用职权、徇私舞弊，尚不构成犯罪的，依法给予行政处分。

3. 刑事责任

对专利侵权行为以及从事专利管理工作的国家机关工作人员以及其他有关国家机关工作人员玩忽职守、滥用职权、徇私舞弊构成犯罪的，依法追究刑事责任。

第三节 商 标 法

一、商标法概述

（一）商标的概念及分类

商标是指由文字、图形、字母、数字、三维标志、颜色组合和声音，以及上述要素的组合，使用于一定的商品或者服务项目，用以区别商标使用者与同类商品的生产经营者或者同类服务业经营者的显著标记。根据不同的分类标准可以把商标分为不同的类型。

1. 根据商标的结构分

（1）文字商标：是以文字为主组成的商标。

（2）图形商标：是指用图形构成的商标。

（3）数字商标：是以阿拉伯数字组成的商标。

（4）三维商标：是指立体形状的商标。

（5）组合商标：是以文字、图形、数字等组合起来的商标。

2. 根据商标的用途分

（1）商品商标：是用于生产销售的商品上的标记。

（2）服务商标：是提供服务的经营者为将自己提供的服务与他人提供的服务相区别而使用的标志。

3. 根据商标的作用和功能分

（1）证明商标：是指由对某种商品或者服务具有监督能力的组织所控制，而由该组织以外的单位或者个人使用于其商品或者服务，用以证明该商品或者服务的原产地、原料、制造方法、质量或者其他特定品质的标志。

（2）集体商标：是指以团体、协会或者其他组织名义注册，供组织成员在商事活动中使用，以表明使用者在该组织中的成员资格的标志。

（3）防御商标：是将同一商标注册于不同的商品或服务上，构成一个防御体系，以防止他人在不同商品或服务上使用该商标可能给消费者造成的混淆。

（4）联合商标：是在相同或类似商品或服务上注册的与已注册商标相近似的商标。

4. 根据商标在相关市场上的知名度分

(1) 驰名商标：是由国务院商标局认定的在市场上享有较高声誉并为相关公众所熟知的商标。

(2) 著名商标：是由省级工商行政管理部门认可的，在该行政区划范围内具有较高声誉和市场知名度的商标。

(3) 知名商标：是由市一级工商行政管理部门认可的，在该行政区划范围内具有较高声誉和市场知名度的商标。

想一想

某中式快餐店根据自己的服务项目和特色设计了一个徽记。该徽记从用途上来看是哪种类型的商标？

（二）商标构成的禁止情形

1. 禁止作为商标注册或使用文字和图形

(1) 同中华人民共和国的国家名称、国旗、国徽、军旗、勋章相同或者近似的，以及同中央国家机关所在地特定地点的名称或者标志性建筑物的名称、图形相同的。

(2) 同外国的国家名称、国旗、国徽、军旗相同或者近似的，但该国政府同意的除外。

(3) 同政府间国际组织的名称、旗帜、徽记相同或者近似的，但经该组织同意或者不易误导公众的除外。

(4) 与表明实施控制、予以保证的官方标志、检验印记相同或者近似的，但经授权的除外。

(5) 同“红十字”“红新月”的名称、标志相同或者近似的。

(6) 带有民族歧视性的。

(7) 夸大宣传并带有欺骗性的。

(8) 有害于社会主义道德风尚或者有其他不良影响的。

(9) 县级以上行政区划的地名或者公众知晓的外国地名。但是，地名具有其他含义或者作为集体商标、证明商标组成部分的除外。已经注册的使用地名的商标继续有效。

想一想

新疆哈密地区果农生产的哈密瓜是新疆地方名特产品。果农李某欲以“哈密”二字作为甜瓜的商标，并向有关部门申请注册。

请问：以“哈密”作为商标注册的申请能否被审核通过？

2. 禁止作为商标注册但可以作为未注册商标使用的文字或图形

(1) 仅有本商品的通用名称、图形、型号的，如香烟牌香烟。

(2) 仅仅直接表示商品的质量、主要原料、功能、用途、重量、数量及其他特点的，如抽油烟牌抽油烟机。

(3) 其他缺乏显著特征的。

3. 三维标志申请注册商标

以三维标志申请注册商标的，仅有商品自身的性质产生的形状、为获得技术效果而需有的商品形状或者使商品具有实质性价值的形状，不得注册。

4. 对驰名商标的特殊保护

对驰名商标的特殊保护，我国《商标法》给予了特殊保护的规定，具体如下：

(1) 就相同或者类似商品申请注册的商标是复制、摹仿或者翻译他人未在中国注册的驰名商标,容易导致混淆的,不予注册并禁止使用。

(2) 就不相同或者不相类似商品申请注册的商标是复制、摹仿或者翻译他人已经在中国注册的驰名商标,误导公众,致使该驰名商标注册人的利益可能受到损害的,不予注册并禁止使用。

练一练

中国甲公司为外国乙公司代加工一些涂料产品,使用对方的品牌及包装桶(包装桶上注明的生产商是对方公司,生产商地址是对方公司地址)。

请问:此操作是否有悖于《商标法》的规定?

(三) 商标法的概念

商标法是指调整商标的组成、注册、使用、管理和商标专用权的保护等法律规范的总称。《中华人民共和国商标法》(以下简称《商标法》)于 1982 年 8 月 23 日颁布,经 1993 年、2001 年、2013 年多次修改。

二、商标权的取得和管理

(一) 商标注册的申请

1. 商标注册申请的方法

首先,申请人应当按规定的商品分类表填报使用商标的商品类别和商品名称,提出注册申请。其次,商标注册申请人可以通过一份申请就多个类别的商品申请注册同一商标。再者,注册商标需要在核定使用范围之外的商品上取得商标专用权的,应当另行提出注册申请。最后,注册商标需要改变其标志的,应当重新提出注册申请。

2. 商标注册申请的原则

(1) 申请在先原则

根据《商标法》的规定,两个或者两个以上的申请人,在同一商品或者类似商品上,以相同或者近似的商标申请注册的,初步审定并公告申请在先的商标;同一天申请的,初步审定并公告使用在先的商标,驳回其他人的申请,不予以公告。即以申请在先原则为主导,以使用在先原则为补充。

(2) 自愿注册与强制注册相结合的原则

我国原则上实行自愿注册制度,但对少数商品实行强制注册,如烟草、人用药品等。法律、行政法规规定必须使用注册商标的商品,必须申请商标注册,未经核准注册的,不得在市场上销售。

(3) 一类商品、一个商标、一份申请的原则

申请注册必须按《商标注册用商品和服务国际分类》规定的类别提出申请。如果同一申请人在不同类别的商品上使用同一商标的,应当按商品分类表分别提出注册申请。对于注册商标,如果需要扩大使用到同类其他商品上,应当另行提出注册申请。

(4) 优先权原则

商标注册申请人自其商标在外国第一次提出商标注册申请之日起 6 个月内,又在中国就相同商品以同一商标提出商标注册申请的,依照该外国同中国签订的协议或者共同参加的国际条约,或者按照相互承认优先权的原则,可以享有优先权。商标在中国政府主办的或承认的国际展览会展出的商品上首次使用的,自该商品展出之日起 6 个月内,该商标的申请

人可以享有优先权。要求优先权的，应当在提出商标注册申请的时候提出书面声明，并且在3个月内提交第一次提出的商标注册申请文件的副本或者提交展出其商品的展览会名称、在展出商品上使用该商标的证据、展出日期等证明文件，否则视为未要求优先权。

（二）商标注册的审查和核准

1. 初步审查

对申请注册的商标，商标局应当自收到商标注册申请文件之日起9个月内审查完毕，符合《商标法》有关规定的，予以初步审定公告。申请注册的商标，凡不符合《商标法》有关规定或者同他人在同一种商品或者类似商品上已经注册的或者初步审定的商标相同或者近似的，由商标局驳回申请，不予公告。

2. 核准注册

对初步审定公告的商标，自公告之日起3个月内，相关利益人可以向商标局提出异议。公告期满无异议的，予以核准注册，发给商标注册证，并予公告。

对初步审定公告的商标提出异议的，商标局应当听取异议人和被异议人陈述事实和理由，经调查核实后，做出是否准予注册的决定。

商标局做出不予注册决定，被异议人不服的，可以向商标评审委员会申请复审，商标评审委员会应当做出复审决定，并书面通知异议人和被异议人。被异议人对商标评审委员会的决定不服的，可以向人民法院起诉。人民法院应当通知异议人作为第三人参加诉讼。

（三）注册商标的期限、续展、变更、转让和许可使用

1. 注册商标的期限

注册商标专用权具有时间性。我国规定注册商标有效期为10年，从商标核准注册之日起计算。超过期限，又未经申请续展的，即丧失注册商标的专用权。

2. 商标注册的续展

注册商标的续展是指注册商标有效期满，需要继续使用的，应当申请续展，以延长注册商标的有效期限，继续保护商标专用权的效力。每次续展注册的有效期为10年，商标注册人应当在期满前12个月内按照规定办理手续；在此期间未能办理的，可以给予6个月的宽展期。期满未办理续展手续的，注销其注册商标，商标专用权即丧失。

3. 注册商标的变更

注册商标的变更是指注册商标所有人依法变更注册商标事项的行为。变更商标注册人名义、地址或者其他注册事项的，应当向商标局提出变更申请。

4. 注册商标的转让

注册商标的转让，是指商标注册人按一定的程序将注册商标的专用权转让给他人。转让注册商标的，转让人和受让人应当签订转让协议，并共同向商标局提出申请。经国家商标管理机关核准后，将原证发给受让人，并予以公告。转让注册商标的，商标注册人对其在同一种商品上注册的近似的商标，或者在类似商品上注册的相同或者近似的商标，应当一并转让。

5. 注册商标的使用许可

注册商标的使用许可，是指注册商标的所有人将其注册商标通过签订使用许可合同，许可他人使用，被许可人享有该注册商标的使用权。经许可使用他人注册商标的，必须在使用该注册商标的商品上标明被许可人的名称和商品产地。许可人应当监督被许可人使用其注册商标的商品质量，被许可人应当保证使用该注册商标的商品质量。商标使用许可合同应

当报国家商标管理机关备案。

（四）商标使用的管理

商标的使用，是指将商标用于商品、商品包装或者容器以及商品交易文书上，或者将商标用于广告宣传、展览以及其他商业活动中，用于识别商品来源的行为。

1. 对注册商标使用的管理

使用注册商标，有下列行为之一的，由商标局责令限期改正或者撤销其注册商标：

（1）自行改变注册商标、注册人名义、地址或者其他注册事项的；

（2）注册商标成为其核定使用的商品的通用名称或者没有正当理由连续 3 年停止使用的。

注册商标被撤销、被宣告无效或者期满不再续展的，自撤销、宣告无效或者注销之日起 1 年内，商标局对与该商标相同或者近似的商标注册申请，不予核准。

2. 对未注册商标使用的管理

未注册的商标不享有商标专用权，除国家规定必须使用注册商标的商品外，允许商品生产者、经营者或者服务提供者合法使用未注册商标。

使用未注册商标，有下列行为之一的，由地方工商行政管理部门予以制止，限期改正，并可以予以通报或者处以罚款：

（1）与他人在同一种或类似商品上已经注册的商标相同或者近似；

（2）冒充注册商标；

（3）粗制滥造，以次充好，欺骗消费者；

（4）使用人未在商品上、包装上标明企业名称或地址。

练一练

甲厂生产的“大河”牌电视机，质量优良、价格适中、售后服务好，深受广大用户欢迎。后该厂的技术总监受聘于邻省一家生产“如意”牌电视机的工厂，担任了乙厂的副厂长，为扭转乙厂亏损落后的生产局面，乙厂一方面在技术上加大力度进行革新改造；另一方面希望通过改变产品品牌打开销路。当得知甲厂的商标还未注册的情况下，便向商标局申请注册了“大河”牌商标。此后，产品销路大有好转。

甲厂得知这一情况后，以该品牌是自己首先创出、先使用为由，要求乙厂停止使用该商标。而乙厂则认为该商标自己已经注册，享有商标专用权，要求甲厂停止使用。为此，双方发生纠纷。

请问：本案中谁是侵权人？

三、商标权的保护

（一）注册商标专用权的保护范围

注册商标的专用权，以核准注册的商标和核定使用的商品为限。注册商标超过有效期限没有续展的，即不再受到法律的保护。

（二）侵犯注册商标专用权的行为

有下列行为之一的，均属侵犯注册商标专用权：

（1）未经商标注册人的许可，在同一种商品上使用与其注册商标相同的商标的；

（2）未经商标注册人的许可，在同一种商品上使用与其注册商标近似的商标，或者在类似商品上使用与其注册商标相同或者近似的商标，容易导致混淆的；

(3) 销售侵犯注册商标专用权的商品的；

(4) 伪造、擅自制造他人注册商标标识或者销售伪造、擅自制造的注册商标标识的；

(5) 未经商标注册人同意，更换其注册商标并将该更换商标的商品又投入市场的；

(6) 故意为侵犯他人商标专用权行为提供便利条件，帮助他人实施侵犯商标专用权行为的；

(7) 给他人的注册商标专用权造成其他损害的。

(三) 侵犯注册商标专用权纠纷的解决方式和法律责任

对侵犯注册商标专用权的案件，首先由当事人协商解决。当事人不愿协商或者协商不成的，可以有两种处理方式：一是由商标权人或者利害关系人请求工商行政管理部门处理；二是由商标权人或者利害关系人向人民法院起诉。其中，经工商行政管理部门调解，当事人未达成协议或者调解书生效后不履行的，当事人可以依照《民事诉讼法》向人民法院提起诉讼。

侵犯注册商标专用权的法律责任形式有民事责任、行政责任和刑事责任。

四、驰名商标

(一) 驰名商标的概念

驰名商标是指在中国为相关公众广为知晓并享有较高声誉的商标。

(二) 驰名商标的认定

驰名商标由商标局、商标评审委员会、人民法院认定，任何组织和个人不得认定或者采取其他变相方式认定驰名商标。

驰名商标应当根据当事人的请求，作为处理涉及商标案件需要认定的事实进行认定。认定驰名商标应当考虑下列因素：

(1) 相关公众对该商标的知晓程度；

(2) 该商标使用的持续时间；

(3) 该商标的任何宣传工作的持续时间、程度和地理范围；

(4) 该商标作为驰名商标受保护的记录；

(5) 该商标驰名的其他因素。

生产、经营者不得将“驰名商标”字样用于商品、商品包装或者容器上，或者用于广告宣传、展览以及其他商业活动中。

(三) 驰名商标的保护

驰名商标具有比较广泛的排他性权利，其保护不仅仅局限于相同或者类似商品或服务，就不相同或者不相类似的商品申请注册或者使用时，都将不予注册并禁止使用。

导入案例解析

(1) 长春M广东乐卖生物有限公司的行为构成了侵权行为。其侵犯了原告的外观设计专利权，因为长春M广东乐卖生物有限公司生产的面膜与原告生产的面膜，二者外观基本相同，仅在个别文字印制上有细微差别，并且在产品价格、产品材质、防伪标志等因素也出现雷同之处。

(2) 广州M广东乐卖化妆品有限公司可通过协商、调解和诉讼的方式让侵权人停止侵害、消除影响、恢复名誉、赔礼道歉、赔偿损失。

(3) 广州M广东乐卖化妆品有限公司的主张能够得到法院的支持。因为长春M广东乐卖生物有限公司侵犯了广州M广东乐卖化妆品有限公司的合法权益，造成了原告的经济损失。

本章小结

工业产权是人们依照法律对应用于商品生产和流通中的创造发明与显著标记等智力成果，在一定期限和地区内享有的专有权。在我国，工业产权主要包括专利权和商标权。专利法律关系由专利权的主体、客体和内容构成。我国专利权主体包括发明人、设计人本人，发明人、设计人所在的单位，共同发明人和共同设计人。专利的客体包括发明、实用新型和外观设计。授予发明和实用新型专利的条件是新颖性、创造性和实用性。经过专利申请人申请、专利机关审查、公告等环节可授予申请人专利权，专利权人享有专有权。发明专利的有效期为20年，实用新型和外观设计专利有效期为10年，自专利申请之日起计算。未经专利权人许可，以营利为目的实施他人在有效期内的专利，即为专利侵权。

商标是用以区分商品和服务的标记。商标经过注册后取得专有权。商标专有权的有效期为10年，期满前可以续展，续展一次延长有效期10年。他人未经商标权人许可，以营利为目的对他人的注册商标造成伤害的视为商标侵权。

专利权人和商标权人对于侵权行为可以依法进行保护，侵权人承担侵权责任的方式有民事责任、行政责任和刑事责任。

思考练习

一、单选题

1. 甲公司委托乙公司研究开发某产品，乙公司指定员工王某承担此项研发任务，王某在研发过程中完成了一项发明创造。在没有任何约定的情形下，该发明创造申请专利的权利属于谁？（　　）

A. 吕某　　B. 甲公司　　C. 乙公司　　D. 甲公司和乙公司

2. 下列属于可以授予专利权的是？（　　）

A. 伪造人民币的设备　　B. 快速记忆英语动词规则的方法

C. 促进种子发芽的红外光　　D. 原子核裂变的反应器

3. 北京白雪服装公司于2015年3月10日已在M国申请白雪牌商标注册，并准备就该商标在我国申请注册。假设M国与我国签订了互相承认优先权的协议，根据《商标法》的规定，该公司应在（　　）以前向我国商标局提出，否则丧失优先权。

A. 2015年9月10日　　B. 2015年3月10日

C. 2015年6月10日　　D. 2015年11月10日

4. 以下可以作为实用新型获得专利的是（　　）。

A. 食盐　　B. 味精　　C. 矿泉水　　D. 羽毛球拍

5. 中国公民甲和日本公民乙分别在各自国家完成同样主题的发明，甲于2016年11月2日在中国提出专利申请，乙在2016年10月8日向日本提出专利申请，如果乙到中国申请专利并享有优先权的最后期限为（　　）。

A. 2017 年 10 月 8 日　　B. 2017 年 11 月 2 日
C. 2017 年 10 月 2 日　　D. 2017 年 11 月 8 日

6. 执行本单位的任务完成的职务发明创造是指(　　)。
A. 在本职工作中完成的发明创造
B. 利用本单位的公开的资料完成的发明创造
C. 调动工作 1 年后完成的发明创造
D. 在本职工作之外利用休息时间完成的发明创造

7. 某厂在自己生产的牙膏上注册“田七”商标,其后又在香皂、洗涤剂上注册“田七”商标,后者即构成(　　)。
A. 防御商标　　B. 联合商标　　C. 证明商标　　D. 集体商标

8.《商标法》规定,注册商标需要在同一类的其他商品上使用的,应当(　　)。
A. 另行提出注册申请　　B. 提出变更申请
C. 重新提出注册申请　　D. 提出书面声明

9. 根据专利法律制度的规定,某汽车制造厂完成的下列新技术成果中,可能获得实用新型专利的是(　　)。
A. 汽车新燃料　　B. 汽车防冻液
C. 汽车发动机　　D. 汽车节能方法

二、多选题

1. 甲在空调上使用“春花”注册商标。根据商标的分类,甲的“春花”商标能够被归入的商标类型是(　　)。
A. 文字商标　　B. 商品商标　　C. 图形商标　　D. 服务商标

2. 甲于 2015 年 8 月 1 日向国家专利局提出一个关于吸尘器的发明专利申请,甲申请专利之前发生的下列事实中,不会影响该专利新颖性的有(　　)。
A. 2015 年 3 月 15 日,甲在中国政府主办的一个国际展览会上首次展出了这种吸尘器
B. 2015 年 4 月 10 日,应当承担保密义务的工作人员乙未经甲同意擅自在一个学术会议上公布了该发明
C. 2015 年 5 月 12 日,甲在国家商务部组织召开的一个技术会议上首次发表了介绍该发明的演讲
D. 2015 年 6 月 18 日,甲在某国际性学术刊物上首次刊登了介绍该发明的学术论文

3. 商标注册后,下列事项发生变化时,当事人应当提出变更申请的有(　　)。
A. 商标图形　　B. 商标文字　　C. 注册人名义　　D. 注册人地址

4. 甲是乙公司的研发人员,经长期研究,完成单位交付的研发任务,开发出了一种抗癌新药,现欲申请专利。以下关于该成果权利归属的说法中,正确的是(　　)。
A. 专利申请权及专利权均归乙公司
B. 专利申请权归乙公司,而专利权归甲
C. 专利申请权归甲,而专利权归乙公司
D. 乙公司转让专利权时,甲在同等条件下有优先受让权

5. 根据《商标法》的规定,下列不得作为注册商标的有(　　)。
A. 三维标志　　B. 气味标志

C. 植物名称　　　　　　　　　　　　　D. 与“红十字”标志近似的标志

6. 下列选项中，关于发明人或者设计人的说法，不正确的有(　　)。

A. 发明人或设计人可以是自然人，也可以是法人或者其他组织

B. 发明人或者设计人必须是完全民事行为能力人

C. 在完成发明创造过程中，只从事其他辅助工作的人，也应当认定为共同发明人或者设计人

D. 发明人或者专利人不受其民事行为能力的限制

7. 下列属于职务发明创造的是(　　)。

A. 某纺织研究所的科研人员张某利用本单位的资金、设备，发明了一项新型充电器

B. 某汽车研究所研究员李某退休后 2 年，发明了与其在职时从事工作相关的一项新型汽车点火器

C. 某高校化学教师王某为履行学校领导交办的一项临时性的任务，发明了一种新型电光源

D. 某政府官员刘某利用自身物质条件和业余时间，发明了一项新型船用柴油机，但刘某 2 年前在某船舶动力研究所从事船用柴油机的研发工作

案例分析

1. 甲卷烟公司使用“蓝鸟牌”注册商标生产卷烟。一年后发现乙厂未注册也生产“蓝鸟牌”卷烟，其香烟质量较甲厂为低。甲委托丙律师拟诉请法院求偿。乙得知后找甲，申明本厂使用该商标已有 2 年之久，并无假冒侵权之意，并希望协商取得甲的注册商标的使用权。甲方同意订立注册商标使用许可协议，但坚持要求乙先行赔偿。双方找丙律师咨询。

分析：

(1) 如果情况属实，乙的行为属于何种性质？违反了我国商标管理的哪些规定？其法律后果如何？

(2) 如甲乙双方达成使用许可协议，应遵循《商标法》哪些规定？

2. 四川信达科技公司未经许可擅自使用杭州壹电子公司专利技术生产并销售了变频家用空调 3 000 台。广东乐卖家电销售公司在明知四川信达科技公司侵犯杭州壹电子公司专利的情况下，从四川信达科技公司进货 2 000 台，并已实际售出 1 000 台。爱家宾馆在不知四川信达科技公司侵犯杭州壹电子公司专利权的情况下也从四川信达科技公司购入 200 台并已安装使用。杭州壹电子公司发现四川信达科技公司、广东乐卖公司和爱家宾馆的上述生产、销售和使用行为后，向法院起诉，状告四川信达科技公司、广东乐卖公司和爱家宾馆侵犯其专利权。

分析：

(1) 四川信达科技公司的生产、销售行为是否侵权？是否应承担相应的赔偿责任？

(2) 广东乐卖公司的销售行为是否侵权？是否应承担相应的赔偿责任？是否可以继续销售库存中剩余的空调？为什么？

(3) 爱家宾馆的使用行为是否侵权？是否应承担相应的赔偿责任？是否可以继续使用这 200 台空调？

第七章　反不正当竞争法

学习目标

☞知识目标

1. 不正当竞争行为的概念和特征。
2. 不正当竞争行为的表现形式。
3. 不正当竞争行为的监督检查部门及职权。

☞能力目标

1. 能判定竞争行为是否属于不正当竞争行为。
2. 能确定不正当竞争行为的法律责任。

案例导入

A县为了本县贫困山区脱贫，前几年投巨资扶持山区农民栽桃子树。几年过去，桃子树开始大量结果，但由于当时栽种的时候，没有选好品种，农民出产的桃子个小、味差、色泽不好，因此，桃子的销路不好。县政府有关部门利用政府权力要求该县罐头厂采购本县桃子制作罐头，导致该罐头厂销量也急剧下降。

为了扭转这种局面，罐头厂决定从外地采购原料。经调研后罐头厂与B县某农副特产合作社签订了购买桃子的协议。2015年8月，合作社向罐头厂交付了第一批桃子，因品质优良，罐头厂非常满意，要求合作社继续向该厂提供桃子。这样一来，本县果农种植的桃子无人问津，导致大批的桃子烂掉，果农纷纷找到政府想办法。县政府一位副县长找到罐头厂厂长，要求该厂不要到外地购买桃子，用本地桃子做原料。罐头厂予以拒绝，县政府于是要求工商、交通、路政等相关部门上路设卡，禁止外地桃子进入本县市场。2015年9月5日，合作社按照合同的约定向罐头厂交付第二批桃子1万余斤，结果在路上被A县工商管理部门截住，桃子被扣下，堆放在一户农民的院里，无人看守。无奈，合作社领导决定将桃子运往外地销售，直至9月18日，A县工商管理部门才许可将桃子运往外地销售，此时，该批桃子由于霉烂、丢失，损失达1万元。为了使这批桃子运往外地销售，合作社还支付各种费用300元，罐头厂也因原料短缺，被迫停工造成损失达8万元左右。

分析：

(1) 本案中，A县人民政府及其所属工商管理部门的行为性质如何？

(2) 原告合作社的哪些损失和费用可以请求人民法院判决A县工商管理部门予以赔偿？罐头厂的损失能否直接请求A县工商管理部门赔偿，为什么？

第一节　不正当竞争与反不正当竞争法

一、不正当竞争行为的概念和特征

不正当竞争行为，是指经营者违反《中华人民共和国反不正当竞争法》(以下简称《反不正当竞争法》)的规定，损害其他经营者的合法权益，扰乱社会经济秩序的行为。不正当竞争行为有如下特征：

1. 不正当竞争行为的主体是经营者

所谓经营者，是指从事商品经营或营利性服务的法人、其他经济组织和个人。非经营者不是竞争行为的主体，所以也不能成为不正当竞争行为的主体。但是在有些情况下，非经营者的某些行为也会妨害经营者的正当经营活动，侵害经营者的合法权益，这种行为也是反不正当竞争法的规制对象。比如，政府及其所属部门滥用行政权力妨害经营者的正当竞争行为就是这种类型。

2. 不正当竞争行为是违法行为

不正当竞争行为的违法性，主要表现在违反了《反不正当竞争法》的规定，既包括违反了关于禁止各种不正当竞争行为的具体规定，也包括违反了自愿、平等、公平、诚实信用等市场交易原则。

3. 不正当竞争行为侵害的客体是其他经营者的合法权益及正常的社会经济秩序

不正当竞争行为的破坏性主要体现在：危害公平竞争的市场秩序；阻碍技术进步和社会生产力的发展；损害其他经营者的正常经营和合法权益，使守法经营者蒙受物质上和精神上的双重损害。

想一想

由于国家产业政策的不同，导致不同的企业在参与市场竞争中面临的竞争地位不同，有的企业处于优势地位，有些企业处于劣势地位，他们之间的竞争是否是不正当竞争？

二、反不正当竞争法

我国的《反不正当竞争法》是1993年9月2日第八届全国人民代表大会常务委员会第三次会议通过，自1993年12月1日起开始施行，2017年11月4日第十二届全国人民代表大会常务委员会第三十次会议进行了修订，自2018年1月1日起施行。其立法目的是保障社会主义市场经济健康发展，鼓励和保护公平竞争，制止不正当竞争行为，保护经营者和消费者的合法权益。

第二节　不正当竞争行为的表现

《反不正当竞争法》规定了11种不正当竞争行为。

一、采取欺骗性市场交易手段从事市场交易的行为

1. 假冒他人的注册商标

依照《商标法》和《商标法实施细则》，以下7种行为属于假冒他人注册商标：① 未经注册商标所有人的许可，在同一种商品或者类似商品上使用与其注册商标相同或者近似的商标的行为；② 销售明知是假冒注册商标的商品的行为；③ 伪造、擅自制造他人注册商标标识或者销售伪造、擅自制造的注册商标标识的行为；④ 经销明知或者应知是侵犯他人注册商标专用权商品的；⑤ 在同一种或者类似商品上，将与他人注册商标相同或者近似的文字、图形作为商品名称或者商品装潢使用，并足以造成误认的；⑥ 故意为侵犯他人注册商标专用权行为提供仓储、运输、邮寄、隐匿等便利条件的；⑦ 给他人的注册商标专用权造成其他损害的行为。这些行为不仅违反了《商标法》，也违反了《反不正当竞争法》。

2. 擅自使用知名商品特有的名称、包装、装潢或者使用与知名商品近似的名称、包装、装潢，造成和他人的知名商品相混淆，使购买者误认为是该知名商品

特有的名称、包装、装潢，是指经营者为自己生产的商品独创的名称、包装、装潢，它在市场上已成为该商品与其他商品相区别的标志，并与该商品的品牌形象联系在一起。如果某商品的知名度已较高，但其商品名称、包装、装潢不是经营者独创的，而是使用了同类商品习惯上通用的名称、包装、装潢，那么这种名称、包装、装潢不能成为《反不正当竞争法》所称的知名商品特有的名称、包装、装潢。

3. 擅自使用他人的企业名称或者姓名，引人误认为是他人的商品

在市场交易活动中，企业名称或者姓名是经营者的营业标志，体现了经营者通过付出努力和资本获得的无形财产，保护企业名称或者姓名主要是保护附于企业名称或者姓名中的商业信誉。这里的企业名称或者姓名，包括了各种企业的名称，也包括了个体工商户和从事生产经营活动的事业单位的名称。

4. 在商品上伪造或者冒用认证标志、名优标志等质量标志，伪造产地，对商品质量作引人误解的虚假表示

在市场交易活动中，消费者和用户在很大程度上是通过商品或者其包装上的标签、标注等来判断、选择和购买商品的，经营者在商品或者其包装上伪造或者冒用认证标志、名优标志等质量标志，伪造产地，对质量作虚假的或令人误解的表示，不仅直接损害消费者利益，也扩大了自己商品的市场占有量，比其他诚实经营者占到了“便宜”，因而也损害了竞争对手的利益。

二、商业贿赂行为

商业贿赂是指在商品和服务交易活动中，经营者为获得交易机会，特别是获得相对于竞争对手的竞争优势，通过不正当的手段收买客户的雇员或代理人，以及政府有关部门工作人员的行为。商业贿赂行为不仅破坏了市场正常竞争，损害诚实经营者的利益，而且败坏社会风气，极易导致犯罪。商业贿赂行为具有以下特征：

(1) 商业贿赂的主体是从事商品交易的经营者，既可以是卖方，也可以是买方；

(2) 商业贿赂是经营者主观上出自故意和自愿而进行的行为；

(3) 商业贿赂是通过秘密的方式进行的；

(4) 商业贿赂的对象是对其交易项目的成交具有决定性影响的个人；

(5) 商业贿赂的目的是通过对交易行为施加不正当影响，取得竞争优势；

(6) 商业贿赂的形式除了金钱之外，还有回扣、提供免费度假、国内外旅游、房屋装修、高档宴席、色情服务、赠送昂贵物品，以及解决子女或亲属入学、就业等。

商业贿赂不同于折扣和佣金。折扣是卖方以明示方式对买方进行的让利，是公开明示的，而不是账外暗中给的。佣金是商业活动中的一种劳务报酬，是具有独立地位的中间商、经纪人、代理商等在商业活动中为他人提供服务，介绍、撮合交易或代买、代卖商品所得到的报酬。折扣和佣金是合法的，而商业贿赂是违法的。

想一想

A 公司急需一种检验设备，苦于找不到供应商，B 企业生产这种检验设备，苦于找不到买家，王明为 A、B 两个企业牵线搭桥，使交易得以实现，按照商定，两公司分别给予王明 500 元的介绍费。

请问：A、B 两公司的行为是否是商业贿赂行为？

三、引人误解的虚假宣传行为

所谓"引人误解的虚假宣传",包括两种行为类型:一种是虚假宣传;另一种是引人误解的宣传。虚假宣传是指商品宣传的内容与商品的客观事实不符。而引人误解的宣传则是指可能使宣传对象或受宣传影响的人对商品的真实情况产生错误的联想,从而影响其购买决策的宣传。

为了有效地防止引人误解的虚假宣传,《反不正当竞争法》对引人误解的虚假宣传的主体、形式和内容都做了较详细的规定。从宣传主体上,包括商品的经营者和明知或应知情况下,代理、设计、制作、发布虚假广告的广告经营者;从宣传形式上,经营者不得利用广告或者其他方法;从宣传内容而言,经营者不得就商品的质量、性能、用途、生产者、有效期限、产地等作引人误解的虚假宣传。

四、侵犯商业秘密的行为

商业秘密,是指不为公众所知悉、能为权利人带来经济利益、具有实用性并经权利人采取保密措施的技术信息和经营信息。

技术信息和经营信息并不都是商业秘密,符合以下三个条件的才是商业秘密:

(1) 这些信息必须是不为公众所知悉的,即不是已经公开的或普遍为公众所知晓的信息;

(2) 这些信息必须具有实用性,能够为权利人带来实际的或潜在的经济利益和竞争优势;

(3) 权利人必须为这些信息采取了适当的保密措施。

上述三个条件,是构成商业秘密的三个要件,缺一不可。

侵犯商业秘密,就是指不正当地获取、披露或使用权利人商业秘密的行为。《反不正当竞争法》规定的侵犯商业秘密行为的主要表现形式有:

(1) 以盗窃、利诱、胁迫或其他不正当手段获取权利人的商业秘密;

(2) 披露、使用或允许他人使用以前项手段获取的权利人的商业秘密;

(3) 违反约定或违反权利人有关保守商业秘密的要求,披露、使用或允许他人使用其所掌握的商业秘密;

(4) 第三人明知或者应知前款所列违法行为,仍获取、使用或者披露他人的商业秘密。

一般地,商业秘密是权利人投入了一定的时间、资金或精力而得来的,对权利人具有实际的或潜在的经济价值和竞争优势,侵犯他人的商业秘密,必然损坏权利人的权益。

五、不正当有奖销售行为

有奖销售是经营者以提供奖品或奖金的手段推销商品(或服务)的行为。符合商业道德且限定在一定范围内的有奖销售,可以起到活跃市场、促进竞争的积极作用。但有悖商业道德或超过一定范围的有奖销售,则会造成竞争秩序的破坏和消费者利益受损。因此,《反不正当竞争法》并不是一概否定有奖销售,而只是禁止以下三种形式的有奖销售行为:

1. 欺骗性有奖销售行为

欺骗性有奖销售行为主要有两种情况:一种是谎称有奖实则无奖;另一种是虽然有奖,但故意让内定人员中奖。两种情况都是对他人的欺骗。

2. 利用有奖销售手段推销质次价高商品的行为

利用有奖销售手段推销质次价高商品的行为,其突出的特点是商品质价不符,实质为变相涨价、欺骗消费者。

3. 最高奖金额超过 5 000 元的抽奖销售行为

超过 5 000 元的抽奖销售，以高价值的奖品或高额奖金引诱消费者，利用消费者的侥幸心理使其购进商品，结果造成消费者偏离购物的本意，损害消费者权益。

六、诋毁他人商业信誉或商品声誉行为

诋毁他人商业信誉或商品声誉行为，也称商业诽谤，是指经营者自己或利用他人，通过捏造、散布虚假事实等不正当手段，对竞争对手的商业信誉、商品声誉进行恶意的诋毁、贬低，以削弱其市场竞争能力，并为自己谋取不正当利益的行为。

商业诽谤从主体上来看，既可能是经营者自己，也可能是经营者利用他人；从行为的主观方面来看，经营者明知诽谤他人会损害其商业信誉或商品信誉，仍故意捏造和散布虚假事实；从侵害的客体来看，是作为行为人竞争对手的经营者的商业信誉、商品声誉；从其行为的客观方面看，表现为捏造、散布虚假事实，对竞争对手的商业信誉、商品声誉进行诋毁、贬低，给其造成或可能造成一定的损害后果。

经营者之所以采用诋毁他人商业信誉或商品声誉行为，主要在于经营者道德水平不高和法律意识的淡薄。只有加强商业道德和法制观念的教育，才可能促使经营者守法经营。

七、公用企业或具有独占地位的经营者强制交易行为

《反不正当竞争法》第六条规定："公用企业或者其他依法具有独占地位的经营者，不得限定他人购买其指定的经营者的商品，以排挤其他经营者的公平竞争。"

公用企业一般指其商品或服务涉及城乡人民群众基本的物质生活需要的一些行业，如电力、自来水、热水、煤气、通信、公共交通等，这些行业的商品或服务是生产生活中最基本的要素，任何人也离不开的。

其他依法具有独占地位的经营者是指在特定的市场上，处于无竞争的状态，或取得了压倒性排除竞争的能力的经营者。

公用企业或具有独占地位的经营者强制交易行为主要表现为限定他人购买其指定的经营者的商品，如天然气公司强制消费者购买某品牌的天然气灶具，否则不予通气。《反不正当竞争法》之所以规定公用企业或其他依法具有独占地位的经营者不得限定他人购买其指定的经营者的商品，主要是因为这种行为妨碍了市场的公平竞争和用户、消费者的自由选择权。

想一想

我国的烟草专卖是否属于不正当竞争？

八、滥用行政权力限制竞争行为

《反不正当竞争法》第七条规定："政府及其所属部门不得滥用行政权力，限定他人购买其指定的经营者的商品，限制其他经营者正当的经营活动。政府及其所属部门不得滥用行政权力，限制外地商品进入本地市场，或者本地商品流向外地市场。"

滥用行政权力限制竞争，其行为主体虽然不是经营者，而是政府机关及所属部门，但是如果政府及其政府部门滥用行政权力限制竞争，会使正常公平竞争的市场秩序得到很大的破坏，进而损害经营者的利益和消费者的权益，因此《反不正当竞争法》在规定经营者各种不正当竞争行为的同时，将政府及所属部门滥用行政权力限制市场竞争的行为纳入了其中。

九、以排挤竞争对手为目的、以低于成本的价格销售商品的行为

以排挤竞争对手为目的、以低于成本的价格销售商品的行为，其构成要件包括：① 行为的主体是处于卖方地位的经营者；② 经营者发出了低于成本的价格销售商品的行为；③ 经营者主观上是故意排挤竞争对手；④ 经营者的行为客观上侵犯了竞争对手的公平交易权和社会的正常竞争秩序。但是以低于成本的价格销售商品并不都构成不正当竞争。

有下列情形之一的，不属于不正当竞争行为：① 销售鲜活商品；② 处理有效期限即将到期的商品或者其他积压的商品；③ 季节性降价；④ 因清偿债务、转产、歇业降价销售商品。这些情况，即使经营者以低于成本的价格销售商品，但因为其目的不是为了排挤竞争对手，而是为了解决经营者自身的一些困难，法律上并不将这些行为列为不正当竞争行为。

想一想

光明鞋业有限公司为了盘活资金，将一批款式不流行的库存鞋子以低于成本价格销售，其行为是否构成不正当竞争？

十、搭售和附加不合理交易条件行为

搭售或附加其他不合理的条件是指经营者利用其经济优势，违背购买者的意愿，在销售一种商品或提供一种服务时，要求购买者以购买另一种商品或接受另一种服务为条件，或就商品或服务的价格、销售对象、销售地区等进行不合理的限制。

搭售或附加不合理条件的行为必须在违背购买者的意愿的情况下才属于不正当竞争行为。如果购买者自愿接受经营者的附加条件，那么这些附加条件就是合法的。另外，此处衡量是否合理的标准主要是平等、自愿、公平竞争的原则，符合这个标准的就是合理的，否则就是不合理的。

想一想

某商店在向生产厂家订购某种滞销商品时，要求厂家供应一定数量的紧俏物品，这种行为是否构成不正当竞争行为？

十一、串通投标招标行为

《反不正当竞争法》第十五第规定："投标者和招标者不得相互勾结，以排挤竞争对手的公平竞争。"

招标投标在建筑行业中被广泛采用，也为国际工程承包和成套设备（或大型设备）的采购所采用。招标投标，是以招标的形式，使投标者分别提出其条件，由招标者选择其中最优者，并与之订立合同的一种法律形式。

为了有效地制止招标投标活动中的不正当竞争行为，《反不正当竞争法》规定了招标投标活动中的两种不正当竞争行为。

1. 投标者之间串通投标以避免竞争的行为

参加投标的经营者彼此之间通过口头或书面的协议、约定，就投标报价及其他投标条件，互相通气，以避免相互竞争，或协议轮流在类似项目中中标，共同损害招标者利益的行为。

2. 招标者与投标者相互勾结以排挤竞争对手的公平竞争的行为

招标者与特定投标者在招标投标活动中，以不正当手段从事私下交易，使公开招标投标流于形式，共同损害其他投标者利益的行为。

第三节　不正当竞争行为的监督检查和法律责任

一、不正当竞争行为的监督检查

1. 监督检查部门及其职权

根据《反不正当竞争法》的规定，县级以上人民政府工商行政管理部门对不正当竞争行为进行监督检查，此外还有经法律、行政法规授权的机构可以进行监督检查。监督检查部门在监督检查不正当竞争行为时，有权行使下列职权：

(1) 按照规定程序询问被检查的经营者、利害关系人、证明人，并要求提供证明材料或者与不正当竞争行为有关的其他资料；

(2) 查询、复制与不正当竞争行为有关的协议、账册、单据、文件、记录、业务函电和其他资料；

(3) 检查与不正当竞争行为有关的财物，必要时可以责令被检查的经营者说明该商品的来源和数量，暂停销售，听候检查，不得转移、隐匿、销毁该财物。

2. 不正当竞争行为监督检查的要求

(1) 监督检查部门工作人员监督检查不正当竞争行为时，应当出示检查证件。

(2) 监督检查部门在监督检查不正当竞争行为时，被检查的经营者、利害关系人和证明人应当如实提供有关资料或者情况。

二、不正当竞争行为的法律责任

(1) 经营者违反《反不正当竞争法》的规定，给被侵害的经营者造成损害的，应当承担损害赔偿责任，被侵害的经营者的损失难以计算的，赔偿额为侵权人在侵权期间因侵权所获得的利润；并应当承担被侵害的经营者因调查该经营者侵害其合法权益的不正当竞争行为所支付的合理费用。

(2) 经营者假冒他人的注册商标，擅自使用他人的企业名称或者姓名，伪造或者冒用认证标志、名优标志等质量标志，伪造产地，对商品质量作引人误解的虚假表示的，依照《商标法》《产品质量法》的规定处罚；经营者擅自使用知名商品特有的名称、包装、装潢，或者使用与知名商品近似的名称、包装、装潢，造成和他人的知名商品相混淆，使购买者误认为是该知名商品的，监督检查部门应当责令停止违法行为，没收违法所得，可以根据情节处以违法所得 1 倍以上 3 倍以下的罚款；情节严重的，可以吊销营业执照；销售伪劣商品，构成犯罪的，依法追究刑事责任。

(3) 经营者采用财物或者其他手段进行贿赂以销售或者购买商品，构成犯罪的，依法追究刑事责任；不构成犯罪的，监督检查部门可以根据情节处以 1 万元以上 20 万元以下的罚款，有违法所得的，予以没收。

(4) 公用企业或者其他依法具有独占地位的经营者，限定他人购买其指定的经营者的商品，以排挤其他经营者的公平竞争的，省级或者设区的市的监督检查部门应当责令停止违法行为，可以根据情节处以 5 万元以上 20 万元以下的罚款。被指定的经营者借此销售质次价高商品或者滥收费用的，监督检查部门应当没收违法所得，可以根据情节处以违法所得 1 倍以上 3 倍以下的罚款。

(5) 经营者利用广告或者其他方法，对商品作引人误解的虚假宣传的，监督检查部门应当责令停止违法行为，消除影响，可以根据情节处以1万元以上20万元以下的罚款；广告的经营者，在明知或者应知的情况下，代理、设计、制作、发布虚假广告的，监督检查部门应当责令停止违法行为，没收违法所得，并依法处以罚款。

(6) 侵犯商业秘密的，监督检查部门应当责令停止违法行为，可以根据情节处以1万元以上20万元以下的罚款。

(7) 经营者违法进行有奖销售的，监督检查部门应当责令停止违法行为，可以根据情节处以1万元以上10万元以下的罚款。

(8) 投标者串通投标，抬高标价或者压低标价；投标者和招标者相互勾结，以排挤竞争对手的公平竞争的，其中标无效。监督检查部门可以根据情节处以1万元以上20万元以下的罚款。

(9) 经营者有违反被责令暂停销售，不得转移、隐匿、销毁与不正当竞争行为有关的财物的行为的，监督检查部门可以根据情节处以被销售、转移、隐匿、销毁财物的价款的1倍以上3倍以下的罚款。

(10) 政府及其所属部门违法限定他人购买其指定的经营者的商品、限制其他经营者正当的经营活动，或者限制商品在地区之间正常流通的，由上级机关责令其改正；情节严重的，由同级或者上级机关对直接责任人员给予行政处分。被指定的经营者借此销售质次价高商品或者滥收费用的，监督检查部门应当没收违法所得，可以根据情节处以违法所得1倍以上3倍以下的罚款。

(11) 监督检查不正当竞争行为的国家机关工作人员滥用职权、玩忽职守，构成犯罪的，依法追究刑事责任；不构成犯罪的，给予行政处分。

当事人对监督检查部门做出的处罚决定不服的，可以自收到处罚决定之日起15日内向上一级主管机关申请复议；对复议决定不服的，可以自收到复议决定书之日起15日内向人民法院提起诉讼；也可以直接向人民法院提起诉讼。

导入案例解析

(1) 根据《反不正当竞争法》第七条的规定，A县人民政府及其所属工商管理部门的行为是政府机构的限制竞争行为，为不正当竞争行为。

(2) 根据《反不正当竞争法》第二十条的规定，合作社苹果直接损失10 000元，以及其因苹果被扣而支出的费用3 000元可以一并请求A县工商管理部门赔偿。罐头厂的经济损失也可以直接请求A县工商管理部门予以赔偿，因为该经济损失是由于A县人民政府及其所属工商管理部门的不正当竞争行为直接造成的。

本章小结

不正当竞争行为是指经营者违反《反不正当竞争法》的规定，损害其他经营者的合法权益，扰乱社会经济秩序的行为。《反不正当竞争法》就为了保障社会主义市场经济健康发展，鼓励和保护公平竞争，制止不正当竞争行为，保护经营者和消费者的合法权益。

我国《反不正当竞争法》规定了11种不正当竞争行为。它们是采取欺骗性市场交易手段从事市场交易的行为；商业贿赂行为；引人误解的虚假宣传行为；侵犯商业秘密的行为；不正当有奖销售行为；诋毁他人商业信誉或商品声誉行为；公用企业或具有独占地位的经营者强制交易行为；滥用行政权力限制竞争行为；以排挤竞争对手为目的、以低于成本的价格销售商品的行为；搭售和附加不合理交易条件行为；串通投标招标行为。《反不正当竞争法》对经营者的不正当竞争行为应承担的法律责任做了具体的规定。

思考练习

一、单选题

1. 下列哪一行为属于不正当竞争行为中的混淆行为？（　　）

A. 甲厂在其产品说明书中作夸大其词的虚假说明

B. 乙厂的矿泉水使用“清凉”商标，而“清凉矿泉水厂”是本地一家知名矿泉水厂的企业名称

C. 商场在有奖销售中把所有的奖券刮奖区都印上“谢谢参与”字样

D. 酒厂将其获奖证书复印在所有的产品包装上

2. 根据《反不正当竞争法》，下列各项不属于经营者的是（　　）。

A. 商场　　B. 理发店　　C. 公立学校　　D. 美容院

3. 下列不属于不正当竞争行为构成要件的是（　　）。

A. 经营者违反法律规定　　B. 损害其他经营者的合法权益

C. 扰乱社会秩序　　D. 经营者行为给消费者造成伤害

4. 下列不属于不正当竞争行为的是（　　）。

A. 季节性降价　　B. 擅自使用他人的企业名称

C. 对商品质量作引人误解的虚假表示　　D. 在商品上伪造认证标志

5. 下列行为属于不正当竞争的是（　　）。

A. 低于成本价销售鲜活产品

B. 商场为了促销，在成本价以上将商品打折出售

C. 企业经营不善，因为歇业而降价销售产品

D. 商场抽奖式的有奖销售，最高奖的金额达到10 000元

二、判断题

1. 我国《反不正当竞争法》规定的不正当竞争行为的主体全部。（　　）

2. 引人误解的广告不属于不正当竞争行为。（　　）

3. 经营者搭售商品如果违背消费者的意愿就构成不正当竞争行为。（　　）

4. 使用不知道是他人用盗窃等非法手段获取的商业秘密的，不应视为侵犯商业秘密。（　　）

5. 政府为保障公民安全而限定购买合格商品，虽然保护了消费者的权益，但违反了《反不正当竞争法》。（　　）

案例分析

1. 2016年年初，某市决定兴建一条连接本市两河岸交通的大桥，采取招标方式选择承包商。某建筑公司为保证能以最低的标价中标，多方寻找能获得其他建筑公司投标价的机

会。在得知负责本次招标的张某是本公司职员李某的大学同学后，该公司领导让李某去说情，并承诺如果该公司能够获得承包权的话，就给李某1万元的好处费，给张某10万元的好处费。李某去找张某，张某答应帮忙，并在投标截止日前一天把其他建筑公司的投标价和投标文件等信息泄露给了该公司，该建筑公司以低于上述最低投标价1.5万元和其他更优惠的条件在投标截止最后期限前递交了投标书，并最终获得了该大桥的施工合同。其他建筑公司对此事很是不满。

分析：

(1) 某建筑公司的行为是什么行为？为什么？

(2) 某建筑公司应该为其行为承担什么责任？

2. 2015年8月，春花纸厂推出“玫瑰”牌餐巾纸，每箱价格为30元。该品牌投放市场以后，以其低廉的价格、良好的质量赢得了广大消费者的青睐。与此同时，云兰纸厂的“沙龙”牌餐巾纸在市场上却无人问津。云兰纸厂面对严峻的市场形势，做出战略调整，以每箱28元的价格投放市场。因云兰纸厂的产品质量也不错，很快就赢得了一定的市场份额。2016年3月，春花纸厂将产品价格降为25元每箱。于是，双方打起了价格大战。2016年7月，云兰纸厂为了彻底击垮对手，做出了大胆决定，以低于成本价的每箱18元的价格投放市场，并同时优化纸质。致使春花纸厂因产品滞销而停产。

分析：

(1) 云兰纸厂的行为是什么行为？为什么？

(2) 这类行为应由什么机构监督检查？

第八章　产品质量法与消费者权益保护法

学习目标

☞知识目标

1. 了解产品质量监督管理制度。

2. 掌握生产者、销售者和其他主体的产品质量义务。

3. 掌握违反产品质量法的法律责任。

4. 掌握消费者的基本权利和经营者的义务。

5. 掌握消费者权益争议的解决方式和侵犯消费者权益的法律责任。

☞能力目标

1. 会判定生产者、销售者和其他主体违反产品质量法应承担的责任。

2. 会选择解决产品质量纠纷的途径。

3. 会选择维护消费者权益的途径。

案例导入

2014 年 11 月，广东省、广州市联合销毁一批假冒伪劣消防产品，抽检数据显示，近三成消防产品不合格。广州市公安消防支队向媒体披露，2014 年以来全市抽检消防产品 100 余批次，发出整改通知书多达 300 余份，100 多项工程因消防产品质量问题验收不合格。消防部门称，从 2014 年抽检消防产品的结果看，所有被抽查的产品均存在不合格的现象，其中消防过滤式自救呼吸器不合格情况较为严重，初检不合格率达 59.26%；消火栓、防火门、防火窗和防火卷帘的初检不合格率也均在 30%以上，其中使用领域检验 266 批次，合格率 69%；生产领域检验 53 批次，合格率 85%。全年市公安消防部门办理消防产品行政处罚案件数 35 宗，处罚金额达 25 万元。

请问：

(1) 如果市民在生活中使用了此类假冒、伪劣消防产品和器材，造成人身伤害和财产损失，可依据哪部法律要求厂家赔偿损失？为什么？

(2) 市民在生活中遇到此类产品质量的纠纷，可以采取的解决方式有哪些？

(3) 案例中，厂商制造、销售假冒伪劣消防产品和器材造成人身伤害的，应该承担的赔偿范围是哪些？

第一节　产品质量法

一、产品质量法概述

(一) 产品、产品质量和产品质量问题

1. 产品

产品是指经过加工、制作并用于销售的产品，包括工业、手工业品、工艺品及经过加工的农副产品。并不是所有的产品都是产品质量法中所指的产品。产品质量法所指的产品是指人工产品、有形的物质产品和动产，因此未经过加工的天然产品和初级农产品、无形的服务、不动产不属于产品质量法所指的产品，但初级农产品和天然产品经过加工后的产品、建筑材料、建筑构配件和设备等适用该法。

想一想

山民从深山中采得野生蜂蜜，在自家食用过程中发现内含许多杂质，这种蜂蜜是否是《产品质量法》中所指的产品？

2. 产品质量

产品质量是指反映产品或服务满足明确或隐含需要能力的特征和特性的总和，如可用性、耐久性、安全性、可维修性、经济性等。在中国，产品质量是指国家有关法律法规、质量标准及合同所规定的对产品适用、安全和其他特性的要求。

产品质量应当符合下列要求：

(1) 不存在危及人身、财产安全的不合理的危险，有保障人体健康和人身、财产安全的国家标准、行业标准的，应当符合该标准；

(2) 具备产品应当具备的使用性能，但是，对产品存在使用性能的瑕疵做出说明的除外；

(3) 符合在产品或其包装上注明采用的产品标准，符合以产品说明、实物样品等方式表明的质量状况。

知识链接

产品标准是对产品所做的技术规定，它是判断产品合格与否的主要依据。相关法律规定，产品质量应当检验合格。所谓合格，是指产品的质量状况符合标准中规定的具体指标。我国现行的标准分为国家标准、行业标准、地方标准和经备案的企业标准。其中，国家标准、行业标准可分为推荐性标准和强制性标准；一般地方标准、行业标准、企业内部标准高于国家推荐标准。

3. 产品质量问题

产品质量问题是指违反产品质量法所导致的产品问题。产品质量问题大体上可分为两类：一类是产品瑕疵，另一类是产品缺陷。

产品瑕疵是指产品不具备应当具有的使用性能。“瑕疵”属于一般性质量问题，或者说是微小的缺点，如产品的外观、色彩、使用性能等方面出现的问题。根据相关法律的规定，产品瑕疵具有三种表现方式：第一，不具备产品应当具备的使用性能而事先未作说明的；第二，不符合在产品或者其包装上注明采用的产品标准的；第三，不符合以产品说明、实物样品等方式表明的质量状况的。

产品缺陷是指产品存在危及人身、他人财产安全的不合理的危险，或者产品有保障人体健康和人身、财产安全的国家标准、行业标准，但是产品却不符合强制性标准。产品缺陷属于严重的质量问题。

(二) 产品质量法

产品质量法是调整产品在生产、流通和消费领域中因产品质量而产生的社会关系的法律规范的总称。

产品质量法有广义和狭义之分。广义的产品质量法主要由产品质量基本法、基本法的配套法和其他法律法规构成。如《中华人民共和国产品质量法》《消费者权益保护法》《反不正当竞争法》《食品卫生法》《药品管理法》《标准化法》《计量法》《进出口商品检验法》《化妆品卫生监督条例》《工业产品生产许可证管理条例》《认证认可条例》以及国务院质量技术管理部门的相关行政规章、制度等。而狭义的产品质量法仅仅指《中华人民共和国产品质量法》(以下简称《产品质量法》)。

现行的《产品质量法》是在 1993 年 2 月 22 日第七届全国人民代表大会常务委员会第三十次会议通过,自 1993 年 9 月 1 日起施行,并在 2000 年 7 月 8 日经过修改并发布。《产品质量法》的施行,对于提高产品质量水平、明确产品质量责任、保护消费者的合法权益、维护社会经济秩序具有重要的意义,为制裁产品质量的违法行为提供了强大的法律武器。

二、产品质量监督管理制度

(一)产品质量监督管理

产品质量监督管理是指各级人民政府质量监督部门依据法定权限对产品质量进行监督管理的活动。

我国产品质量监督管理实行统一管理、分级负责的管理体制。国务院产品质量监督管理部门,主管全国产品质量监督工作;国务院有关部门,在各自的职责范围内负责产品质量监督管理工作;县级以上地方产品质量监督部门,主管本行政区域内的产品质量监督管理工作;县级以上地方人民政府有关部门,在各自的职责范围内负责产品质量监督管理工作。

(二)产品质量监督管理的形式

1. 企业质量体系认证制度

企业质量体系认证,是指根据企业申请,由国家认可的认证机构依据认证标准,按照规定的程序对企业的质量保证体系,包括企业的质量管理制度、企业的生产、技术条件等保证产品质量的诸因素进行全面的评审,对符合认证要求,通过颁发认证证书的形式证明企业的质量保证能力符合相应标准的活动。

企业质量体系认证应当根据国际通用的质量管理标准,依据的是国际通用的 ISO9000 国际标准或者等效采用 ISO9000 系列标准的国家标准,目的是为了提高供方的质量信誉,亦是供方向需方提供质量保证的一种方式。

知识链接

ISO 是一个组织的英语简称。其全称是 International Standards Organization,翻译成中文就是“国际标准化组织”,又称“经济联合国”(现有成员国 160 多个)。ISO 是一个非政府国际组织,是世界上最大的、最具权威的国际标准制订、修订组织。它成立于 1947 年 2 月 23 日。ISO 的最高权力机构是每年一次的“全体大会”,其日常办事机构是中央秘书处,设在瑞士的日内瓦。ISO 的宗旨是“发展国际标准,促进标准在全球的一致性,促进国际贸易与科学技术的合作”。

ISO 标准由技术委员会(简称 TC)制订。ISO 共有 200 多个技术委员会,2 200 多个分技术委员会(简称 SC)。

ISO9000 是指质量管理体系标准,它不是指一个标准,而是一组标准的统称。ISO9000 是由质量管理体系技术委员会制定的所有国际标准。ISO9000 是 ISO 发布之 12 000 多个标准中最畅销、最普遍的产品。

“认证”是由可以充分信任的第三方证实某一经鉴定的产品或服务符合特定标准或规范性文件的活动。比如说，对第一方（供方或卖方）提供的产品或服务，第二方（需方或买方）无法判定其品质是否合格，而由第三方来判定。第三方既要对第一方负责，又要对第二方负责，不偏不倚，出具的证明要能获得双方的信任，这样的活动就叫作“认证”。

2. 产品质量认证制度

产品质量认证制度，是指由依法取得产品质量认证资格的认证机构，依据有关的产品标准和要求，按照规定的程序，对申请认证的产品进行工厂审查和产品检验等，对符合条件要求的，通过颁发认证证书和认证标志以证明该产品符合相应标准要求的制度。

我国的产品认证制度是遵循国际通用准则建立的强制性产品认证和自愿性产品认证相结合的制度。

强制性产品认证，简称CCC认证或3C认证，它是中国政府为保护消费者人身安全和国家安全、加强产品质量管理、依照法律法规实施的一种产品合格评定制度。列入《实施强制性产品认证的产品目录》中的产品包括家用电器、汽车、安全玻璃、医疗器械、电线电缆、玩具等产品。

自愿认证，是指由国家认证认可行业管理部门制定相应的认证制度，经批准并具有资质的认证机构按照“统一的认证标准、实施规则和认证程序”开展实施的认证项目。自愿性产品认证通常是依据标准对产品的全部性能进行认证，这种认证遵循企业自愿申请的原则。实施产品质量认证的机构，是国务院产品质量监督部门认可的或者经国务院产品质量监督部门授权的部门认可的认证机构。

想一想

什么是企业质量体系认证和产品质量认证？企业质量体系认证和产品质量认证的显著区别是什么？

3. 产品质量监督抽查制度

国家对产品质量实行以抽查为主要方式的监督检查制度，对可能危及人体健康和人身、财产安全的产品，影响国计民生的重要工业产品以及消费者、有关组织反映有质量问题的产品进行抽查。抽查的样品应当在市场上或者企业成品仓库内的待销产品中随机抽取。监督抽查工作由国务院产品质量监督部门规划和组织，县级以上地方产品质量监督部门在本行政区域内也可以组织监督抽查。法律对产品质量的监督检查另有规定的，依照有关法律的规定。

产品质量监督抽查应避免重复抽查和加重企业负担。国家监督抽查的产品，地方不得另行重复抽查；上级监督抽查的产品，下级不得另行重复抽查。

4. 社会监督制度

消费者有权就产品质量问题，向产品的生产者、销售者查询，向产品质量监督部门、工商行政管理部门及有关部门申诉，接受申诉的部门应当负责处理。

保护消费者权益的社会组织可以就消费者反映的产品质量问题建议有关部门负责处理，支持消费者对因产品质量造成的损害向人民法院起诉。

（三）产品质量检验

产品质量检验机构必须具备相应的检测条件和能力，经省级以上人民政府产品质量监督部门或者其授权的部门考核合格后，方可承担产品质量检验工作。法律、行政法规对产品质量检验机构另有规定的,依照有关法律、行政法规的规定执行。

从事产品质量检验、认证的社会中介机构必须依法设立,不得与行政机关和其他国家机关存在隶属关系或者其他利益关系。国务院和省、自治区、直辖市人民政府的产品质量监督部门应当定期发布其监督抽查的产品的质量状况公告。产品质量监督部门或者其他国家机关以及产品质量检验机构不得向社会推荐生产者的产品,不得以对产品进行监制、监销等方式参与产品经营活动。

根据监督抽查的需要,可以对产品进行检验。检验抽取样品的数量不得超过检验的合理需要,并不得向被检查人收取检验费用。生产者、销售者对抽查检验的结果有异议的,可以自收到检验结果之日起 15 日内向实施监督抽查的产品质量监督部门或者其上级产品质量监督部门申请复检,由受理复检的产品质量监督部门做出复检结论。

三、生产者、销售者的产品质量义务

(一) 生产者的产品质量义务

根据《产品质量法》的规定,产品生产者应当履行以下义务:

1. 保证产品的内在质量

生产者应当对其生产的产品质量负责,其生产的产品应当符合以下要求:第一,不存在危及人身、财产安全的不合理危险,有国家标准、行业标准的应当符合该标准;第二,具备产品应当具备的使用性能,但是对产品存在使用性能的瑕疵做出说明的除外;第三,符合在产品或者其包装上注明采用的产品标准,符合以产品说明、实物样品的方式表明的质量状况。

2. 产品标志应符合法律要求

生产者对其生产的产品或者包装上的标识必须真实,并符合下列要求:① 有产品质量检验合格证明;② 有中文标明的产品名称、生产厂厂名和厂址,根据产品的特点和使用要求,需要标明产品规格、等级、所含主要成分的名称和含量的,用中文相应予以标明;③ 需要事先让消费者知晓的,应当在外包装上标明,或者预先向消费者提供有关资料;④ 限期使用的产品,应当在显著位置清晰地标明生产日期和安全使用期或者失效日期;⑤ 使用不当,容易造成产品本身损坏或者可能危及人身、财产安全的产品,应当有警示标志或者中文警示说明;⑥ 裸装的食品和其他根据产品的特点难以附加标识的裸装产品,可以不附加产品标识。

3. 特殊产品的包装应该符合要求

易碎、易燃、易爆、有毒、有腐蚀性、有放射性等危险物品以及储运中不能倒置和其他有特殊要求的产品,其包装质量必须符合相应要求,依照国家有关规定做出警示标志或者中文警示说明,标明储运注意事项。

4. 法律法规禁止实施的行为

生产者不得从事以下行为:不得生产国家明令淘汰的产品;不得伪造产地,不得伪造或者冒用他人的厂名、厂址;不得伪造或者冒用认证标志等质量标志;不得在产品中掺杂、掺假,不得以假充真、以次充好,不得以不合格产品冒充合格产品。

(二) 销售者的产品质量义务

根据《产品质量法》的规定,销售者应当履行的义务主要包括:

(1) 销售者应当建立并执行进货检查验收制度,验明产品合格证明和其他标识;

(2) 销售者应当采取措施,保持销售产品的质量;

(3) 销售者不得销售国家明令淘汰并停止销售的产品和失效、变质的产品;

(4) 销售者销售的产品的标识应当符合法律的规定；

(5) 销售者不得伪造产地，不得伪造或者冒用他人的厂名、厂址；

(6) 销售者不得伪造或者冒用认证标志等质量标志；

(7) 销售者销售产品，不得掺杂、掺假，不得以假充真、以次充好，不得以不合格产品冒充合格产品。

想一想

某酒厂用食用酒精勾兑制成白酒，使用本厂酿制的粮食白酒"秦河特曲"的包装及标志向社会销售。该种勾兑制成的白酒安全、卫生指标符合国家标准，每瓶售价仅为"秦河特曲"的1/3，销售状况甚好。

请问：该厂的行为合法吗？

四、产品质量纠纷的解决

因产品质量发生民事纠纷时，当事人可以通过协商或者调解解决。当事人不愿通过协商、调解解决或者协商、调解不成的，可以根据当事人各方的协议向仲裁机构申请仲裁；当事人各方没有达成仲裁协议或者仲裁协议无效的，可以直接向人民法院起诉。

五、违反产品质量法的责任

(一) 产品质量的赔偿责任

1. 产品瑕疵的损害赔偿

售出的产品有下列情形之一的，销售者应当负责修理、更换、退货；给购买产品的消费者造成损失的，销售者应当赔偿损失：

(1) 不具备产品应当具备的使用性能而事先未作说明的；

(2) 不符合在产品或者其包装上注明采用的产品标准的；

(3) 不符合以产品说明、实物样品等方式表明的质量状况的。

销售者依照规定负责修理、更换、退货、赔偿损失后，属于生产者的责任或者属于向销售者提供产品的其他销售者(以下简称供货者)的责任的，销售者有权向生产者、供货者追偿。

2. 产品缺陷的损害赔偿

产品缺陷，是指产品存在危及人身、他人财产安全的不合理的危险；产品有保障人体健康和人身、财产安全的国家标准、行业标准的，是指不符合该标准。

因产品存在缺陷造成人身、缺陷产品以外的其他财产(以下简称他人财产)损害的，生产者应当承担赔偿责任。

因产品存在缺陷造成受害人人身伤害的，侵害人应当赔偿医疗费、治疗期间的护理费、因误工减少的收入等费用；造成残疾的，还应当支付残疾者生活自助具费、生活补助费、残疾赔偿金以及由其扶养的人所必需的生活费等费用；造成受害人死亡的，应当支付丧葬费、死亡赔偿金以及由死者生前扶养的人所必需的生活费等费用。

因产品存在缺陷造成受害人财产损失的，侵害人应当恢复原状或者折价赔偿。受害人因此遭受其他重大损失的，侵害人应当赔偿损失。

生产者能够证明有下列情形之一的，不承担赔偿责任：

(1) 未将产品投入流通的；

(2) 产品投入流通时，引起损害的缺陷尚不存在的；

(3) 将产品投入流通时的科学技术水平尚不能发现缺陷的存在的。

由于销售者的过错使产品存在缺陷，造成人身、他人财产损害的，销售者应当承担赔偿责任。销售者不能指明缺陷产品的生产者，也不能指明缺陷产品的供货者的，销售者应当承担赔偿责任。

因产品存在缺陷造成人身、他人财产损害的，受害人可以向产品的生产者要求赔偿，也可以向产品的销售者要求赔偿。属于产品的生产者的责任，产品的销售者赔偿的，产品的销售者有权向产品的生产者追偿。属于产品的销售者的责任，产品的生产者赔偿的，产品的生产者有权向产品的销售者追偿。

因产品存在缺陷造成损害要求赔偿的诉讼时效期间为2年，自当事人知道或者应当知道其权益受到损害时起计算。因产品存在缺陷造成损害要求赔偿的请求权，在造成损害的缺陷产品交付最初消费者满10年丧失，但是尚未超过明示的安全使用期的除外。

练一练

2014年10月，同城县山里镇西村村民申某向工商部门投诉，称为建房屋从该村经销商李某处购买某厂水泥50吨，在用掉将近一半水泥时发现所建房屋的地基表面出现多处裂痕，申某怀疑水泥质量有问题，便找到经销商要求赔偿损失，但经销商坚称水泥质量合格，不同意赔偿，多次协商没有结果。

分析：

(1) 本案例中，关于产品质量的解决方式有哪些？

(2) 如果经鉴定，该水泥是因生产商使用劣质材料所导致的质量问题，申某应该如何追究产品质量责任？

(二) 生产者、销售者的行政责任

生产者、销售者有下列行为之一的，由产品质量监督部门或工商行政管理部门给予包括责令停止违法行为、没收违法所得、罚款、吊销营业执照等行政处罚：

(1) 生产、销售不符合保障人体健康和人身、财产安全的国家标准、行业标准的产品的；

(2) 在产品中掺杂、掺假，以假充真，以次充好，或者以不合格产品冒充合格产品的；

(3) 生产国家明令淘汰的产品、销售国家明令淘汰并停止销售的产品的；

(4) 销售失效、变质产品的，伪造产地，冒用他人厂名、厂址，伪造或者冒用各种质量标志的；

(5) 使用的产品标识不符合相关法律规定的；

(6) 拒绝接受依法进行的产品质量监督检查的；

(7) 隐匿、转移、变卖、损毁被依法查封、扣押的物品的。

(三) 其他相关人的违法行为及责任

应知或已知属于法律规定禁止生产、销售的产品而为其提供运输、保管、仓储等便利条件的，或者提供制假技术的，应没收其收入，并处罚款。

服务业经营者将禁止销售的产品用于经营性服务的，责令停止使用；对知道或应当知道该产品是禁止销售的产品的，依法对销售者进行处罚。

(四) 有关部门、社会团体、中介机构的法律责任

各级人民政府工作人员和其他国家机关工作人员，违反《产品质量法》的有关规定，给予行政处分；构成犯罪的，依法追究刑事责任；社会团体、社会中介机构违反《产品质量法》的有关规定，根据具体违法情况处以罚款、没收违法所得、取消或撤销检验资格或认证资格等行政处罚。

第二节　消费者权益保护法

一、消费者权益保护法概述

（一）消费者权益保护法的概念

消费者是指为满足生活需要而购买、使用商品或接受服务的人。消费者权益指消费者在有偿获得商品或接受服务时，以及在以后一定时期内依法享有的权益。广义的消费者权益保护法是指维护全体公民消费权益的法律规范的总称。狭义的消费者权益保护法是指《中华人民共和国消费者权益保护法》(以下简称《消费者权益保护法》)。该法是 1993 年 10 月 31 日第八届全国人民代表大会常务委员会第四次会议通过，自 1994 年 1 月 1 日起施行，后经 2009 年、2013 年两次修改。施行以来 20 多年，对保护消费者的合法权益、维护社会经济秩序、促进社会主义市场经济健康发展，发挥了重要作用。但是，随着经济社会不断发展，我国消费方式、消费结构和消费理念发生很大变化，在消费者权益保护领域出现了不少新情况、新问题，特别是随着信息技术的广泛应用，通过网络、电视、电话等销售商品或者提供服务的方式逐渐兴起。2014 年 3 月 15 日，由全国人大修订的新版《消费者权益保护法》(简称“新消法”)正式实施。新消法对“霸王条款”“保护消费者个人信息”“网购七天无理由退货”“消费者欺诈赔偿”等方面都有了更完善的规定。

（二）消费者权益保护法的适用对象

消费者权益保护法的适用对象包括消费者和经营者。

1. 消费者

消费者是指为满足生活需要而购买、使用商品或接受服务，由国家专门法律确认其主体地位和保护其消费权益的个人。这一定义包含了以下几个含义：第一，消费者指为了生活消费而需要购买、使用商品或接受服务的人；第二，消费者是购买、使用商品或接受服务的自然人；第三，消费者购买、使用商品或接受服务的目的是生活需要。农民购买、使用直接用于农业生产的生产资料，适用于本法执行。

知识链接

消费是指为了生产和生活需要而消耗物质财富的行为。

消费分为生产消费和生活消费两种类型。生产消费是指在生产过程中生产工具、原料、劳动力的消费，生产消费的过程即生产的过程；生活消费是指自然人为衣食住行和满足精神文化需要的消费。《消费者权益保护法》中的“消费”特指生活消费。

2. 经营者

经营者是向消费者提供其生产、销售的商品或者提供服务的公民、法人或者其他经济组织，它是以营利为目的从事生产经营活动并与消费者相对应的另一方当事人。它包括自然人、法人和其他组织。

经营者与消费者进行交易，应当遵循自愿、平等、公平、诚实信用的原则。

想一想

生产经营单位在生产中消耗原材料，它们是否属于《消费者权益保护法》中所指的消费者？

二、消费者的权利和经营者的义务

（一）消费者的权利

根据《消费者权益保护法》的规定，消费者享有以下九项权利：

1. 安全保障权

安全保障权是指消费者在购买、使用商品或接受服务时享有人身、财产安全不受损害的权利。

知识链接

安全权的具体表现在以下两个方面：第一，人身安全权，是指与权利主体的人身不可分离而无直接财产内容的民事权利，包括生命健康权、姓名权、肖像权、荣誉权、名誉权、婚姻自主权等；第二，财产安全权，是指有直接财产内容的民事权利，包括所有权、经营权、继承权等。在生活消费领域，直接受到威胁的主要是生命健康权和财产所有权。

2. 知悉真情权

知悉真情权是指消费者享有知悉其购买、使用的商品或者接受的服务的真实情况的权利。

消费者有权根据商品或者服务的不同情况，要求经营者提供商品的价格、产地、生产者、用途、性能、规格、等级、主要成分、生产日期、有效期限、检验合格证明、使用方法、说明书、售后服务，或者服务的内容、规格、费用等有关情况。

3. 自主选择权

自主选择权是指消费者享有自主选择商品或者服务的权利。

消费者有权自主选择提供商品或者服务的经营者，自主选择商品品种或者服务方式，自主决定购买或者不购买任何一种商品、接受或者不接受任何一项服务。消费者在自主选择商品或者服务时，有权进行比较、鉴别和挑选。

4. 公平交易权

公平交易权是指消费者在购买商品或者接受服务时，有权获得质量保障、价格合理、计量正确等公平交易条件，有权拒绝经营者的强制交易行为。其中，计量正确是要符合《中华人民共和国计量法》《定量包装商品计量监督管理办法》《零售商品称重计量监督规定》等法律交易要求。

5. 依法求偿权

依法求偿权是指消费者因购买、使用商品或者接受服务受到人身、财产损害的，享有依法获得赔偿的权利。

6. 结社权

结社权是指消费者享有依法成立维护自身合法权益的社会组织的权利，包括社会团体、非营利性组织、基金会等。

7. 求知权

求知权是指消费者享有获得有关消费和消费者权益保护方面的知识的权利。

消费者应当努力掌握所需商品或者服务的知识和使用技能，正确使用商品，提高自我保护意识。

8. 受尊重权

受尊重权是指消费者在购买、使用商品和接受服务时，享有人格尊严、民族风俗习惯得到尊重的权利，享有个人信息依法得到保护的权利。

人格尊严受尊重具体地说包括两层含义：其一是不得以任何借口就消费者所购买商品或接受的服务为借口调戏、侮辱消费者；其二是不得以任何借口限制、妨碍消费者的人身自由。

9. 监督权

监督权指消费者享有对商品和服务以及保护消费者权益工作进行监督的权利。

消费者有权检举、控告侵害消费者权益的行为和国家机关及其工作人员在保护消费者权益工作中的违法失职行为，有权对保护消费者权益工作提出批评、建议。

（二）经营者的义务

根据《消费者权益保护法》的规定，经营者需承担以下十四项义务：

1. 履行法定和约定的义务

经营者向消费者提供商品或者服务，应当依照本法和其他有关法律、法规的规定履行义务。经营者和消费者有约定的，应当按照约定履行义务，但双方的约定不得违背法律、法规的规定。

经营者向消费者提供商品或者服务，应当恪守社会公德，诚信经营，保障消费者的合法权益，不得设定不公平、不合理的交易条件，不得强制交易。

2. 听取意见和接受监督的义务

经营者应当听取消费者对其提供的商品或者服务的意见，接受消费者的监督。

3. 安全保障的义务

经营者应当保证其提供的商品或者服务符合保障人身、财产安全的要求。对可能危及人身、财产安全的商品和服务，应当向消费者做出真实的说明和明确的警示，并说明和标明正确使用商品或者接受服务的方法以及防止危害发生的方法。

宾馆、商场、餐馆、银行、机场、车站、港口、影剧院等经营场所的经营者，应当对消费者尽到安全保障义务。

4. 召回危及安全的义务

经营者发现其提供的商品或者服务存在缺陷，有危及人身、财产安全危险的，应当立即向有关行政部门报告和告知消费者，并采取停止销售、警示、召回、无害化处理、销毁、停止生产或者服务等措施。采取召回措施的，经营者应当承担消费者因商品被召回支出的必要费用。

5. 提供真实、明确信息的义务

经营者向消费者提供有关商品或者服务的质量、性能、用途、有效期限等信息，应当真实、全面，不得作虚假或者引人误解的宣传。

经营者对消费者就其提供的商品或者服务的质量和使用方法等问题提出的询问，应当做出真实、明确的答复。经营者提供商品或者服务应当明码标价。

6. 标明真实名称和标记的义务

经营者应当标明其真实名称和标记。租赁他人柜台或者场地的经营者，应当标明其真实名称和标记。

7. 出具凭证和单据的义务

经营者提供商品或者服务，应当按照国家有关规定或者商业惯例向消费者出具发票等购货凭证或者服务单据;消费者索要发票等购货凭证或者服务单据的,经营者必须出具。

8. 保证商品或者服务质量的义务

经营者应当保证在正常使用商品或者接受服务的情况下其提供的商品或者服务应当具有的质量、性能、用途和有效期限;但消费者在购买该商品或者接受该服务前已经知道其存在瑕疵,且存在该瑕疵不违反法律强制性规定的除外。

经营者以广告、产品说明、实物样品或者其他方式表明商品或者服务的质量状况的,应当保证其提供的商品或者服务的实际质量与表明的质量状况相符。

经营者提供的机动车、计算机、电视机、电冰箱、空调器、洗衣机等耐用商品或者装饰装修等服务,消费者自接受商品或者服务之日起 6 个月内发现瑕疵,发生纠纷的,由经营者承担有关瑕疵的举证责任。

9. 履行"三包"或其他责任的义务

经营者提供的商品或者服务不符合质量要求的,消费者可以依照国家规定、当事人约定退货,或者要求经营者履行更换、修理等义务。没有国家规定和当事人约定的,消费者可以自收到商品之日起 7 日内退货;7 日后符合法定解除合同条件的,消费者可以及时退货,不符合法定解除合同条件的,可以要求经营者履行更换、修理等义务。

依照以上的规定进行退货、更换、修理的,经营者应当承担运输等必要费用。

10. 电子商务 7 天无理由退货的义务

经营者采用网络、电视、电话、邮购等方式销售商品,消费者有权自收到商品之日起 7 日内退货,且无须说明理由,但下列商品除外:消费者定做的;鲜活易腐的;在线下载或者消费者拆封的音像制品、计算机软件等数字化商品;交付的报纸、期刊。

除以上所列商品外,其他根据商品性质并经消费者在购买时确认不宜退货的商品,不适用无理由退货。消费者退货的商品应当完好。经营者应当自收到退回商品之日起 7 日内返还消费者支付的商品价款。退回商品的运费由消费者承担;经营者和消费者另有约定的,按照约定。

11. 格式条款显著提示的义务

经营者在经营活动中使用格式条款的,应当以显著方式提请消费者注意商品或者服务的数量和质量、价款或者费用、履行期限和方式、安全注意事项和风险警示、售后服务、民事责任等与消费者有重大利害关系的内容,并按照消费者的要求予以说明。

经营者不得以格式条款、通知、声明、店堂告示等方式,做出排除或者限制消费者权利、减轻或者免除经营者责任、加重消费者责任等对消费者不公平、不合理的规定,不得利用格式条款并借助技术手段强制交易。格式条款、通知、声明、店堂告示等含有前面所列内容的,其内容无效。

12. 不得侵犯消费者人格权的义务

经营者不得对消费者进行侮辱、诽谤,不得搜查消费者的身体及其携带的物品,不得侵犯消费者的人身自由。

13. 特定领域经营者的信息披露义务

采用网络、电视、电话、邮购等方式提供商品或者服务的经营者,以及提供证券、保险、银行等金融服务的经营者,应当向消费者提供经营地址、联系方式、商品或者服务的数量和质量、价款或者费用、履行期限和方式、安全注意事项和风险警示、售后服务、民事责任等信息。

14. 依法收集、使用消费者个人信息的义务

经营者收集、使用消费者个人信息，应当遵循合法、正当、必要的原则，明示收集、使用信息的目的、方式和范围，并经消费者同意。经营者收集、使用消费者个人信息，应当公开其收集、使用规则，不得违反法律、法规的规定和双方的约定收集、使用信息。

经营者及其工作人员对收集的消费者个人信息必须严格保密，不得泄露、出售或者非法向他人提供。经营者应当采取技术措施和其他必要措施，确保信息安全，防止消费者个人信息泄露、丢失。在发生或者可能发生信息泄露、丢失的情况时，应当立即采取补救措施。

经营者未经消费者同意或者请求，或者消费者明确表示拒绝的，不得向其发送商业性信息。

三、消费者权益争议的解决和法律责任

（一）消费者组织

消费者协会和其他消费者组织是依法成立的对商品和服务进行社会监督的保护消费者合法权益的社会组织。

各级人民政府对消费者协会履行职责应当予以必要的经费等支持。消费者协会应当认真履行保护消费者合法权益的职责，听取消费者的意见和建议，接受社会监督。

依法成立的其他消费者组织依照法律、法规及其章程的规定，开展保护消费者合法权益的活动。消费者组织不得从事商品经营和营利性服务，不得以收取费用或者其他牟取利益的方式向消费者推荐商品和服务。

（二）消费者权益争议的解决方式

消费者和经营者发生消费者权益争议的，可以通过下列途径解决：

1. 协商和解

消费者与经营者发生争议后，就与争议有关的问题进行协商，在自愿、平等和互谅的基础上，通过直接对话摆事实、讲道理，分清责任，达成和解协议，使纠纷得以解决的方式。

消费者权益争议的协商和解是一种快速、简便的争议解决方式。事实上，日常生活中大量的消费者权益争议都是通过这种方式解决的。

2. 消费者协会调解

消费者协会调解的前提是消费者向消费者协会投诉。消费者投诉，是指消费者为生活消费需要购买、使用商品或者接受服务，与经营者之间发生消费者权益争议后，请求消费者权益保护组织调解，要求保护其合法权益的行为。消费者投诉可以采取电话、信函、面谈、互联网形式进行。

3. 向有关行政部门投诉

消费者和经营者发生权益争议后，可以请求政府有关行政部门依行政程序解决争议，与其他争议解决途径相比，投诉具有高效、快捷、力度强等特点。

消费者决定投诉时，应依照商品和服务的性质向具有相关职能的行政部门（如卫生部门、检验检疫部门、质量部门、工商部门、建设部门等）提出。

4. 根据与经营者达成的仲裁协议提请仲裁机构仲裁

目前，我国受理消费者仲裁申请的仲裁机构主要有两种：一种是社会团体仲裁，主要是各级消费者协会设立的仲裁委员会；另一种是国家行政机关仲裁，如工商行政管理机关设立的仲裁委员会等。

仲裁机构在受理当事人的仲裁申请后，应当在查明事实、分清责任的基础上先行调解，促使当事人达成调解协议。当事人经调解达成协议的，由仲裁机构制作调解书，调解书送达双方，即发生法律效力，当事人必须履行。调解未达成协议或调解书送达前一方或双方反悔的，仲裁机构应依法仲裁、做出裁决，并制作裁决书。裁决书具有法律效力，一方当事人不履行的，另一方当事人可以申请人民法院强制执行。

5. 向人民法院提起诉讼

消费者因其合法权益受到侵害后，可以向人民法院提起诉讼，请求人民法院依照法定程序进行审判，但消费者与经营者间有合法有效仲裁协议的，不得向人民法院提起诉讼。

（三）经营者的赔偿责任和其他的特殊赔偿问题

1. 经营者的赔偿责任

消费者在购买、使用商品时，其合法权益受到损害的，可以向销售者要求赔偿。销售者赔偿后，属于生产者的责任或者属于向销售者提供商品的其他销售者的责任的，销售者有权向生产者或者其他销售者追偿。

消费者或者其他受害人因商品缺陷造成人身、财产损害的，可以向销售者要求赔偿，也可以向生产者要求赔偿。属于生产者责任的，销售者赔偿后，有权向生产者追偿。属于销售者责任的，生产者赔偿后，有权向销售者追偿。消费者在接受服务时，其合法权益受到损害的，可以向服务提供者要求赔偿。

2. 其他的特殊赔偿问题

（1）原企业分立、合并的赔偿责任

消费者在购买、使用商品或者接受服务时，其合法权益受到损害，因原企业分立、合并的，可以向变更后承受其权利义务的企业要求赔偿。

（2）使用他人营业执照的违法经营者的赔偿责任

使用他人营业执照的违法经营者提供商品或者服务，损害消费者合法权益的，消费者可以向其要求赔偿，也可以向营业执照的持有人要求赔偿。

（3）展销会、租赁柜台、网络交易平台提供者的赔偿责任

消费者在展销会、租赁柜台购买商品或者接受服务，其合法权益受到损害的，可以向销售者或者服务者要求赔偿。展销会结束或者柜台租赁期满后，也可以向展销会的举办者、柜台的出租者要求赔偿。展销会的举办者、柜台的出租者赔偿后，有权向销售者或者服务者追偿。

消费者通过网络交易平台购买商品或者接受服务，其合法权益受到损害的，可以向销售者或者服务者要求赔偿。网络交易平台提供者不能提供销售者或者服务者的真实名称、地址和有效联系方式的，消费者也可以向网络交易平台提供者要求赔偿；网络交易平台提供者做出更有利于消费者的承诺的，应当履行承诺。网络交易平台提供者赔偿后，有权向销售者或者服务者追偿。

网络交易平台提供者明知或者应知销售者或者服务者利用其平台侵害消费者合法权益，未采取必要措施的，依法与该销售者或者服务者承担连带责任。

（4）发布虚假广告的赔偿责任

消费者因经营者利用虚假广告或者其他虚假宣传方式提供商品或者服务，其合法权益受到损害的，可以向经营者要求赔偿。广告经营者、发布者发布虚假广告的，消费者可以请

求行政主管部门予以惩处。广告经营者、发布者不能提供经营者的真实名称、地址和有效联系方式的，应当承担赔偿责任。

广告经营者、发布者设计、制作、发布关系消费者生命健康商品或者服务的虚假广告，造成消费者损害的，应当与提供该商品或者服务的经营者承担连带责任。社会团体或者其他组织、个人在关系消费者生命健康商品或者服务的虚假广告或者其他虚假宣传中向消费者推荐商品或者服务，造成消费者损害的，应当与提供该商品或者服务的经营者承担连带责任。

（四）侵犯消费者权益的法律责任

《消费者权益保护法》中的法律责任是指经营者违反消费者权益保护法律的规定或违反与消费者的约定而依法应当承担的法律后果。损害消费者合法权益的法律责任，包括民事责任、行政责任和刑事责任三种形式。

1. 民事责任

《消费者权益保护法》中的民事责任包括侵犯人身权和侵犯财产权所应承担的民事责任两种类型。

我国《消费者权益保护法》对侵犯人身权的民事责任作了专门规定，其主要内容如下：

(1) 致人伤害的民事责任。经营者提供商品或者服务，造成消费者或者其他受害人人身伤害的，应当支付医疗费、治疗期间的护理费、因误工减少的收入等费用；造成残疾的，还应当支付残疾者生活自助用具费、生活补助费、残疾赔偿金以及由死者生前扶养的人所必需的生活费用等。

(2) 致人死亡的民事责任。经营者提供商品或者服务，造成消费者或者其他受害人死亡的，应当支付丧葬费、死亡赔偿金以及由死者生前扶养的人所必需的生活费等费用。

(3) 侵害人格尊严或侵犯人身自由的民事责任。经营者侵害消费者的人格尊严或者侵犯消费者人身自由的，应当停止侵害、恢复名誉、消除影响、赔礼道歉，并赔偿损失。

在消费者权益争议中，大量涉及的是财产之争。我国《消费者权益保护法》对侵犯财产权的民事责任也作了专门的规定，其主要内容如下：

(1) 承担民事责任的方式。经营者提供商品或者服务，造成消费者财产损害的，应当按照消费者的要求，以修理、重做、更换、退货、补足商品数量、退还货款和服务费用或者赔偿损失等方式承担民事责任。

(2) 违反有关约定的民事责任。经营者以预付款方式提供商品或者服务的，应当按照约定提供。未按照约定提供的，应当按照消费者的要求履行约定或者退回预付款；并应当承担预付款的利息和消费者必须支付的合理费用。此外，依法经有关行政部门认定为不合格的商品，消费者要求退货的，经营者应当负责退货。

(3) 欺诈行为的民事责任。经营者提供商品或者服务有欺诈行为的，应当按照消费者的要求增加赔偿其受到的损失，增加赔偿的金额为消费者购买商品的价款或者接受服务费用的 3 倍；增加赔偿的金额不足 500 元的，为 500 元。法律另有规定的，依照其规定。

练一练

李小姐在某超市购物时，看到一款促销的泰国大米，原价 20 元/千克，促销价 12 元/千克。李小姐觉得挺便宜，便买了 1 千克。后李小姐又买了 1 千克橘子，橘子原价 8 元/千克，促销价 5 元/千克。结账回家后，李小姐发现超市在结账时，均是按大米和橘子的原价进行结算的，于是她找到超市要求赔偿。

请问：案例中，超市的行为是否违法？为什么？如果违法，超市应该承担具体什么责任？

2. 行政责任

经营者侵害消费者合法权益的行为在损害消费者的同时，往往也触犯了国家行政管理法规，扰乱了社会经济秩序，因此我国《消费者权益保护法》不仅规定了违法经营者的民事责任，还规定了违法经营者应承担的行政责任。

我国《产品质量法》和其他法律、法规对处罚机关和处罚方式有规定的，则应依照其规定执行；否则，由工商行政管理部门责令改正，可以根据情节单处或者并处警告、没收违法所得、处以违法所得 1 倍以上 10 倍以下的罚款；没有违法所得的，处以 50 万元以下的罚款；情节严重的，责令停业整顿、吊销营业执照。

3. 刑事责任

《消费者权益保护法》中的刑事责任包括以下几方面内容：

(1) 经营者提供商品或者服务，造成消费者或者其他受害人人身伤害，构成犯罪的，依法追究刑事责任。

(2) 以暴力、威胁等方法阻碍有关行政部门工作人员依法执行职务的，依法追究刑事责任；拒绝、阻碍有关行政部门工作人员依法执行职务，未使用暴力、威胁方法的，由公安机关依照《中华人民共和国治安管理处罚条例》的规定处罚。

(3) 国家机关工作人员有玩忽职守或者包庇经营者侵害消费者合法权益的行为的，由其所在单位或者上级机关给予行政处分；情节严重，构成犯罪的，依法追究刑事责任。

导入案例解析

本案例中涉及了《产品质量法》的管辖范围；产品质量纠纷的解决方式；生产者、销售者的产品质量责任和义务以及损害赔偿责任等问题。

(1) 如市民在生活中使用了此类假冒、伪劣消防产品和器材，造成人身伤害和财产损失，可以依据《产品质量法》要求消防器材生产厂家赔偿损失。因为根据《产品质量法》相关规定，因产品存在缺陷造成人身、他人财产损害的，受害人可以向产品的生产者要求赔偿，也可以向产品的销售者要求赔偿。

(2) 因产品质量发生民事纠纷时，当事人可以通过协商或者调解解决。当事人不愿通过协商、调解解决或者协商、调解不成的，可以根据当事人各方的协议向仲裁机构申请仲裁；当事人各方没有达成仲裁协议或者仲裁协议无效的，可以直接向人民法院起诉。

(3) 在上述问题中，厂商制造、销售假冒伪劣消防产品和器材造成受害人人身伤害和残疾的，根据相关法律的规定，因产品存在缺陷造成受害人人身伤害的，侵害人应当赔偿医疗费、治疗期间的护理费、因误工减少的收入等费用；造成残疾的，还应当支付残疾者生活自助具费、生活补助费、残疾赔偿金以及由其扶养的人所必需的生活费等费用。

本章小结

《产品质量法》所指的产品是指经过加工、制作并用于销售的产品，包括工业、手工业品、工艺品及经过加工的农副产品。

我国实行统一管理、分级负责的产品质量监督管理体制。国务院产品质量监督管理部分负责全国产品质量监督管理工作，地方各级人民政府产品质量监督管理部门负责本辖区产品质量监督管理工作。

我国产品质量监督管理制度有企业质量体系认证制度、产品质量认证制度、产品质量抽查制度、社会监督制度、进货检验制度等。

《产品质量法》中对生产者、经营者在产品内在质量、产品标识、产品包装等方面的义务做了专门规定。

发生产品质量问题，受害者可以通过协商、调解、仲裁和诉讼等方式解决产品质量纠纷。

违反《产品质量法》的责任包括民事责任、行政责任和刑事责任。

《消费者权益保护法》规定了消费者的九项权利和经营者的十四项义务，经营者应当切实履行义务以确保消费者权利的实现。当消费者权益受损时，可以通过协商、调解、投诉、仲裁和诉讼等方式解决。经营者的行为侵犯了消费者的权益，需承担民事、行政和刑事责任。

思考练习

一、单选题

1. 下列产品不属于《产品质量法》调整范围的是（　　）。

A. 药品质量　　B. 建筑工程质量

C. 食品卫生质量　　D. 建筑材料质量

2. 一日，王女士在家中做饭时高压锅突然爆炸，王女士被炸飞的锅盖击中左侧眼部，经医院诊断丧失视觉能力。后据质量检测专家鉴定，高压锅发生爆炸的直接原因是设计不尽合理，使用时造成排气孔堵塞而发生爆炸，本案中，可以以下列何种依据判定生产者承担责任？（　　）

A. 产品存在的缺陷　　B. 产品买卖合同约定

C. 产品默示担保条件　　D. 产品明示担保条件

3. 违反《产品质量法》规定应承担民事赔偿责任或缴纳罚款、罚金，其财产不足以同时支付的，先承担（　　）。

A. 民事责任　　B. 罚款

C. 罚金　　D. 平均支付各种费用

4. 新修订的《消费者权益保护法》于（　　）正式施行。

A. 2013 年 1 月 1 日　　B. 2013 年 3 月 15 日

C. 2014 年 1 月 1 日　　D. 2014 年 3 月 15 日

5. 消费者投诉举报电话是（　　）。

A. 12348　　B. 12315　　C. 11315　　D. 12306

6. 商品"三包"规定的内容是（　　）。

A. 包修、包退、包换　　B. 包修、包赔、包换

C. 包赔、包退、包换　　D. 包退、包换、包邮

7. 根据《消费者权益保护法》规定，下列关于网络购物的说法，错误的是（　　）。

A. 除特定商品外，消费者有权自收到商品之日起 7 日内退货，且无须说明理由

B. 无理由退回商品的运费由消费者承担

C. 无理由退回商品的运费由经营者承担

D. 其他根据商品性质并经消费者在购买时确认不宜退货的商品，不适用无理由退货。

8. 根据《消费者权益保护法》规定，消费者协会是依法成立的对商品和服务进行社会监督的保护消费者合法权益的(　　)。

A. 社会组织　　B. 行政部门　　C. 社会团体　　D. 公益组织

二、判断题

1. 对侵害众多消费者合法权益的行为，消费者协会可以向人民法院提起诉讼。(　　)

2. 宾馆、商场、餐馆、银行、机场、车站、港口、影剧院等经营场所的经营者应当对消费者尽到安全保障义务。(　　)

3. 农民购买、使用农业生产的生产资料，参照《消费者权益保护法》执行。(　　)

4. 除消费者协会外，其他消费者组织可以从事商品经营和营利性服务。(　　)

5. 经营者向消费者提供商品或者服务时，按照商业惯例不必主动出具发票的，即使消费者索要发票，经营者也可以不出具发票。(　　)

三、简答题

1. 消费者的基本权利有哪些？

2. 消费者争议的解决方式有哪些？

案例分析

1. 母亲节前，张洪在某网站购买了一件毛衣想送给母亲，隔天收到货品送往母亲家，没想到张洪的姐姐和弟媳也为母亲购买了毛衣。母亲表示自己的毛衣很多，要求张洪把毛衣退掉。张洪联系网店店主，而店主却拒绝了张洪退货的请求，店主称："我们不是 7 日无条件退换货的店，货物售出概不退换。"分析店家的说法合法否？为什么？

2. 2014 年 8 月 20 日，某矿石厂个体业主吴某在王某经营的农机服务站购买了 A 磨具有限公司生产的四片砂轮片。8 月 24 日，吴某的工人徐某在使用砂轮机磨钻头时，砂轮片碎裂将其致伤，吴某当即将其送到医院住院治疗。8 月 26 日，公证处对砂轮机破损现场进行了拍照，并保存了砂轮片碎片两片。9 月 2 日，吴某把砂轮片碎片送交某司法鉴定所进行鉴定，结果是"该样品按 GB/T 2485—1997 标准检验，硬度不符合标准要求"。2015 年 4 月 22 日经司法鉴定所鉴定，徐某的伤势构成重伤，右眼球摘除，构成五级伤残；嗅觉丧失，构成十级伤残；上颌骨骨折，构成十级伤残，其后续治疗费预计需人民币 30 万元左右。同年 5 月 13 日，徐某与矿石厂签订了赔偿协议，按照协议，矿石厂为徐某支付了医疗费 20 万元，并付给其停工期间工资、一次性伤残补助金、一次性工伤补助金、伤残就业补助金、伤残津贴以及今后治疗费等共计 40 万元。

2015 年 6 月 16 日，矿石厂业主吴某向法院起诉，要求 A 磨具有限公司和个体工商户王某赔偿其经济损失 40 万元。

分析：矿石厂业主吴某可否要求 A 磨具有限公司和个体工商户王某赔偿其经济损失 40 万元？为什么？

3. 2016 年 4 月，NIKE 篮球官微发布了一条消息，NBA 球星科比 · 布莱恩特在 2008 年北京奥运会夺冠时所穿的一双NIKE篮球鞋复刻版将限量发售。南京的郎先生成了这次销售中幸运的中签者，他以每双1 499元的价格抢到了两双。NIKE在中文官网上宣称，这款鞋后跟带有NIKE拥有专利的zoom air气垫。然而，郎先生穿上这双鞋上了球场就觉得有点不对劲，这个鞋垫很硬，他打球落地的时候明显感觉到脚酸，带有zoom air气垫的鞋怎么会硬呢？一直爱穿NIKE篮球鞋的郎先生觉得有些奇怪，于是他在鞋的后跟位置切开了一个小口，竟发现里面没有气垫，随后朗先生拨打了官网上的NIKE售后服务电话，客服说需要与生产部门进行核实。十天后，NIKE的客服人员承认，这款鞋后跟确实没有气垫。NIKE中国的售后服务人员也给出了解决方案，可以全额退款。郎先生认为，NIKE公司的行为侵犯了他的合法权益。

分析：

(1) 案例中，NIKE公司的行为侵犯了郎先生的什么权益？

(2) 维护郎先生的权益，所依据的是哪部法律？具体法律所规定的内容是什么？

(3) 如果消费者郎先生的合法权益受到了侵害，郎先生可以采取哪种方式进行维权？NIKE公司应承担的法律责任有哪些？

第九章　会　计　法

学习目标

☞知识目标

1. 理解会计的概念和职能，理解会计法的概念和基本原则。
2. 掌握会计法关于会计机构和会计人员的规定。
3. 掌握会计核算制度、会计稽核制度、会计人员交接制度。
4. 掌握会计监督的内容和方式。
5. 掌握违反会计法的法律责任。

☞能力目标

1. 能够分析会计中的法律问题，提高分析问题、解决问题的能力。
2. 能够完成会计档案的保管。
3. 能够正确完成会计工作的交接。

案例导入

2015 年，某大型国有企业进行检查时发生如下事项：王某业务精湛，拟担任该单位总会计师，王某取得助理会计师任职资格后，主管单位财务会计工作时间 4 年；2015 年 3 月，会计机构负责人林某因提供虚假财务会计报告被吊销会计从业资格证书并被依法追究刑事责任；2015 年 5 月，林某向当地财政部门申请重新取得会计从业资格；因人手紧张，出纳张某同时负责会计档案保管；该企业 2015 年度亏损 20 万元，厂长授意会计人员李某采取伪造会计凭证等手段调整企业的财务会计报告，将本年利润调整为盈利 50 万元，李某拒绝执行，厂长将李某调离会计岗位。

请逐一分析上述事项分别违反了相关法律的哪些规定？

第一节　会计法概述

一、会计的概念和职能

（一）会计的概念

会计是以货币为主要计量单位，采用专门的方法和程序，对会计主体的经济活动过程进行连续、系统、全面、综合的核算和监督，以提供经济信息和提高经济效益为主要目的经济管理活动。

（二）会计的职能

会计职能，是指会计在经济管理活动中所具有的功能或能够发挥的作用。它集中体现着会计的本质。会计职能按其发展变化，分为基本职能和发展职能。

1. 会计的基本职能

会计的基本职能是指会计本身所具有的最基本的功能和作用。会计相关法律确定的会计的基本职能是核算和监督。

(1) 会计的核算职能

会计的核算职能,是指会计以货币为主要计量单位,通过确认、计量、记录、计算、报告等环节,对会计对象的经济活动进行记账、算账、报账,为有关方面提供管理所需要的会计信息。

(2) 会计的监督职能

会计的监督职能,是指会计人员以国家财经政策、法律法规、制度及内部会计控制规范等为依据,对特定主体的经济活动过程和结果从合理性、合法性及有效性等方面进行审查、评价和控制,以保证会计信息的真实性、完整性和有效性。

2. 会计的发展职能

随着经济的不断发展,经济关系的复杂化和管理水平的不断提高,会计的职能在基本职能的基础上有所增加。现阶段会计职能除了会计核算、会计监督这两大基本职能外,还包括预测、决策、规划、控制和业绩考核与评价等发展职能。这些职能从不同侧面进一步强化了会计在经济管理中的作用。

二、会计法的概念和基本原则

(一) 会计法的概念

会计法,是指调整因国家管理会计工作和会计机构、会计人员在办理会计事务过程中所产生的会计关系的法律规范的总称。会计关系,是指会计机构和会计人员在办理会计事务过程中发生的经济关系。在一个单位中,会计关系的主体是会计机构和会计人员,客体是会计与工作相关的各种事务。

会计法调整的会计关系具有以下特征:一是以货币为计量单位作为统一计量或衡量的尺度;二是根据会计凭证,按照规定的会计程序,系统全面、真实、准确、连续地记录和反映经济活动和财务收支情况;三是有一套专门的分析、核算、检查、监督的方法。

为了规范会计行为,保证会计资料真实、完整,加强经济管理和财务管理,提高经济效益,维护社会主义市场经济秩序,我国在 1985 年 1 月 21 日第六届全国人民代表大会常务委员会第九次会议上通过并公布了《中华人民共和国会计法》(以下简称《会计法》),后经 1993 年 12 月 29 日第八届全国人民代表大会常务委员会第五次会议《关于修改〈中华人民共和国会计法〉的决定》部分修正,1999 年 10 月 31 日第九届全国人民代表大会常务委员会第十二次会议进行全面修订,于 2000 年 7 月 1 日起实施。国家机关、社会团体、公司、企业、事业单位和其他组织(以下统称单位)办理会计事务,适用《会计法》。个体工商户会计管理的具体办法,由国务院财政部门根据《会计法》的原则另行规定。

除了《会计法》之外,我国还颁布了一系列与会计有关的法律、法规,如《中华人民共和国注册会计师法》《企业会计准则》《会计人员工作规则》《企业财务通则》《会计基础工作规范》等,它们与《会计法》一起构成了我国的会计法律制度。

(二) 会计法的基本原则

1. 依法办理会计事务原则

国家机关、社会团体、公司、企业、事业单位和其他组织必须依照《会计法》办理会计事务。任何单位或者个人不得以任何方式授意、指使、强令会计机构及会计人员伪造、变造会计凭证、会计账簿和其他会计资料,提供虚假财务会计报告,违反者要承担相应的法律责任。

2. 真实、完整原则

保证会计资料真实、完整，是对会计工作的基本要求。各单位必须依法设置会计账簿，并保证其真实、完整。单位负责人对本单位的会计工作和会计资料的真实性、完整性负责。

想一想

2016 年 11 月，甲公司因产品销售不畅，新产品研发受阻。公司财会部门预测公司本年度将发生 800 万元亏损。刚刚上任的公司总经理责成总会计师王某千方百计实现当年盈利目标，并说："实在不行，可以对会计报表做一些会计技术处理。"

分析：

(1) 公司总经理违反了《会计法》的哪些规定？

(2) 总会计师王某应当如何处理？

三、会计机构和会计人员

（一）会计机构

1. 会计机构的设置

会计机构是由专职会计人员组成，负责组织、领导和处理会计工作的职能部门。会计机构往往行使会计工作和财务工作的全部职权。根据《会计法》第三十六条的规定："各单位应当根据会计业务的需要，设置会计机构，或者在有关机构中设置会计人员并指定会计主管人员；不具备设置条件的，应当委托经批准设立从事会计代理记账业务的中介机构代理记账。"一个单位是否单独设置会计机构往往要考虑单位规模的大小、经济业务和财务收支的繁简、经营管理的要求等几个方面。

2. 会计工作岗位的设置

会计工作岗位，是指一个单位会计机构内部根据业务分工而设置的职能岗位。会计工作岗位设置的要求是：根据本单位会计业务的需要设置会计工作岗位；符合内部牵制制度的要求；对会计人员的工作岗位要有计划地进行轮岗，以促进会计人员全面熟悉业务和不断提高业务素质；建立岗位责任制。

会计工作岗位一般可分为：会计机构负责人或者会计主管人员，出纳，财产物资核算，工资核算，成本费用核算，财务成果核算，资金核算，往来结算，总账报表、稽核、档案管理。会计工作岗位可以一人一岗、一人多岗或一岗多人。

知识链接

下列岗位不属于会计工作岗位：会计档案正式移交档案管理部门后的会计档案管理岗位；医院门诊收费员、住院处收费员、药房收费员、药品库房记账员、商场收银员等的工作岗位不属于会计岗位；单位内部审计、政府审计、社会审计等工作不属于会计岗位。

（二）会计人员

建立健全会计机构，配备与工作要求相适应、具有一定素质和数量的会计人员，是做好会计工作、充分发挥会计职能和作用的重要保证。

1. 会计机构负责人

会计机构负责人是指在一个单位内具体负责会计工作的中层领导人员。单位设置会计机构的，应当配备会计机构负责人；不设置会计机构的单位应当在有关机构中配备专职会计人员并且在专职会计人员中指定会计主管人员。担任单位会计机构负责人（会计主管人员）

的,除取得会计从业资格证书外,还应当具备会计师以上的专业技术职务资格或者从事会计工作3年以上的经历。

会计机构负责人、会计主管人员的任命,应当符合有关法律的规定:坚持原则、廉洁奉公;具有会计专业技术资格;主管一个单位或者单位内一个重要方面的财务会计工作时间不少于2年;熟悉国家财经法律、法规、规章和方针、政策,掌握本行业业务管理的有关知识;有较强的组织能力;身体状况能够适应本职工作的要求。

2. 会计从业人员

根据《会计法》第三十八条的规定:"从事会计工作的人员,必须取得会计从业资格证书。"会计人员应当遵守职业道德,提高业务素质,对会计人员的教育和培训工作应当加强。因有提供虚假财务会计报告,做假账,隐匿或者故意销毁会计凭证、会计账簿、财务会计报告,贪污,挪用公款,职务侵占等与会计职务有关的违法行为被依法追究刑事责任的人员,不得取得或者重新取得会计从业资格证书。除上述规定的人员外,因违法违纪行为被吊销会计从业资格证书的人员,自被吊销会计从业证书之日起5年内(含5年),不得重新取得会计从业资格证书。目前,国务院已经将会计从业资格证书列入建议取消名单,待《会计法》修订后,会计从业资格证将不再作为会计从业人员从业的必备条件。

3. 总会计师

总会计师是单位行政领导成员,是单位财务会计工作的主要负责人,全面负责财务会计管理和经济核算,参与单位的重大经营决策活动,是单位主要行政领导人的参谋和助手。国有和国有资产占控股地位或主导地位的大中型企业必须设置总会计师。凡是设置总会计师的单位,不应当再设置与总会计师职责重叠的行政副职。总会计师由本单位主要行政领导人提名,政府主管部门任命或者聘任;免职或者解聘程序与任命或者聘任程序相同。

(三)会计人员回避制度

回避制度是指为了保证执法或者执业的公正性,对可能影响其公正执法或者执业的人员实行职务回避和业务回避的一种制度。在会计工作中,由于亲情关系而通同作弊和违法违纪的案件时有发生,因此,在会计人员中实行回避制度十分必要。《会计基础工作规范》从会计工作的特殊性出发,对会计人员的回避问题做出了规定:国家机关、国有企业、事业单位任用会计人员应当实行回避制度;单位负责人的直系亲属不得担任本单位的会计机构负责人(会计主管人员),会计机构负责人(会计主管人员)的直系亲属不得在本单位会计机构中担任出纳工作。直系亲属包括夫妻关系、直系血亲关系、三代以内旁系血亲以及近姻亲关系。

想一想

甲企业会计主管离任,由李某接任。李某接任后将其女儿安排在财会部门任出纳。李某的安排合法吗?

第二节 基本会计制度

一、会计核算制度

会计核算,是指以货币为主要计量单位,对企业、事业、机关团体等单位的经济业务进行及时的、连续的、系统的记录、计算、分析,如实反映财务状况和经营成果,并据以编制会计报表等活动。会计核算是会计的基本职能之一。各单位必须据实进行会计核算，充分发挥会计核算职能作用。

（一）会计核算的内容

根据《会计法》第十条的规定，下列经济业务事项，应当办理会计手续，进行会计核算：款项和有价证券的收付；财物的收发、增减和使用；债权债务的发生和结算；资本、基金的增减；收入、支出、费用、成本的计算；财务成果的计算和处理；其他需要办理会计手续、进行会计核算的其他事项。

（二）会计核算的要求

根据《会计法》第十三条的规定，会计凭证、会计账簿、财务会计报告和其他会计资料，必须符合国家统一的会计制度的规定。使用电子计算机进行会计核算的，其软件及其生成的会计凭证、会计账簿、财务会计报告和其他会计资料，也必须符合国家统一的会计制度的规定。任何单位和个人不得伪造、变造会计凭证、会计账簿及其他会计资料，不得提供虚假的财务会计报告。

所谓伪造会计凭证、会计账簿及其他会计资料，是指以虚假的经济业务事项为前提编造不真实的会计凭证、会计账簿和其他会计资料；所谓变造会计凭证、会计账簿及其他会计资料，是指用涂改、挖补等手段来改变会计凭证、会计账簿等的真实内容、歪曲事实真相的行为，即篡改事实。生成和提供虚假会计资料是一种严重违法行为。

（三）会计凭证、会计账簿、财务会计报告

1. 会计凭证

会计凭证是财务会计工作中用以记录经济业务、明确经济责任的书面证明，是登记相关账簿的依据。会计凭证按照填制程序和用途不同，可以分为原始凭证和记账凭证两大类。原始凭证是指经济业务发生或完成时取得或填制的用以记录和证明经济业务的发生或完成情况的原始依据，是进行会计核算的原始资料。办理《会计法》规定的经济业务事项，必须填制或者取得原始凭证并及时送交会计机构。会计机构、会计人员必须按照国家统一的会计制度规定对原始凭证进行审核，对不真实、不合法的原始凭证有权不予接受，并向单位负责人报告；对记载不准确、不完整的原始凭证予以退回，并要求按规定更正、补充。原始凭证记载的各项内容均不得涂改；原始凭证有错误的，应当由出具单位重开或者更正，更正的地方应当加盖出具单位印章。原始凭证金额有错误的，应当由出具单位重开，不得在原始凭证上更正。

想一想

2016 年 10 月 10 日，甲公司会计人员张某在办理报销工作中，收到两张乙公司开具的销货发票均有更改的现象。其中一张发票更改了数量和用途，另一张发票更改了金额。两张发票均有乙公司的单位印章。张某全部予以报销。会计人员张某将原始凭证予以报销的做法正确吗？

记账凭证是会计人员根据审核无误的原始凭证填制，记载经济业务主要内容，确定会计分录，并作为记账依据的凭证。记账凭证可以根据每张原始凭证填制，或者根据若干张同类原始凭证汇总填制，也可以根据原始凭证汇总表填制，但不得将不同内容和类别的原始凭证汇总填制在一张记账凭证上；除结账和更正错误的记账凭证可以不附原始凭证外，其他记账凭证必须附有原始凭证。

2. 会计账簿

会计账簿是指由具有一定格式、相互联系的账页组成，并以会计凭证为依据，用以序时地、分类地记录和反映各项经济业务的账簿。

会计账簿包括总账、明细账、日记账和其他辅助性账簿。

会计账簿登记，必须以经过审核的会计凭证为依据，并符合有关法律、行政法规和国家统一的会计制度的规定。会计账簿应当按照连续编号的页码顺序登记。会计账簿记录发生错误或者隔页、缺号、跳行的，应按国家统一的会计制度规定的方法更正，并由会计人员和会计机构负责人(会计主管人员)在更正处盖章。使用电子计算机进行会计核算的单位，其会计账簿的登记、更正，应当符合国家统一的会计制度的规定。

各单位发生的各项经济业务事项，应当统一在依法设置的会计账簿上登记核算，不得违反规定私设会计账簿登记、核算。

各单位应当定期将会计账簿记录与实物、款项及有关资料相互核对，保证会计账簿记录与实物及款项的实有数额相符、会计账簿记录与会计凭证的有关内容相符、会计账簿之间相对应的记录相符、会计账簿记录与会计报表的有关内容相符。

3. 财务会计报告

财务会计报告是指单位会计部门根据经过审核的会计账簿记录和有关资料，编制并对外提供的反映单位某一特定日期财务状况和某一会计期间经营成果、现金流量及所有者权益等会计信息的总结性书面文件。财务会计报告分为年度、半年度、季度和月度财务会计报告。财务会计报告由会计报表、会计报表附注和财务情况说明书组成。

财务会计报告应当根据经过审核的会计账簿记录和有关资料编制，并符合《会计法》和国家统一的会计制度相关的规定，向不同的会计资料使用者提供的财务会计报告，其编制依据应当一致。有关法律、行政法规规定会计报表、会计报表附注和财务情况说明书须经注册会计师审计的，注册会计师及其所在的会计师事务所出具的审计报告应当随同财务会计报告一并提供。财务会计报告应当由单位负责人和主管会计工作的负责人、会计机构负责人(会计主管人员)签名并盖章；设置总会计师的单位，还须由总会计师签名并盖章。单位负责人应当保证财务会计报告真实、完整。

(四) 会计年度、记账本位币、会计记录的文字

我国会计年度是以公历年度为会计年度，即以每年的1月1日起至12月31日止，为一个会计年度。

会计核算以人民币为记账本位币。业务收支以人民币以外的货币为主的单位，可以选定其中一种货币作为记账本位币，但是编报的财务会计报告应当折算为人民币。

会计记录的文字应当使用中文，民族自治地方的会计记录可以同时使用当地通用的一种民族文字。我国境内的外商投资企业、外国企业和其他外国组织的会计记录可以同时使用一种外国文字。

(五) 会计档案管理

会计档案是记录和反映经济业务事项的重要历史资料和证据，一般包括会计凭证、会计账簿、财务会计报告以及其他会计资料等会计核算的专业材料。《会计法》第二十三条规定："各单位对会计凭证、会计账簿、财务会计报告和其他会计资料应当建立档案，妥善保管。"会计档案对于单位总结经济工作，指导生产经营和事业管理，查验经济财务问

题，防止贪污舞弊，研究经济发展的方针、战略都具有重要作用。因此，各单位必须加强对会计档案的管理，确保会计档案资料的安全和完整，并充分加以利用。

知识链接

会计档案包括以下种类：会计凭证类档案包括原始凭证、记账凭证、汇总凭证、其他会计凭证；会计账簿类档案包括总账、明细账、日记账、固定资产卡片、辅助账簿、其他会计资料；财务报告类档案包括月度报告、季度报告、年度报告、财务报表附件、附注及文字说明、其他财务报告；其他类档案包括银行存款余额调节表、银行对账单、其他应当保存的会计核算专业资料、会计档案移交清册、会计档案销毁清册。

会计档案管理是一项技术性、政策性都很强的工作。财政部和国家档案局于 1998 年修订了《会计档案管理办法》，对会计档案的立卷、归档、保管、调阅和销毁，以及单位变更后的会计档案管理等问题做出了明确的规定。

1. 会计档案应当妥善保管

会计档案由单位会计机构负责整理归档，并保管 1 年。期满后，移交单位的会计档案管理机构或指定专人继续保管；单位会计档案不得借出，如有特殊需要，经本单位负责人批准后可以提供查阅或者复制原件；采用电子计算机进行会计核算的单位，应当保存打印出的纸质会计档案。

2. 会计档案保管的期限

会计档案保管期限分为永久和定期两类，定期保管期限分为 3 年、5 年、10 年、15 年和 25 年五类。保管期限从会计年度终了后第一天算起。

3. 会计档案应当按规定程序销毁

保管期满的会计档案，应由单位档案管理机构提出销毁意见，会同会计机构共同鉴定，报单位负责人批准后，由单位档案管理机构和会计机构共同派员监销；保管期满但未结清的债权债务原始凭证及其他未了事项的原始凭证，不得销毁，应当单独抽出立卷，保管到未了事项完结时为止；建设单位的正在项目建设期间的会计档案，其保管期满的不得销毁。

想一想

2016 年年末，甲公司拟销毁一批保管期满的会计档案，其中有一张未结清债权债务的原始凭证，会计人员李某认为只要保管期满的会计档案就可以销毁。李某的观点正确吗？

（六）公司、企业会计核算的特别规定

《会计法》第二十五条规定：“公司、企业必须根据实际发生的经济业务事项，按照国家统一的会计制度的规定确认、计量和记录资产、负债、所有者权益、收入、费用、成本和利润。”公司、企业进行会计核算不得有下列行为：随意改变资产、负债、所有者权益的确认标准或者计量方法；虚列、多列、不列或者少列资产、负债、所有者权益；虚列或者隐瞒收入，推迟或者提前确认收入；随意改变费用、成本的确认标准或者计量方法，虚列、多列、不列或者少列费用、成本；随意调整利润的计算、分配方法，编造虚假利润或者隐瞒利润；违反国家统一的会计制度规定的其他行为。

二、会计稽核制度

稽核是稽查和复核的简称。内部稽核制度是内部控制制度的重要组成部分。会计稽核是会计机构对会计核算工作进行的一种自我检查或审核工作。建立会计机构内部稽核制度，其目的在于防止会计核算工作上的差错和有关人员的舞弊。通过稽核，对日常会计核算工作中出现的疏忽、错误等及时加以纠正或者制止，以提高会计核算工作的质量。《会计法》第三十七条规定："会计机构内部应当建立稽核制度。出纳人员不得兼任稽核、会计档案保管和收入、支出、费用、债权债务账目的登记工作。"

从会计工作实际情况看，会计机构内部稽核工作一般包括以下主要内容：审核财务、成本、费用等计划指标项目是否齐全，编制依据是否可靠，有关计算是否正确，各项计划指标是否互相衔接等，审核之后应提出建议或意见，以便修改和完善计划与预算；审核实际发生的经济业务或财务收支是否符合现行法律、法规、规章制度的规定，对审核中发现的问题，及时予以制止或者纠正；审核会计凭证、会计账簿、财务会计报告和其他会计资料的内容是否真实、完整，计算是否正确，手续是否齐全，是否符合有关法律、法规、规章、制度的规定；审核各项财产物资的增减变动和结存情况，并与账面记录进行核对，确定账实是否相符，不符时，应查明账实不符的原因，并提出改进的措施。

练一练

2013 年 12 月，A 电子有限公司张总经理，以加强对公司财务部管理为由，将自己朋友的女儿李某调入该公司财务部担任出纳，登记现金和银行存款日记账，并兼管会计档案工作。李某到公司财务部工作后，经过两年的努力，取得了助理会计师资格证书。2015 年 12 月，张总经理即任命李某为该公司财务部经理，全面主持该公司财务部工作。请指出上述情况中，哪些行为不符合国家规定？并说明理由。

三、会计人员交接制度

《会计法》第四十一条规定："会计人员调动工作或者离职，必须与接管人员办清交接手续。"此项规定要求没有办理交接手续是不得调动或者离职的。这样就能保证会计人员在调动工作或离职前及时办理交接手续，从而保证会计工作的正常进行。

会计人员临时离职或者因病暂时不能工作需要有人接替或者代理工作的，应当按照《会计基础工作规范》的规定办理交接手续，临时离职或者因病暂时离岗的会计人员恢复工作的，也要与临时接替或代理人员办理交接手续。经单位领导批准，移交人员若不能亲自办理移交，可委托他人代办移交手续，但相关责任应当由移交人员承担。

会计人员在工作交接前应首先做好移交前的准备工作，准备工作做完后应按照移交清册逐项移交，在工作交接时应由专人负责监交。监交是监督办理会计工作交接手续。《会计法》第四十一条规定："一般会计人员办理交接手续，由会计机构负责人（会计主管人员）监交；会计机构负责人（会计主管人员）办理交接手续，由单位负责人监交，必要时主管单位可以派人会同监交。"交接工作结束后，交接双方和监交人要在移交清册上签名或盖章，以明确责任，接管人员应当继续使用移交前的账簿，从而保证会计记录的前后衔接和内容完整，移交清册一式三份，交接双方和单位各执一份。移交人员对移交的会计资料的真实性、合法性承担法律责任。

练一练

甲公司会计李某负责会计档案保管工作，已调离会计工作岗位，离岗前与接替人员王某在财务科长的监交下办妥了会计工作交接手续。年底，财政部门对该公司进行检查时，发现该公司原会计李某所记的账目中有会计作假行为，而接替人员王某在会计交接时并未发现这一问题。财政部门在调查时，原会计李某说，已经办理会计交接手续，现任会计王某和财务科长均在移交清册上签了字，自己不再承担任何责任。李某的说法是否正确？

第三节　会计监督及法律责任

一、会计监督

会计监督，是指单位内部的会计机构和会计人员、依法享有经济监督检查职权的政府有关部门、依法批准成立的社会审计中介组织对国家机关、社会团体、企事业单位经济活动的合法性、合理性和会计资料的真实性、完整性以及本单位内部预算执行情况所进行的监督。会计监督是会计的一项基本职能，是《会计法》的核心和根本宗旨。加强会计监督，是保证会计信息质量、发挥会计管理作用的必要措施。会计监督分为单位内部会计监督、政府监督和社会监督。单位内部监督是会计监督的基础。

（一）单位内部会计监督

单位内部会计监督，是为了保护资产的安全、完整，保证单位的经营活动符合国家法律、法规和内部有关管理制度的规定，提高经营管理水平和效率，在单位内部采取的一系列相互制约、相互监督的制度和方法。

1. 单位内部会计监督的要求

《会计法》第二十七条规定，各单位应当建立、健全本单位内部会计监督制度，单位内部会计监督制度应当符合下列要求：记账人员与经济业务事项和会计事项的审批人员、经办人员、财物保管人员的职责权限应当明确，并相互分离、相互制约；重大对外投资、资产处置、资金调度和其他重要经济业务事项的决策和执行的相互监督、相互制约程序应当明确；财产清查的范围、期限和组织程序应当明确；对会计资料定期进行内部审计的办法和程序应当明确。

2. 单位负责人、会计机构、会计人员的责任

单位负责人应当保证会计机构、会计人员依法履行职责，不得授意、指使、强令会计机构、会计人员违法办理会计事项。

会计机构、会计人员依照《会计法》规定进行会计核算，实行会计监督。对违反《会计法》和国家统一的会计制度规定的会计事项，有权拒绝办理或者按照职权予以纠正。会计机构、会计人员发现会计账簿记录与实物、款项及有关资料不相符的，按照国家统一的会计制度的规定，会计机构和会计人员有权自行处理的，应当及时处理；无权处理的，应当立即向单位负责人报告，请求查明原因，做出处理。

（二）政府监督

政府会计监督是一种外部监督，主要是指政府相关部门代表国家对各单位中相关人员的会计行为实施的监督检查，以及对发现的违法行为进行的行政处罚。根据《会计法》的规定，县级以上人民政府财政部门是各单位会计工作的监督检查部门，对各单位会计工作行使监督权，对会计违法行为享有行政处罚权。财政部门是会计工作政府监督的实施主体。财政、审计、税务、银行、证券监管和保险监管等部门按照各自的职责分工，依照有关法律、行政法规的规定，对有关单位的会计工作、会计资料实施监督检查。各单位必须依法接受有关监督检查部门依法实施的监督检查，如实提供会计凭证、会计账簿、财务会计报告和其他会计

资料以及有关情况，不得拒绝、隐匿、谎报。

知识链接

财政部门亦称“财政机关”，是从中央到地方的政府行政机关中负责财政管理工作的机构。我国的财政部门包括：国务院下设的财政部，地方各级政府所设的各省、自治区、直辖市财政厅（局），各行政公署财政处，各县（市）、自治州、自治县、市辖区财政局，以及各乡、镇财政所。

根据《会计法》第三十二条规定，财政部门对各单位的下列情况实施监督：是否依法设置会计账簿；会计凭证、会计账簿、财务会计报告和其他会计资料是否真实、完整；会计核算是否符合本法和国家统一的会计制度的规定；从事会计工作的人员是否具备从业资格。

对各单位的会计资料实施监督检查时，若发现重大违法嫌疑，国务院财政部门及其派出机构可以向与被监督单位有经济业务往来的单位和被监督单位开立账户的金融机构查询有关情况，有关单位和金融机构应当给予支持。财政部门有权对会计师事务所出具审计报告的程序和内容进行监督。

（三）社会监督

会计工作的社会监督主要是指由注册会计师及其所在的会计师事务所依法对委托单位的经济活动进行审计的一种监督制度。另外，单位和个人检举违法行为，也属于会计工作的社会监督。

根据有关法律、行政法规规定，须经注册会计师进行审计的单位，应当向受委托的会计师事务所如实提供会计凭证、会计账簿、财务会计报告和其他会计资料以及有关情况。

任何单位或个人不得以任何方式要求或者示意注册会计师及其所在的会计师事务所出具不实或不当的审计报告。

任何单位和个人对违反《会计法》和国家统一的会计制度规定的行为，有权检举。收到检举的部门有权处理的，应当依法按照职责分工及时处理；无权处理的，应当及时移送有权处理的部门处理。收到检举的部门、负责处理的部门应为检举人保密，不得将其姓名和检举材料转给被检举单位和被检举人。

想一想

2016 年 3 月，某市财政部门对该市一所市属学校 2015 年的财务收支情况进行例行检查。检查人员在审阅该学校会计资料时发现“其他应收款”科目 2015 年年末余额较年初余额有大幅上升。检查人员接着调阅了 2015 年度与“其他应收款”账户相关的会计凭证，发现 2015 年度借方发生额中有 3 笔应收款金额共计 20 万元，在记账凭证后未附原始凭证。检查人员经询问校方得知“为解决曾向学校提供过资金赞助的某乡镇企业甲公司的临时资金周转困难，向甲公司临时借出 20 万元资金，学校并未向该企业收取利息”。检查人员又对甲公司进行了调查。经过查阅有关资料，得知甲公司与该学校订有有息贷款协议，甲公司至 2015 年年底已经以现金方式向该学校支付了利息 1.5 万元。

检查人员以上述对甲公司检查的结果为基础，对该学校有关人员进行了质询，在事实面前，有关人员不得不承认该学校将其向甲公司收取的借款利息存入学校的小金库的事实。分析财政部门对该学校的财务收支情况的例行检查属于何种类型的会计监督，除此以外，还有哪些类型的会计监督。

二、法律责任

单位或者个人违反会计法律制度应当承担法律责任，受到法律制裁。违反《会计法》的行为承担法律责任的形式有行政责任、刑事责任等。

（一）违反国家统一的会计制度行为的法律责任

违反《会计法》规定，有下列行为之一的，由县级以上人民政府财政部门责令限期改正，可以对单位并处3 000元以上5万元以下的罚款；对其直接负责的主管人员和其他直接责任人员，可处以2 000元以上2万元以下的罚款；属于国家工作人员的，还应当由其所在单位或者有关单位依法给予行政处分；情节严重的会计人员5年内不得从事会计工作；构成犯罪的，依法追究刑事责任。这些行为包括：不依法设置会计账簿的；私设会计账簿的；未按照规定填制、取得原始凭证或者填制、取得的原始凭证不符合规定的；以未经审核的会计凭证为依据登记会计账簿或者登记会计账簿不符合规定的；随意变更会计处理方法的；向不同的会计资料使用者提供的财务会计报告编制依据不一致的；未按照规定使用会计记录文字或者记账本位币的；未按照规定保管会计资料，致使会计资料毁损、灭失的；未按照规定建立并实施单位内部会计监督制度，或者拒绝依法实施的监督，或者未如实提供有关会计资料及有关情况的；任用会计人员不符合《会计法》规定的。

（二）提供虚假会计信息的法律责任

单位或者个人伪造、变造会计凭证、会计账簿，编制虚假财务会计报告，由县级以上人民政府财政部门予以通报，可以对单位并处5 000元以上10万元以下的罚款；对其直接负责的主管人员和其他直接责任人员，可以处3 000元以上5万元以下的罚款；属于国家工作人员的，还应当由其所在单位或者有关单位依法给予撤职直至开除的行政处分；其中的会计人员，5年内不得从事会计工作；情节严重，构成犯罪的，依法追究刑事责任。

（三）隐匿或者故意销毁依法应当保存的会计凭证、会计账簿、财务会计报告等行为的法律责任

隐匿或者故意销毁依法应当保存的会计凭证、会计账簿、财务会计报告，由县级以上人民政府财政部门予以通报，可以对该单位并处5 000元以上10万元以下的罚款；对其直接负责的主管人员和其他直接责任人员，可处3 000元以上5万元以下的罚款；属于国家工作人员的，还应当由其所在单位或者有关单位依法给予撤职直至开除的行政处分；其中的会计人员，5年内不得从事会计工作；情节严重，构成犯罪的，依法追究刑事责任。

（四）授意、指使、强令提供虚假会计信息的法律责任

授意、指使、强令会计机构、会计人员及其他人员伪造、变造会计凭证、会计账簿，编制虚假财务会计报告，或者隐匿、故意销毁依法应当保存的会计凭证、会计账簿、财务会计报告，尚不构成犯罪的，可处以5 000元以上5万元以下的罚款；属于国家工作人员的，还应当由其所在单位或者有关单位依法给予降级、撤职、开除的行政处分；情节严重，构成犯罪的，依法追究刑事责任。

练一练

2014年，A公司由于经营管理和市场方面的原因，经营业绩滑坡，需向银行贷款。A公司的主要负责人张三便要求公司的财务负责人李四对该年度的财务数据进行调整，增加企业利润以助于公司形象的改进。李四组织公司会计人员王五以虚做营业额、隐瞒费用和成本开支等方法调整了公司2015年财务数据。A公司根据调整后的财务资料，于2015年7

月贷款成功。

分析：

(1) 案例中哪些人有违法行为？分别是何种违法行为？

(2) 哪些单位或部门可以对违法的当事人进行处理？

(3) 违法的当事人分别应当承担怎样的法律责任？

(五) 打击报复依法履行会计职责的会计人员的法律责任

单位负责人对依法履行职责、抵制违反《会计法》规定行为的会计人员以降级、撤职、调离工作岗位、解聘或开除等方式实行打击报复，尚不构成犯罪的，由其所在单位或者有关单位依法给予行政处分；构成犯罪的，依法追究刑事责任。同时，为受打击报复的会计人员恢复名誉和原有职务、级别。

(六) 国家机关及其工作人员违法行为的法律责任

财政部门及有关行政部门的工作人员在实施监督管理中滥用职权、玩忽职守、徇私(舞弊)枉法，或者泄露国家秘密、商业秘密，构成犯罪的，依法追究刑事责任；尚不构成犯罪的，依法给予行政处分；有关国家机关将检举人姓名和检举材料转给被检举单位和被检举人个人的，由所在单位或者有关单位依法给予行政处分。

导入案例解析

王某不具备担任单位总会计师的资格，因为他没有取得会计师任职资格。林某不得重新取得会计从业资格证书，因为林某被依法追究刑事责任未满5年；根据会计机构内部牵制制度的要求，出纳人员不得兼任稽核、会计档案保管和收入、支出、费用、债权债务账目的登记工作。因此，出纳张某不得同时负责会计档案保管工作。厂长将李某调离会计岗位构成了对李某的打击报复，应当对李某恢复名誉和原有职位、级别。

本章小结

会计是以货币为主要计量单位，采用专门的方法和程序，对会计主体的经济活动过程进行连续、系统、全面、综合的核算和监督，以提供经济信息和提高经济效益为主要目的经济管理活动。

会计的职能分为基本职能和发展职能。基本职能主要是会计核算职能和会计监督职能，发展职能主要有预测、决策、规划、控制和业绩考核与评价等。

会计法是调整因国家管理会计工作和会计机构、会计人员在办理会计事务过程中所产生的会计关系的法律规范的总称。会计法的基本原则包括依法办理会计事务原则以及真实、完整原则。

基本会计制度包括会计核算制度、会计稽核制度、会计人员交接制度。

会计监督是指会计机构和会计人员依照法律的规定，通过办理会计手续对经济活动的合法性、有效性进行的一种监督。会计监督分为单位内部会计监督、政府监督和社会监督。

违反会计法的法律责任主要是行政责任和刑事责任。

思考练习

一、单选题

1. 其他单位因特殊原因需要使用会计档案时，经本单位(　　)批准，可以复制。

A. 会计机构负责人　　B. 总会计师

C. 主管会计工作的副总经理　　D. 单位负责人

2. 根据《会计档案管理办法》的规定，会计档案的定期保管期限最长为(　　)。

A. 15 年　　B. 10 年　　C. 25 年　　D. 30 年

3. 根据《会计法》的规定，我国是以(　　)为一个会计年度。

A. 开始生产经营之日至下一年的此日

B. 申报税务登记之日至下一年的此日

C. 每年的公历 1 月 1 日至 12 月 31 日

D. 领取营业执照之日至下一年的此日

4. 下列关于会计工作岗位表述不正确的是(　　)。

A. 一人一岗　　B. 多岗多人

C. 一人多岗　　D. 一岗多人

5. 根据《会计法》的规定，担任单位会计机构负责人的，应当具备会计师以上专业技术职务资格或者具有一定年限会计工作经历。该年限是(　　)。

A. 1 年以上　　B. 2 年以上　　C. 3 年以上　　D. 4 年以上

二、多选题

1.《会计基础工作规范》规定，出纳人员不得兼任(　　)等工作。

A. 稽核

B. 会计档案管理

C. 现金和银行存款日记账的登记

D. 收入、支出、费用、债权债务账目的登记

2.《会计法》规定，除财政部门以外，下列对有关单位会计资料实施监督检查的部门有(　　)。

A. 审计部门　　B. 保险监管部门

C. 中国人民银行　　D. 证券监管部门

3. 根据《会计基础工作规范》的规定，单位负责人的直系亲属不得担任本单位的(　　)。

A. 会计机构负责人　　B. 会计主管人员

C. 会计　　D. 出纳

4. 根据《会计法》的规定，下列人员中应当在单位财务会计报告上签名并盖章的有(　　)。

A. 会计机构负责人　　B. 单位负责人

C. 会计　　D. 出纳

5.《会计基础工作规范》规定，移交人员对自己经办且已经移交的(　　)的真实性、完整性承担法律责任。

A. 会计凭证　　B. 会计账簿

C. 会计报表　　　　　　　　　　　　D. 其他会计资料

三、判断题

1. 会计机构、会计人员对违反《会计法》和国家统一的会计制度的会计事项，有权拒绝办理或按职权予以纠正。（　）

2. 财务会计报告通常由会计报表、会计报表附注和财务情况说明书构成。（　）

3. 会计工作的政府监督，主要是指由注册会计师及其所在的会计师事务所依法对受托单位的经济活动进行审计的一种监督制度。（　）

4. 王某为某国有单位的财务经理，他将其女儿安排在本部门担任存货会计，他的这一行为违背了会计人员回避制度。（　）

5. 各单位对外报送的财务报表，应当经过单位负责人、总会计师、会计机构负责人、会计主管人员和经办会计人员签名并盖章。（　）

案例分析

某市财政局在2016年4月《会计法》执法检查中，发现某小型企业为节省开支，只任用了两名会计，其中已取得会计师职称并持有会计从业资格证书的王某被单位负责人指定为会计主管人员，负责登记总账、编制财务会计报告和稽核工作，另一名尚未取得会计从业资格证书的张某被单位负责人指定担任出纳工作，兼记日记账、各种明细账和会计档案的保管。该企业出纳员在单位负责人的授意下，将收到的下脚料销售款5 000元另行存放不入账，以便负责人日常应酬。会计主管王某发现后，向上级主管部门举报，上级主管部门将检举材料一并转给该企业，责令其自行纠正。该企业负责人遂以工作需要为由，将会计主管王某调离会计工作岗位，另外聘用一名应届经济管理专业的大学毕业生担任会计主管工作。由于该会计主管人员经验不足，使得该单位会计管理混乱，会计处理方法随意改变，会计核算中时有多报、漏记的会计差错发生，并仍秉承单位负责人意图，私设小金库。

分析：

（1）请逐项分析上述哪些行为违反了《会计法》的规定？

（2）财政部门和有关部门对该企业违反《会计法》的行为应如何处理？

第十章 票 据 法

学习目标

☞知识目标

1. 掌握票据的类型和特征。
2. 掌握汇票的概念、出票、背书、承兑、保证、付款和追索权。
3. 掌握本票的概念和出票。
4. 掌握支票的概念、类型和开具。
5. 掌握开具空头支票承担的法律责任。

☞能力目标

1. 会区分票据法中的票据和日常票据。
2. 会鉴别票据上的记载是否合法。
3. 会判定票据行为的法律效力。
4. 会行使票据权利。
5. 会计算开具空头支票应承受的罚款和赔偿金。

案例导入

甲公司向某工商银行申请一张银行承兑汇票,该银行做了必要的审查后受理了这份申请,并依法在票据上签章。甲公司得到这张票据后没有在票据上签章便将该票据直接交付给乙公司作为购货款。乙公司又将此票据背书转让给丙公司以偿债。到了票据上记载的付款日期,丙公司持票向承兑银行请求付款时,该银行以票据无效为理由拒绝付款。

分析:

(1) 从以上案情显示的情况看,这张汇票有效吗?

(2) 根据我国《票据法》关于汇票出票行为的规定,记载了哪些事项的汇票才为有效票据?

(3) 银行既然在票据上依法签章,它可以拒绝付款吗? 为什么?

第一节 票据法概述

一、票据的概念和特征

(一) 票据的概念

票据一词有广义和狭义之分。广义的票据,是指商业活动中的一切票证,包括各种有价证券和凭证。如股票、债券、本票、提货单、车船票、借据等。狭义的票据,是指由出票人签发的、约定由自己或委托他人于见票时或确定的日期,向持票人或收款人无条件支付一定金额的有价证券。根据《中华人民共和国票据法》(以下简称《票据法》)的规定,票据包括汇票、本票、支票。本章所指票据仅指狭义的票据。

（二）票据的法律特征

1. 票据是完全有价证券

票据与一定的财产权利或价值结合在一起，并以一定货币金额表示其价值。票据的权利与票据不可分开。票据的权利随票据的制作而发生，随票据的出让而转移，占有票据即占有票据价值。不占有票据，就不能主张票据权利。

2. 票据是要式证券

票据法律法规严格地规定了票据的做成格式和记载事项。不按《票据法》及相关法规的规定进行票据事项的记载，就会影响票据的效力，甚至会导致票据的无效。此外，在票据上所为的一切行为，如出票、背书、承兑、保证、付款、追索等，也必须严格按照《票据法》规定的程序和方式进行，否则无效。

3. 票据是一种无因证券

票据的持票人行使票据权利时，无须说明其取得票据的原因，只要占有票据就可以行使票据权利。对于取得票据的原因，持票人无说明的义务，债务人也无审查的权利。即使取得票据的原因关系无效，对票据关系也不发生影响。

4. 票据是流通证券

票据在到期前，可以通过背书方式转让而流通。票据的流通性是票据的基本特征。

5. 票据是文义证券

票据上的权利义务必须以票据上的文字记载为准。不允许依据票据记载以外的事实，对行为人的意思做出与票据所载文义相反的解释，或者对票据所载文义进行补充或变更。即使票据的书面记载内容与票据的事实相悖，也必须以该记载事项为准。例如，当票据上记载的出票日与实际出票日不一致时，必须以票据上记载的出票日为准。这就是票据的文义性。

6. 票据是设权证券

票据权利的产生必须首先做成票据。在票据做成之前，票据权利是不存在的。票据权利是随着票据的做成同时发生的。没有票据，就没有票据权利。

二、票据法的概念

票据法的概念也有广义和狭义之分。广义的票据法是指各种法律规范中有关票据规定的总称，包括专门的票据法律以及其他法律中有关票据的规定。如《民法通则》中有关民事法律行为、代理的规定，《刑法》中有关伪造有价证券罪的规定，《民事诉讼法》中有关票据诉讼、公示催告等的规定。狭义的票据法则仅指 1995 年 5 月 10 日第八届全国人民代表大会常务委员会第十三次会议通过后经过几次修订的《票据法》。

第二节 汇　　票

一、汇票的概念、特征和分类

（一）汇票的概念、特征

汇票是出票人签发的，委托付款人在见票时或者在指定日期无条件支付确定的金额给收款人或者持票人的票据。汇票具有如下特征：

1. 汇票是最为典型的票据

我国《票据法》所指的票据包括汇票、本票和支票。其中,汇票是三种票据中最为典型的票据。因为汇票的票据行为囊括了所有的票据行为,包括出票、背书、承兑、保证、提示、付款等。

2. 汇票是一种委托付款证券

汇票的基本当事人有出票人、付款人和收款人。出票人签发票据后并不由自己向付款人直接付款,而是委托他人向收款人或持票人付款,付款人是接受出票人的委托而发出付款行为的。

3. 汇票是确定一定的日期才履行支付义务的票据

汇票有见票即付和指定日期支付两种。见票即付的汇票,只要收款人或持票人向付款人提示汇票,付款人就有义务付款;指定日期付款的汇票,收款人或持票人要想获得确定的金额,不仅要提示承兑汇票,还必须等到具体的付款日期才行。

(二) 汇票的分类

1. 按照出票人的不同,可以将汇票分为银行汇票与商业汇票

银行汇票是指汇款人将款项交存当地银行,由银行签发给汇款人持之前往异地办理转账结算或支取现金的票据。

商业汇票是收款人或付款人签发,由承兑人承兑,并于到期日向收款人或被背书人支付款项的票据。

2. 按照付款时间的不同,可以将汇票分为即期汇票和远期汇票

即期汇票指以提示日期为到期日,持票人持票到银行或其他委托付款人处,付款人见票必须付款的一种汇票,这种汇票的持票人可以随时行使自己的票据权利,在此之前无须提前通知付款人准备履行义务。

远期汇票是指约定一定的到期日付款的汇票,远期汇票的付款日期一般有定日付款、出票后定期付款、见票后定期付款。

在远期汇票中按承兑人的不同,商业汇票又分为银行承兑汇票和商业承兑汇票。

3. 根据有无附属单据的不同,可以把票据分为光单汇票和跟单汇票

光单票据是不需要附带货运单据的票据。在我国,银行汇票基本上是光单汇票。

跟单汇票是指附带货运单据的汇票。我国国内的汇票主要是光单汇票,只有银行承兑汇票在承兑时,应当交验有关交易合同所涉及的增值税发票。

二、汇票的出票

出票是指出票人签发票据并将其交付给收款人的票据行为。汇票的出票人必须与付款人具有真实的委托付款关系,并且具有支付汇票金额的可靠资金来源。出票人不得签发无对价的汇票用以骗取银行或者其他票据当事人的资金。

(一) 汇票的记载事项

汇票是一种要式证券,出票行为是一种要式行为,故汇票的做成必须符合法定的格式。汇票的格式就是做成汇票后表现于汇票之上的内容。该内容可分为绝对记载事项、相对记载事项和非法定记载事项。

1. 汇票的绝对记载事项

汇票的绝对记载事项是依法必须记载的事项。如果汇票上未记载任何一个必须记载事

项的，汇票无效。《票据法》的二十二条规定，汇票必须记载下列事项：① 表明“汇票”的字样；② 无条件支付的委托；③ 确定的金额；④ 付款人名称；⑤ 收款人名称；⑥ 出票日期；⑦ 出票人签章。其中，出票人签章可以是签名、盖章或签名加盖章。汇票上未记载任何一个必须记载事项的，汇票无效。

2. 汇票的相对记载事项

汇票的相对应记载事项是汇票上应该记载的内容，但是，如果未在汇票上记载，并不影响汇票本身的效力，汇票仍然有效，未记载的事项可以通过法律的直接规定来补充确定。

汇票的相对记载事项包括付款日期、付款地和出票地。

《票据法》第二十五条规定了汇票付款日期有四种形式，即见票即付、定日付款、出票后定期付款和见票后定期付款。付款日期为汇票到期日。出票人签发汇票时，只能在这四种法定形式中选定，而不能选用法定形式以外的其他任何形式。如果汇票上未记载付款日期的，为见票即付。

付款地是指汇票金额的支付地点。付款地为付款人的营业场所、住所或者经常居住地。

出票地是指出票人签发票据的地点。如果汇票上未记载出票地的，出票人的营业场所、住所或者经常居住地为出票地。

3. 非法定记载事项

非法定记载事项也称任意记载事项，是指《票据法》不强制当事人必须记载而允许当事人自行选择，不记载时不影响票据效力，记载时则产生票据效力的事项。如出票人在汇票记载“不得转让”字样的，汇票不得转让。其中，“不得转让”事项即为任意事项。

想一想

A 公司购买 B 公司货物，开具了一张以 A 公司为出票人、B 公司为收款人的商业汇票，票据金额为 12 万元，A 公司在汇票上签章，付款日期、付款地和出票地记载齐全，但未记载出票日期，该票据有效吗？

（二）汇票出票效力

1. 出票人承担担保责任

除了自付的汇票外，出票人一般都委托他人付款。但出票人对该汇票仍要承担责任，即如果付款人拒绝承兑或者拒绝付款，或者无法承兑、付款时（如付款人破产、被责令停止营业等），出票人仍要承担票据责任，支付票据金额。此种责任是一种担保责任。持票人应先向付款人提出付款请求，在请求得不到实现时，再向出票人提出追索。

2. 付款人取得承兑或付款的资格

汇票一旦出票完毕，持票人即可以在到期后向付款人提示承兑或提示付款，付款人取得承兑或付款资格，就可以承兑或付款。但是付款人并不因出票人的出票而必须承担承兑付款的义务，付款人如果和出票人订有委托付款协议，而又不履行协议中的内容，不予承兑付款，他并不承担票据责任，而仅需因票据资金关系中规定的义务不履行对出票人承担相应的违约责任。

想一想

甲公司与乙银行签订有票据委托付款协议。2016 年 3 月 10 日，甲公司作为出票人，签发了一张 5 万元的汇票给收款人丙，丙持票到乙银行提示承兑，但乙银行拒绝承兑，乙银行要承担票据责任吗？

3. 收款人取得汇票上的一切权利

汇票一旦出票完毕，汇票上记载的收款人即成为票据权利人，获得票据上的一切权利。包括两次请求权，第一次是付款请求权，第二次是追索权。

三、背书

背书是指在票据的背面或粘贴单上记载有关事项并签章的票据行为。背书是转让票据权利的一种方式，也是票据得以流通的基础。

（一）背书记载事项

背书记载事项包括应记载事项、可记载事项和不得记载事项。

1. 应记载事项

根据我国《票据法》规定，背书应记载背书人签章、被背书人名称和背书日期。背书未记载日期的，视为在汇票到期日前背书。背书在粘贴单上进行的，粘贴单上的第一记载人应在汇票与粘贴单的粘接处签章。

2. 可记载事项

根据我国《票据法》的规定，汇票上可记载“不得转让”字样。背书人记载“不得转让”字样的汇票不得转让，其后手若再背书转让的，原背书人对后手的被背书人不承担保证责任。

3. 不得记载事项

根据我国《票据法》的规定，背书不得附有条件，附有条件的，所附条件不具有汇票上的效力，但背书转让仍然有效。此外，不得将汇票金额的一部分转让或将汇票金额分别转让给两人以上的背书

（二）背书的要求

(1) 背书应当连续。背书连续是指在票据转让中，转让汇票的背书人与受让汇票的被背书人在汇票上的签章依次前后衔接。持票人持有背书形式连续的票据，不仅具有合法持票人资格，而且享有票据权利。除非票据上其他绝对记载事项不符合法定要求，或者持票人存在恶意和重大过失，都应当承认持票人可以持票行使票据权利，而无须提供另外的证明。

(2) 票据凭证不能满足背书人记载事项的需要，可以加附粘单，粘附于票据凭证上。粘单上的第一记载人应当在汇票和粘单的粘接处签章。

(3) 背书由背书人签章并记载背书日期。

(4) 已背书转让的汇票，后手应当对其直接前手背书的真实性负责。

(5) 背书不得附有条件。背书时附有条件的，所附条件不具有汇票上的效力。汇票一旦做成，票据上记载的金额是确定的。如果将汇票金额的一部分转让或将汇票金额分别转让给两人以上，势必有一人由于不能持有票据而无法享有票据权利。

(6) 不得空白背书。空白背书也称不记名背书，即背书人在汇票上只有签名，不写付给某人，即没有被背书人。我国《票据法》规定的票据均为记名票据，不允许空白背书。

想一想

天虹有限责任公司开出一张商业汇票，汇票上的收款人为实达有限责任公司。实达有限责任公司购买东方建材厂的建筑材料，又把这张汇票转让给实达有限责任公司。但在转让的时候实达有限责任公司进行了签章，而在被背书人处未做记载，后东方建材厂持票要求

享受票据权利，想想它能否享受到票据权利？

（三）背书的效力

背书的效力主要有权利转移、担保责任和权利证明。

权利转移是背书的基本效力。被背书人由依法背书而受让票据后，票据所有权及票据上的一切权利就由背书人转移至被背书人。

担保责任是背书人以背书转让汇票后，即承担保证其后手所持汇票承兑和付款的责任。背书人在汇票得不到承兑或者付款时，应当依法向持票人清偿法律规定的金额和费用。

权利证明，就持票人而言，只要所持票据上的背书为连续时，就应推定其为票据权利人，不需另行举证，即可行使票据权利。就票据债务人而言，当背书连续时，不必要求善意持票人提出证明，就可向其付款。

四、承兑

承兑是指汇票付款人承诺在汇票到期日支付汇票金额的票据行为。承兑是汇票特有的一种制度。因为汇票的出票人在出票时，是委托他人（付款人）代替其支付票据金额，而该付款人在出票时并未在票据上签章，并非票据债务人，无当然的支付义务。为使票据法律关系得以确定，通过汇票的承兑以确认付款人能否进行付款。

票据承兑的前提是持票人提示票据，也就是说持票人要向付款人出示汇票，并要求付款人承诺付款，付款人才可能承兑。

定日付款或者出票后定期付款的汇票，持票人应当在汇票到期日前向付款人提示承兑；见票后定期付款的汇票，持票人应当自出票日起 1 个月内向付款人提示承兑；见票即付的汇票无须提示承兑。

汇票未按照规定期限提示承兑的，持票人丧失对其前手的追索权。

付款人对向其提示承兑的汇票，应当向持票人签发收到汇票的回单。回单上应当记明汇票提示承兑日期并签章，并自收到提示承兑的汇票之日起 3 日内承兑或者拒绝承兑。

付款人承兑汇票的，应当在汇票正面记载“承兑”字样和承兑日期并签章；见票后定期付款的汇票，应当在承兑时记载付款日期。

付款人承兑汇票，不得附有条件；承兑附有条件的，视为拒绝承兑。付款人承兑汇票后，应当承担到期付款的责任。

五、保证

汇票的债务可以由保证人承担保证责任。保证人由汇票债务人以外的他人担当。保证人必须在汇票或者粘贴单上记载的事项有：表明“保证”的字样、保证人名称和住所、被保证人的名称、保证日期和保证人签章。

保证人在汇票或者粘贴单上未记载被保证人的名称的，已承兑的汇票，承兑人为被保证人；未承兑的汇票，出票人为被保证人。

保证人在汇票或者粘贴单上未记载保证日期的，出票日期为保证日期。

保证不得附有条件，附有条件的，不影响对汇票的保证责任。

被保证的汇票，保证人应当与被保证人对持票人承担连带责任。汇票到期后得不到付款的，持票人有权向保证人请求付款，保证人应当足额付款。保证人为两人以上的，保证人之间承担连带责任。保证人清偿汇票债务后，可以行使持票人对被保证人及其前手的追索权。

六、付款

付款是票据持有人向付款人或代理付款人提示付款，付款人或代理付款人依法向其支付票据金额、签收票据的行为。

持票人应当在规定期限提示付款。见票即付的汇票，自出票日起 1 个月内向付款人提示付款；定日付款、出票后定期付款或者见票后定期付款的汇票，自到期日起 10 日内向承兑人提示付款。持票人未在规定期限提示付款的，在做出说明后，承兑人或者付款人仍应当继续对持票人承担付款责任。

持票人依照规定提示付款的，付款人必须在当日足额付款。付款人及其代理付款人付款时，应当审查汇票背书的连续性，并审查提示付款人的合法身份证明或者有效证件。付款人及其代理付款人以恶意或者有重大过失付款的，应当自行承担责任。持票人获得付款的，应当在汇票上签收，并将汇票交给付款人。

付款人依法足额付款后，全体汇票债务人的责任解除。

七、追索权

追索权是指持票人在汇票到期未获付款，到期前未获承兑或其他法定原因发生时，向其前手请求偿还票据金额以及相关损失的票据权利，是法律上为补充付款请求权而设定的第二次请求权。

1. 可以行使追索权的情形

汇票到期未获付款、到期前未获承兑、汇票到期日前承兑人或者付款人死亡或逃匿、汇票到期日前承兑人或者付款人被依法宣告破产的或者因违法被责令终止业务活动的，持票人可以对出票人、背书人、承兑人和保证人等行使追索权。

持票人行使追索权必须出示拒绝证明、退票理由书等其他合法证明，否则丧失对其前手的追索权。但是，承兑人或者付款人仍应当对持票人承担责任。

2. 行使追索权的期限

持票人应当自收到被拒绝承兑或者被拒绝付款的有关证明之日起 3 日内，将被拒绝事由书面通知其前手；其前手应当自收到通知之日起 3 日内书面通知其再前手。持票人也可以同时向各汇票债务人发出书面通知。未按照规定期限通知的，持票人仍可以行使追索权。因延期通知给其前手或者出票人造成损失的，由没有按照规定期限通知的汇票当事人承担对该损失的赔偿责任，但是所赔偿的金额以汇票金额为限。书面通知，应当记明汇票的主要记载事项，并说明该汇票已被退票。

针对出票人和承兑人的追索期限是 2 年；针对一般前手的追索期限是 6 个月；如果是票据债务人付款后获得票据权利而再行追索的期限一般为 3 个月。

持票人可以不按照汇票债务人的先后顺序行使追索权。

练一练

甲公司向乙公司购买价值 8 万元的货物，开具了银行承兑汇票，乙公司收到汇票后，将该汇票作为向个体户丙购买原材料的货款予以支付，个体户丙收到后将票据赠予了丁，丁遂持票向银行请求付款，银行拒绝付款。

请问：丁应该如何行使追索权？

持票人为出票人的，对其前手无追索权。持票人为背书人的，对其后手无追索权。

持票人行使追索权，可以请求被追索人支付被拒绝付款的汇票金额、汇票金额自到期日或者提示付款日起至清偿日止的利息和取得有关拒绝证明和发出通知书的费用。

被追索人依照规定清偿后，可以向其他汇票债务人行使再追索权。

第三节　本　　票

一、本票的概念和特征

本票是出票人签发的，承诺自己在见票时无条件支付确定的金额给收款人或者持票人的票据。我国《票据法》所指的票据是银行本票。

与其他票据相比，本票有如下特征：

(1) 本票是自付票据。本票是由出票人本人对持票人付款。

(2) 本票的基本当事人少。本票的基本当事人只有出票人和收款人两个，不存在这两个基本当事人以外独立的付款人。

(3) 本票无须承兑。由于本票是由出票人本人承担付款责任，无须委托他人付款，所以，本票无须承兑就能保证付款。

二、本票的出票

本票的出票人必须具有支付本票金额的可靠资金来源，并保证支付。本票出票必须记载的事项有：表明“本票”的字样、无条件支付的承诺、确定的金额、收款人名称、出票日期、出票人签章。本票上未记载上述事项之一的，本票无效。

本票上未记载付款地的，出票人的营业场所为付款地；本票上未记载出票地的，出票人的营业场所为出票地。

本票的出票人在持票人提示见票时，必须承担付款的责任。本票自出票日起，付款期限最长不得超过两个月。持票人未按照规定期限提示见票的，丧失对出票人以外的前手的追索权。

本票的背书、保证、付款行为和追索权的行使，除本票的特殊规定外，适用有关汇票的规定。

第四节　支　　票

一、支票的概念和种类

支票是出票人签发的，委托办理支票存款业务的银行或者其他金融机构在见票时无条件支付确定的金额给收款人或者持票人的票据。支票的种类有现金支票、转账支票和普通支票。

(1) 现金支票。现金支票是开户单位用于向开户银行提取现金的凭证。实际工作中一般在提取备用金时使用。

(2) 转账支票。转账支票是用于单位之间的商品交易、劳务供应或其他款项往来的结算凭证。它只能用于转账结算，不能用于提取现金。

(3) 普通支票。普通支票是既可以用来支付现金，又可以用来转账，也就是常说的划线支票。在普通支票左上角划两条平行线的，为划线支票，划线支票只能用于转账，不得支取现金,不划线时就作为现金支票使用。

二、支票账户的开立和支票的领用

开立支票存款账户,申请人必须使用其本名,提交证明其身份的合法证件,并预留其本名的签名式样和印鉴。开立支票存款账户和领用支票,应当有可靠的资信,并存入一定的资金。

支票的出票人必须记载下列事项:表明“支票”的字样、无条件支付的委托、确定的金额、付款人名称、出票日期、出票人签章。支票上未记载上述规定事项之一的,支票无效。

与汇票和本票不同,支票上的金额和收款人名称可以由出票人授权补记,未补记前的支票,不得使用。

支票上未记载付款地的,付款人的营业场所为付款地。支票上未记载出票地的,出票人的营业场所、住所或者经常居住地为出票地。

出票人可以在支票上记载自己为收款人。

支票的出票人所签发的支票金额不得超过其付款时在付款人处实有的存款金额。出票人签发的支票金额超过其付款时在付款人处实有的存款金额的,为空头支票。禁止签发空头支票和与其预留本名的签名式样或者印鉴不符的支票。单位在票据上的签章,应为该单位的财务专用章或者公章加其法定代表人或其授权的代理人的签名或者盖章;个人在票据上的签章,应为该个人的签名或者盖章。

想一想

支票的出票人在支票上未加盖与该单位在银行预留印签一致的财务专用章而是加盖了该单位公章的,出票人的这种行为合法吗?

三、支票的付款

出票人必须按照签发的支票金额承担保证向该持票人付款的责任。出票人在付款人处的存款足以支付支票金额时,付款人应当在当日足额付款。

支票限于见票即付,不得另行记载付款日期。另行记载付款日期的,该记载无效。支票的持票人应当自出票日起 10 日内提示付款;异地使用的支票,其提示付款的期限由中国人民银行另行规定。超过提示付款期限的,付款人可以不向持票人付款;付款人不向持票人付款的,出票人仍应当对持票人承担票据责任。

付款人依法支付支票金额的,对出票人不再承担受委托付款的责任,对持票人不再承担付款的责任。但是,付款人以恶意或者有重大过失付款的除外。

支票的出票、背书、付款行为和追索权的行使,除特殊规定外,适用有关汇票的规定。

第五节　违反票据法的法律责任

一、票据欺诈行为的法律责任

票据欺诈是以票据为载体,以非法占有为目的,采用伪造、变造或者故意使用伪造、变造票据等欺骗手段,骗取他人财物的行为。《票据法》规定有下列票据欺诈行为之一的,情节轻微,不构成犯罪的,由国家机关依法给予警告、罚款、没收非法所得、停止办理某项业务、停业整顿、吊销营业执照或经营许可证、拘留等行政处罚。签发空头支票或者故意签发与其预留的本名签名式样或者印鉴不符的支票,不以骗取财物为目的的,由中国人民银行处以票面金额5%但不低于1 000元的罚款，持票人有权要求出票人赔偿支票金额2%的赔偿金；情节严重的，依法追究刑事责任：

(1) 伪造、变造票据的；

(2) 故意使用伪造、变造的票据的；

(3) 签发空头支票或者故意签发与其预留的本名签名式样或者印鉴不符的支票，骗取财物的；

(4) 签发无可靠资金来源的汇票、本票，骗取资金的；

(5) 汇票、本票的出票人在出票时作虚假记载，骗取财物的；

(6) 冒用他人的票据，或者故意使用过期或者作废的票据，骗取财物的；

(7) 付款人同出票人、持票人恶意串通，实施了前六项行为中任何一项行为的。

练一练

东方建材有限公司为支付货款，向淄博陶瓷有限公司开具了一张金额为8万元的转账支票。淄博陶瓷有限公司持票提示付款的时候，被银行告知东方建材有限公司账户上资金不足，无法支付。

请问：东方建材有限公司为此应承担哪些责任？

二、金融机构及其工作人员的法律责任

金融机构对违反《票据法》规定的票据，不得贴现、承兑、保证、付款。金融机构予以贴现、承兑、付款或者保证的，给予警告，没有违法所得，并处违法所得1倍以上3倍以下罚款，没有违法所得的，处以5万元以上30万元以下的罚款；对该金融机构直接负责的高级管理人员、其他直接负责的主管人员和直接责任人员，给予记大过直至开除的纪律处分；造成资金损失的，对该金融机构直接负责的高级管理人员，给予撤职直至开除的纪律处分；造成重大损失，构成犯罪的，依法追究刑事责任。

金融机构不得出具与事实不符的票据等金融票证。金融机构弄虚作假，出具与事实不符的票据等金融票证的，给予警告，没收违法所得，并处违法所得1倍以上5倍以下罚款，没有违法所得的，处以10万元以上50万元以下的罚款；对该金融机构直接负责的高级管理人员、其他直接负责的主管人员和直接责任人员，给予开除的纪律处分；构成犯罪的，依法追究刑事责任。

金融机构工作人员在票据业务中玩忽职守，对违反规定的票据贴现、承兑、保证、付款的，对该金融机构直接负责的高级管理人员、其他直接负责的主管人员和直接责任人员，给予警告、记过、撤职或开除的处分；给当事人造成损失的，由该金融机构和直接责任人承担连带赔偿责任；造成重大损失，构成犯罪的，追究刑事责任。

三、付款人故意压票、拖延付款的法律责任

票据的付款人对见票即付或者到期的票据，故意压票、拖延支付的，由中国人民银行处以压票、拖延支付期间内每日票据金额0.7‰的罚款；对直接负责的主管人员和直接责任人员给予警告、记过、撤职或开除的处分。

四、擅自印制票据的法律责任

违反中国人民银行的规定，擅自印制票据的，由中国人民银行责令改正，处以1万元以上20万元以下的罚款；情节严重的，中国人民银行有权提请有关部门吊销其营业执照。

导入案例解析

(1) 无效。

(2) 根据我国《票据法》关于汇票出票行为的规定,出票人必须在票据上记载:“汇票”字样、无条件支付的委托、确定的金额、付款人名称、收款人名称、出票日期、出票人签章。以上事项欠缺之一者,票据无效。

(3) 本案中,承兑银行可以拒绝付款。因为根据票据行为的一般原理,出票行为属于基本的票据行为,承兑行为属于附属的票据行为。如果基本的票据行为无效,附属的票据行为也随之无效。

本章小结

票据是指由出票人签发的、约定由自己或委托他人于见票时或确定的日期,向持票人或收款人无条件支付一定金额的有价证券。根据我国《票据法》的规定,票据包括汇票、本票、支票。

票据具有完全有价、要式、无因、流通、文义、设权性等特点。

票据记载事项分为绝对记载事项、相对记载事项和非法定记载事项。绝对记载事项是依法必须记载的事项,如果未记载任何一个绝对记载事项的,票据无效;相对记载事项是票据上应该记载的事项,但是如果未在汇票上记载,并不影响汇票本身的效力,汇票仍然有效,未记载的事项可以通过法律的直接规定来补充确定;非法定记载事项是指《票据法》不强制当事人必须记载而允许当事人自行选择,不记载时不影响票据效力,记载时则产生票据效力的事项。

票据行为主要包括出票、背书、承兑、保证。票据行为应当合法。

票据权利包括付款请求权和追索权。权利人应依法行使票据权利。违反《票据法》要承担相应的法律责任。

思考练习

一、单选题

1. 我国《票据法》规定持票人对出票人和承兑人的票据权利时效,为自汇票到期日起(　　)。

A. 2 年　　B. 6 个月　　C. 3 个月　　D. 1 年

2. 在各种票据行为中,基本的票据行为是(　　)。

A. 出票　　B. 背书　　C. 承兑　　D. 保证

3. 依据我国《票据法》,保证人未记载被保证人名称时,未承兑的汇票中的被保证人推定为(　　)。

A. 背书人　　B. 委托付款人

C. 出票人　　D. 委托收款背书的背书人

4. 出票后定期付款的汇票,其提示付款的期限为(　　)。

A. 自出票日起 10 日内　　B. 自到期日起 10 日内

C. 自到期日起15日内　　D. 自出票日起15日内

5. 票据行为与一般的法律行为比较具有(　　)。

A. 无因性、文义性、诺成性　　B. 要式性、无因性、协同性

C. 有因性、文义性、要式性　　D. 连带性、实践性、独立性

6. 当持票人为出票人时(　　)。

A. 可以对所有前手行使追索权

B. 对其前手无追索权

C. 仅对其直接前手可以追索，对其间接前手不可以追索

D. 对其后手可以进行追索

7. 本票出票人绝对记载的事项不包括(　　)。

A. 无条件支付的承诺　　B. 确定的金额

C. 付款人名称　　D. 收款人名称

8. 根据中国人民银行《支付结算办法》的规定，划线支票的效力为(　　)

A. 与普通支票相同　　B. 只能用于转账

C. 只能用于支取现金　　D. 无效票据

二、多选题

1. 属于汇票的基本当事人的有(　　)。

A. 出票人　　B. 付款人　　C. 保证人　　D. 背书人　　E. 收款人

2. 在我国《票据法》上，可以成为被追索人的有(　　)

A. 出票人　　B. 承兑人　　C. 保证人　　D. 背书人　　E. 持票人

3. 我国《票据法》规定的票据包括(　　)。

A. 支票　　B. 本票　　C. 股票　　D. 汇票　　E. 飞机票

三、简答题

1. 汇票出票行为对出票人产生怎样的效力?

2. 追索金额由哪些部分构成?

案例分析

甲公司在银行的支票存款共有100万元人民币，该公司签发了一张面额为200万元的转账支票给乙公司。在此之后，甲公司再没有向开户银行存款。

请问：

(1) 乙公司所持的支票是否为空头支票? 如何判断空头支票?

(2) 空头支票的付款人是否为票据债务人? 为什么?

(3) 甲公司对空头支票的持票人应负什么责任?

第十一章 税　　法

学习目标

☞知识目标

1. 了解税收的概念和特征。

2. 掌握税法的构成要素。

3. 掌握增值税、消费税、关税、企业所得税、个人所得税、房产税、契税、资源税、印花税的概念、纳税人、征税范围及应纳税额的计算等规定。

4. 理解税收征收管理法律制度的相关规定。

☞能力目标

1. 能够正确计算各税种的应纳税额。

2. 能够分析和解决实际税款征收管理过程中的涉税问题。

案例导入

2016 年 11 月，税务机关对某公司 10 月份业务的纳税检查发现了以下几个问题：该公司从一些个体工商户处购买货物，未经税务机关同意，取得了一部分增值税专用发票，并作为进项入账，已抵扣进项税款 130 000 元。账外销售货物 300 000 元(不含税价格)，未计入销售额，计算销项税额为 51 000 元。经核实，该公司 10 月份已纳增值税 300 000 元，税务机关对该公司做出追缴税款 181 000 元的处罚，并罚款 100 000 元。

请问：该公司的行为是否违反了税法的规定？税务机关所做的处理合法吗？为什么？

第一节 税法概述

一、税收的概念和特征

税收是国家为了实现其职能，凭借政治权力，按照法律规定，强制地、无偿地参与社会剩余产品分配，以取得财政收入的一种形式。税收具有强制性、无偿性和固定性的特征，被称为税收的“三性”。强制性是指国家以社会管理者的身份，用法律、法规等形式对征税进行规定，凭借政治权力依法强制征收，征税不以纳税人自愿为前提，纳税人必须依法纳税；无偿性是指国家对纳税人依法征税后，税款成为国家的财政收入，既不直接归还纳税人，也无需向纳税人支付任何报酬或对价；固定性是指国家对征税对象、征收标准、征收方法等预先进行了规定，国家按照规定的标准征收税款，对于税法规定的标准，征纳双方都必须遵守，未经法定程序不得更改。

二、税法的概念

税法是国家制定的，用于调整国家和纳税人之间在征纳税方面的权利与义务关系的法律规范的总称。税法是征税人与纳税人依法征税、依法纳税的行为准则。税法有广义和狭义之分，广义的税法是各种税收法律规范的总称，由税收实体法、税收程序法、税收争讼法等构成；狭义的税法仅指国家立法机关或其授权制定的税收法律。

三、税法的构成要素

税法构成要素是指各种单行税法具有的共同的基本要素的总称。首先，税法构成要素既包括实体性的，也包括程序性的；其次，税法构成要素是所有完善的单行税法都共同具备的，仅为某一税法所单独具有而非普遍性的内容，不构成税法要素。税法的构成要素一般包括纳税人、征税对象、计税依据、税目、税率、纳税环节、纳税期限、纳税地点、减税免税、税收法律责任等。

1. 纳税人

纳税人是税法规定直接负有纳税义务的单位和个人，也称纳税主体，它规定了税款的法律承担者。纳税人可以是自然人，也可以是法人。

2. 征税对象

征税对象又称课税对象，是征税的目的物，即对什么东西征税，是征税的客体，是一种税区别于另一种税的主要标志，体现不同税种课税的基本范围和界限。

3. 计税依据

计算应纳税额的依据或标准，即依据什么计算纳税人应纳税的数额。

4. 税目

税目是税法中规定应征税的具体项目，是征税对象的具体化，反映各税种具体的征税范围，是对征税对象质的界定，体现每个税种的征税广度。

5. 税率

税率是对征税对象的征收比例或征收额度。税率是计算税额的尺度，也是衡量税负轻重与否的重要标志。中国现行的税率主要有比例税率、累进税率和定额税率。

(1) 比例税率：对同一征税对象或同一税目，不论数额大小，都按同一比例征税的税率。

(2) 累进税率：包括超额累进税率、超率累进税率。超额累进税率是指将计税依据按照税法规定分解为若干段，每一段规定不同的税率，每一段按其对应的税率计算出该段应纳税额，然后再将计算出来的各段税额相加得到应纳税总额。超率累进税率即以征税对象数额的相对率划分若干级距，分别规定相应的差别税率，相对率每超过一个级距的，对超过的部分就按高一级的税率计算征税。

(3) 定额税率：按征税对象的计量单位直接规定固定税额，而不是规定征收比例。

想一想

某税种针对利润征税，假设税法规定“利润额在200万元以下的，税率为5%；利润额在200万元以上的，税率为10%”，分析这种税率为哪种形式的税率？某税种针对利润征税，假设税法以销售利润率为依据，规定“销售利润率在20%以下的，税率为5%；销售利润率在20%以上的，税率为10%”，分析上述两种税率分别是什么税率？

6. 纳税环节

纳税环节是指税法规定的征税对象在从生产到消费的流转过程中应当缴纳税款的环节。

7. 纳税期限

纳税期限是指税法规定的关于税款缴纳时间方面的限定。具体包括:纳税义务发生时间、纳税期限和缴库期限。

8. 纳税地点

纳税地点是指税法规定的纳税人缴纳税款的地点。

9. 减税免税

减税免税主要是对某些纳税人和征税对象采取减少征税或者免予征税的特殊规定。减税免税可以分为税基式减免、税率式减免和税额式减免三种形式。

10. 违反税法的法律责任

违反税法的法律责任是指税收法律关系的主体因违反税收法律制度的行为所引起的不利后果。

第二节 税法的主要内容

一、流转税法律制度

流转税指以纳税人商品生产、流通环节的流转额或者数量以及非商品交易的营业额为征税对象的一类税收。目前我国的流转税包括增值税、消费税、关税等,流转税是政府财政收入的重要来源。

(一) 增值税

增值税是以商品在流转过程中产生的增值额为计税依据而征收的一种流转税。增值税是价外税。我国现行的增值税是对在我国境内销售货物、提供加工、修理修配劳务和销售服务、无形资产、不动产,以及进口货物的单位和个人,就其取得的货物、劳务、服务、无形资产、不动产的销售额,以及进口货物金额计算税款,并实行税款抵扣制的一种流转税。

1. 增值税的纳税人

凡是在中国境内销售货物或者提供加工、修理修配劳务和销售服务、无形资产、不动产,以及进口货物的单位和个人,都是增值税的纳税义务人。

2. 增值税的征税范围

我国现行增值税的征税范围是在我国境内销售货物或者提供加工、修理修配劳务和销售服务、无形资产、不动产,以及进口货物。

(1) 在境内销售货物。是指有偿转让货物的所有权,货物是指有形动产,包括电力、热力、气体在内,不包括无形资产和不动产。

(2) 在境内提供加工、修理修配劳务。加工是指受托加工货物,即委托方提供原料及主要材料,受托方按照委托方的要求制造货物并收取加工费的业务。修理修配是指受托对损伤和丧失功能的货物进行修复,使其恢复原状和功能的业务。

(3) 在境内销售服务、无形资产、不动产。销售服务,是指有偿提供交通运输服务、邮政服务、电信服务、建筑服务、金融服务、现代服务和生活服务,但不包括非营业活动中提供的应税服务。交通运输服务包括陆路运输服务、水路运输服务、航空运输服务和管道运输服务；邮政服务包括邮政普遍服务、邮政特殊服务和其他邮政服务；电信服务包括基础电信服务和增值电信服务；建筑服务包括工程服务、安装服务、修缮服务、装饰服务和其他建筑服务；金融服务包括贷款服务、直接收费金融服务、保险服务、金融商品转让；现代服务包括研发和技术服务、信息技术服务、文化创意服务、物流辅助服务、租赁服务、鉴证咨询服务、广播影视服务、商务辅助服务和其他现代服务；生活服务包括文化体育服务、教育医疗服务、旅游娱乐服务、餐饮住宿服务、居民日常服务、其他生活服务；销售无形资产是指转让无形资产所有权或者使用权的活动，无形资产包括技术、商标、著作权、商誉、自然资源使用权和其他权益性无形资产。销售不动产是指转让不动产所有权的活动，不动产包括建筑物和构筑物等。

(4) 进口货物。凡报关进口的应税货物，均应在进口环节征收增值税(享受免税政策的货物除外)。

3. 增值税的税率和征收率

(1) 17%。销售或者进口货物，除税法规定适用13%税率或者零税率的外，税率为17%；提供加工、修理修配劳务，税率为17%；提供有形动产租赁服务，税率为17%。

(2) 13%。销售或者进口下列货物，适用13%税率：粮食、食用植物油；自来水、暖气、冷气、热水、煤气、石油液化气、天然气、沼气、居民用煤炭制品；图书、报纸、杂志；饲料、化肥、农药、农机、农膜；农产品；音像制品；电子出版物；二甲醚；食用盐。

(3) 11%。提供交通运输、邮政、基础电信、建筑、不动产租赁服务；销售不动产；转让土地使用权。

(4) 6%。提供增值电信服务、金融服务、现代服务(租赁服务除外)、生活服务；销售无形资产(转让土地使用权除外)。

(5) 零税率。纳税人出口货物，适用增值税零税率，但国务院另有规定的除外。

(6) 征收率。小规模纳税人销售货物、提供加工修理修配劳务、销售服务、无形资产的征收率为3%；销售旧货、销售自己使用过的固定资产按3%的征收率减按2%征收；销售和出租不动产按5%的征收率。一般纳税人在特定情况下使用3%、3%减按2%、5%等征收率。

4. 增值税应纳税额的计算

(1) 一般纳税人应纳税额的计算。计算公式如下：

应纳税额＝当期销项税额－当期准予抵扣的进项税额

当期销项税额小于当期进项税额而不足抵扣时，其不足部分结转下期继续抵扣。当期销项税额的计算公式如下：

当期销项税额＝当期销售额×增值税税率

销售额是纳税人发生应税行为时取得的全部价款和价外费用，但是不包括收取的销项税额。纳税人购进货物或者接受应税劳务和应税服务支付或者负担的增值税税额为进项税额，在同一项购销业务中，销售方收取的销项税额就是购买方支付的进项税额。

含税销售额与不含税销售额的换算公式如下：

不含税销售额＝含税销售额÷(1＋税率)

知识链接

价外费用是指销售方在价格以外向购买方收取的各种性质的费用，包括手续费、补贴、基金、集资费、返还利润、奖励金、违约金、滞纳金、延期付款利息、赔偿金、代收款项、代垫款项、包装费、包装物租金、储备费、优质费、运输装卸费以及其他各种性质的价外收费。

【例 10-1】 甲厂为增值税一般纳税人，2016 年 3 月销售化学制品取得不含增值税的价款 400 万元，当月发生的可抵扣的进项税额 5.1 万元。已知增值税税率为 17%。要求计算甲厂本月的应纳税额。

解： 应纳税额＝当期销项税额－当期进项税额

＝400×17%－5.1＝1.7(万元)

(2) 小规模纳税人应纳税额的计算。计算公式如下：

应纳税额＝销售额×征收率

小规模纳税人使用简易计税办法计算应纳税额。小规模纳税人购进货物无论是否取得增值税专用发票，都不能抵扣进项税额，但购进税控收款机除外。上述公式中的销售额为不含税销售额。

含税销售额与不含税销售额的换算公式如下：

不含税销售额＝含税销售额÷(1＋征收率)

【例 10-2】 甲企业为增值税小规模纳税人。8 月销售一批货物，取得含增值税的销售额 206 000 元。已知征收率为 3%。计算甲企业本月的应纳税额。

解： 应纳税额＝含税销售额÷(1＋征收率)×征收率

＝206 000÷(1＋3%)×3%＝6 000(元)

(3) 进口货物应纳税额的计算。计算公式如下：

应纳税额＝组成计税价格×税率

进口货物只征收增值税时，组成计税价格为：

组成计税价格＝关税完税价格＋关税

进口货物同时征收消费税时，组成计税价格为：

组成计税价格＝关税完税价格＋关税＋消费税

一般纳税人和小规模纳税人在申报进口货物时都应按规定计算并缴纳进口增值税。

【例 10-3】 某公司为增值税一般纳税人。2016 年 10 月进口货物(非应税消费品)一批，关税完税价格为 100 万元，关税税率为 10%。已知增值税税率为 17%，计算甲公司当月进口该批货物应缴纳的增值税。

解： 应纳税额＝组成计税价格×税率

＝(关税完税价格＋关税)×税率

＝(100＋100×10%)×17%＝18.7(万元)

(二) 消费税

消费税是指对在我国境内从事生产、委托加工及进口应税消费品的单位和个人，就其应税消费品的销售额或销售数量征收的一种流转税。消费税的征税范围具有选择性，主要是为了限制奢侈品、非生活必需品、高能耗及高档消费品、不可再生和替代的资源类消费品以及一些对人类健康、社会秩序和生态环境等方面造成危害的特殊消费品的消费。消费税是对部分消费品在征收增值税的基础上，再征收的一道税，消费税税源稳定，保证了国家的财政收入。

1. 纳税义务人

在我国境内生产、委托加工和进口应税消费品的单位和个人为消费税纳税义务人。

2. 征税范围

消费税共有15个税目，部分税目进一步划分为若干子目。现行消费税征收范围主要包括：烟；酒；高档化妆品；贵重首饰及珠宝玉石；鞭炮、焰火；成品油；摩托车；小汽车；高尔夫球及球具；高档手表；游艇；木制一次性筷子；实木地板；电池；涂料等。

3. 税率

消费税的税率有两种形式：比例税率和定额税率。消费税实行从价计征、从量计征和从量定额与从价定率相结合的复合计征三种计征方式。大部分应税消费品采用比例税率，成品油、啤酒和黄酒采用定额税率，卷烟和白酒实行从量定额与从价定率相结合的复合计税方法。

4. 消费税的计算

（1）从价定率法应纳税额的计算。计算公式如下：

应纳税额＝应税消费品的计税销售额×比例税率

（2）从量定额法应纳税额的计算。计算公式如下：

应纳税额＝应税消费品的销售数量×定额税率

（3）从价定率和从量定额复合计税法应纳税额的计算。计算公式如下：

应纳税额＝应税消费品的计税销售额×比例税率＋应税消费品的销售数量×定额税率

【例10-4】 某酒厂为增值税一般纳税人。2016年11月份生产销售粮食白酒100吨，取得不含税销售额480万元。已知粮食白酒消费税比例税率为20%，定额税率为0.5元/500克。计算该酒厂本月应缴纳的消费税。

解：粮食白酒适用复合计征方法。

应纳税额＝应税消费品的计税销售额×比例税率＋应税消费品的销售数量×定额税率

＝4 800 000×20%＋100×2 000×0.5＝1 060 000（元）

（三）关税

关税是指国家对进出境的货物或者物品征收的一种税。进出境指的是进出我国关境。关税是国家财政收入的重要来源，在进出口贸易发生冲突时能够维护国家的主权和利益，能够调控经济有效运行。

1. 纳税人

关税的纳税人是进口货物的收货人、出口货物的发货人及进出境物品的所有人。

2. 征税范围

关税的征税对象，是准许进出我国国境或关境的货物和物品。征税范围具体包括：进口货物的征税范围、出口货物的征税范围、入境物品的征税范围。

我国目前进口应税货物大致有三类：一是必需品类，即国内不能生产或生产较少的货物；二是需要品类，即非必需品，但仍属需要的货物；三是非必需品类，即在国内已经大量生产的货物。

为了鼓励出口贸易，我国仅选择一些国家需要控制盲目出口的货物征收出口关税，对其他出口货物则不征关税。

对入境旅客的行李物品和个人邮递物品进口关税的征税范围为：一切入境旅客随身携

带的行李和物品、各种运输工具上服务人员携带进口的自用物品、个人邮递物品、馈赠物品及以其他方式入境的个人物品。

3. 税率

目前我国的关税税率主要有进口货物税率和出口货物税率。

进口关税税率有法定税率、暂定税率、配额税率、信息技术产品税率(以下称ITA税率)和特别关税。其中,法定税率设置最惠国税率、协定税率、特惠税率和普通税率;特别关税包括报复性关税、反倾销税、反补贴税、保障性关税和其他特别关税。进口货物在一定期限内可以实行暂定税率。

最惠国税率适用原产于与我国共同适用最惠国待遇条款的世界贸易组织成员国或地区的进口货物,或原产于与我国签订有相互给予最惠国待遇条款的双边贸易协定的国家或地区的进口货物,以及原产于中华人民共和国境内的进口货物。

协定税率适用原产于与我国订有含关税优惠条款的区域性贸易协定的有关缔约方的进口货物。

特惠税率适用原产于与我国签订有特殊优惠关税协定的国家或地区的进口货物。

普通税率适用原产于上述国家或地区以外的国家和地区的进口货物;或者原产地不明的国家或者地区的进口货物。

出口货物税率没有普通税率和优惠税率之分。现行税则仅对鳗鱼苗、部分有色金属矿砂及其精矿、生锑、磷、苯、山羊板皮、部分铁合金、钢铁废碎料、铜和铝原料及其制品、镍锭、锌锭、锑锭等商品征收出口关税。

4. 关税的计算

(1) 从价关税应纳税额的计算。计算公式如下:

应纳税额=应税进(出)口货物数量×单位完税价格×适用税率

(2) 从量关税应纳税额的计算。计算公式如下:

应纳税额=应税进(出)口货物数量×单位货物税额

(3) 复合关税应纳税额的计算。计算公式如下:

应纳税额=应税进(出)口货物数量×单位货物税额+应税进(出)口货物数量×单位完税价格×适用税率

(4) 滑准税应纳税额的计算。计算公式如下:

应纳税额=应税进口货物数量×单位完税价格×滑准税率

【例10-5】 某钢铁公司享有进出口经营权,2016年12月从国外购进钢材1 000吨用于生产,经海关审定的每吨钢材的完税价格为0.8万元,适用关税税率为20%。要求计算该公司当月进口该批钢材应纳关税税额。

解: 应纳税额=应税进口货物数量×单位完税价格×适用税率

=1 000×0.8×20%=160(万元)

二、所得税法律制度

所得税又称所得课税、收益税,指国家对法人、自然人和其他经济组织在一定时期内的各种所得征收的一类税收。我国的所得税包括企业所得税、个人所得税。

(一) 企业所得税

企业所得税,是指国家对境内企业生产、经营所得和其他所得依法征收的一种税。对个人独资企业和合伙企业不征收企业所得税。企业所得税是调节国家与企业单位之间分配关系的重要工具，是国家筹集财政收入的重要渠道。

1. 纳税人

企业所得税的纳税人为在中华人民共和国境内，企业和其他取得收入的组织(以下统称企业)。除个人独资企业、合伙企业外，其他企业均为企业所得税的纳税人。企业所得税分为居民企业和非居民企业。居民企业是指依法在中国境内成立的企业，或者依照外国(地区)法律成立但实际管理机构在中国境内的企业。非居民企业是指依照外国(地区)法律、法规成立且实际管理机构不在中国境内，但在中国境内设立机构、场所的企业，或者在中国境内未设立机构、场所，但有来源于中国境内所得的企业。

知识链接

实际管理机构是指对企业的生产经营、人员、账务、财产等实施实质性全面管理和控制的机构。机构、场所是指在中国境内从事生产经营活动的机构、场所。

2. 征税对象

企业所得税的征税对象为在中国境内企业的生产经营所得和其他所得。征税对象具体包括：销售货物所得、提供劳务所得、转让财产所得、股息红利等权益性投资所得、利息所得、租金所得、特许权使用费所得、接受捐赠所得、其他所得。

居民企业应当就其来源于中国境内、境外的所得缴纳企业所得税。非居民企业在中国境内设立机构、场所的，应当就来源于中国境内的所得和发生在中国境外但与其机构、场所有实际联系的所得缴纳企业所得税；非居民企业在中国境内未设立机构、场所的，应当就来源于中国境内的所得缴纳企业所得税。

3. 税率

我国企业所得税实行的是比例税率，具体包括以下几种情况：

(1) 基本税率。基本税率为25%，适用于居民企业和在中国境内设立机构、场所且取得的所得与所设立机构场所有联系的非居民企业。

(2) 低税率。低税率为20%，适用于在中国境内未设立机构、场所，或虽设立机构、场所但取得的所得与其所设立机构、场所没有实际联系的非居民企业。实际征收时适用10%的税率。

(3) 优惠税率。优惠税率有20%、15%和10%三种。20%适用于符合条件的小型微利企业；15%适用于国家重点扶持的高新技术企业以及设在西部地区，以《西部地区鼓励类产业目录》项目为主营业务，主营业务收入占总收入70%以上的企业；10%适用于在中国境内未设立机构、场所，或者虽设立机构、场所但取得的所得与其所设机构、场所没有实际联系的非居民企业。

知识链接

符合条件的小型微利企业，是指从事国家非限制和禁止行业，并符合下列条件的企业：工业企业，年度应纳税所得额不超过30万元，从业人数不超过100人，资产总额不超过3 000万元；其他企业，年度应纳税所得额不超过30万元，从业人数不超过80人，资产总额不超过1 000万元。

4. 应纳所得税额的计算

企业所得税应纳税额的计算公式为：

应纳税额＝应纳税所得额×适用税率

应纳税所得额是企业所得税的计税依据，按照《企业所得税法》的规定，应纳税所得额为企业每一纳税年度的收入总额，减去不征税收入、免税收入、各项扣除以及允许弥补的以前年度亏损，用公式表示为：

应纳税所得额＝收入总额－不征税收入－免税收入－各项扣除－以前年度亏损

收入总额包括以货币形式和非货币形式取得的收入，具体包括：销售货物收入、提供劳务收入、转让财产收入、股息、红利等权益性投资收益、利息收入、租金收入、特许权使用费收入、接受捐赠收入和其他收入。

不征税收入是指从性质和根源上不属于企业营利性活动带来的经济利益、不负有纳税义务并不作为应纳税所得额组成部分的收入。不征税收入包括财政拨款；依法收取并纳入财政管理的行政事业性收费、政府性基金；纳税人取得的，由国务院财政、税务主管部门规定专项用途并经国务院批准的财政性资金。

免税收入是指属于企业的应税所得但按照税法规定免予征收企业所得税的收入。免税收入包括：国债利息收入；符合条件的居民企业之间的股息、红利等权益性投资收益；在中国境内设立机构、场所的非居民企业从居民企业取得与该机构、场所有实际联系的股息、红利等权益性投资收益；符合条件的非营利组织的收入。

各项扣除是指企业实际发生的与取得应税收入有关的合理支出，包括成本、费用、税金、损失和其他支出。下列支出不得在计算应纳税所得额时扣除：向投资者支付的股息、红利等权益性投资收益款项；企业所得税税款；税收滞纳金；罚金、罚款和被没收财物的损失；超过规定标准的捐赠支出；赞助支出；未经核定的准备金支出；企业之间支付的管理费、企业内营业机构之间支付的租金和特许权使用费，以及非银行企业内营业机构之间支付的利息；与取得收入无关的其他支出。下列扣除项目有一定的扣除限额标准：职工福利费、工会经费、职工教育经费分别按照工资薪金总额的14％、2％、2.5％计算限额扣除，其中职工教育经费超过限额部分准予在以后纳税年度结转扣除；补充养老保险费、补充医疗保险费分别按照工资薪金总额的5％计算限额扣除；业务招待费按照发生额的60％扣除，但最高不得超过当年销售（营业）收入的5‰；广告费和业务宣传费，除国务院财政、税务主管部门另有规定外，不超过当年销售（营业）收入15％的部分，准予扣除，超过部分，准予在以后纳税年度结转扣除；公益性捐赠，是指企业通过公益性社会团体或者县级以上人民政府及其部门，用于《公益事业捐赠法》规定的公益事业的捐赠。公益性捐赠支出，在年度利润总额12％以内的部分，准予在计算应纳税所得额时扣除；非金融企业向非金融企业借款的利息支出，不超过按照金融企业同期同类贷款利率计算的数额的部分，准予扣除，超过部分不得扣除。

弥补以前年度亏损是指纳税人可以在税前弥补的以前年度亏损额。企业某一年度的亏损可以用下一年度的所得弥补；下一年度的所得不足以弥补的，可以逐年延续弥补，但最长不超过5年。

【例10-6】 某企业为居民企业，2016年与企业所得税有关的资料如下：

全年取得主营业务收入4 000万元，发生主营业务成本2 700万元；发生销售费用660万元（其中广告费610万元）；发生管理费用440万元（其中业务招待费30万元）；发生财务费用50万元。发生营业税金及附加30万元；取得营业外收入60万元；发生营业外支出40

万元(其中含公益性捐赠支出25万元,税收滞纳金8万元)。请计算该企业2016年应纳的企业所得税。

解:企业所得税的应纳税所得额的确定有两种方法:直接法和间接法。直接法是直接用公式"应纳税所得额=收入总额-不征税收入-免税收入-各项扣除-以前年度亏损"来计算应纳税所得额;间接法是指先计算出企业的年度利润总额,再考虑纳税调整项,在年度利润总额的基础上进行调增和调减,进而得到应纳税所得额,本例采用间接法计算。

(1) 会计利润=4 000+60-2 700-660-440-50-30-40=140(万元)。

(2) 广告费扣除限额=4 000×15%=600(万元),应调增所得额=610-600=10(万元)。

(3) 业务招待费实际发生额的60%=30×60%=18(万元),销售收入的5‰=4 000×5‰=20(万元),所以扣除限额为18万元,应调增所得额=30-18=12(万元)。

(4) 公益性捐赠扣除限额=140×12%=16.8(万元),应调增所得额=25-16.8=8.2(万元)。

(5) 税收滞纳金不得扣除,应调增所得额8万元。

(6) 应纳税所得额=140+10+12+8.2+8=178.2(万元)。

(7) 应纳企业所得税额=178.2×25%=44.55(万元)。

(二) 个人所得税

个人所得税是对个人(自然人)取得的各项应税所得征收的一种税,它体现了国家与个人之间的分配关系。个人所得税有以下特点:实行分类课征;累进税率与比例税率并用;实行不同的费用扣除方式;采用源泉课征和自行申报两种征收方式。

1. 纳税人

个人所得税的纳税人具体包括中国公民、个体工商户、外籍个人以及中国香港、澳门、台湾同胞等。个人独资企业和合伙企业投资者也是个人所得税的纳税人。根据住所和居住时间两个标准,可以将纳税人分为居民纳税人和非居民纳税人。居民纳税人是指在中国境内有住所,或者在中国境内无住所,而在中国境内居住满一年的个人;非居民纳税人是指在中国境内无住所且不居住,或无住所且居住不满一年的个人。居民纳税人就其来源于中国境内和境外的所得,向中国政府缴纳个人所得税;非居民纳税人仅就其来源于中国境内的所得,向中国政府缴纳个人所得税。

知识链接

上述居住满1年是指"一个纳税年度内"居住满365天,在居住期间"临时离境"的一次离境不超过30日或多次离境累计不超过90日的,不扣减日数,连续计算。

2. 征税对象

个人所得税的征税对象包括11项:工资、薪金所得;劳务报酬所得;稿酬所得;特许权使用费所得;利息、股息、红利所得;财产租赁所得;财产转让所得;偶然所得;个体工商户的生产、经营所得;对企事业单位的承包经营、承租经营所得;其他所得。

3. 税率

个人所得税的税率有比例税率和超额累进税率两种形式,对不同的征税对象分别确定不同的适用税率和不同的税率形式,适用税率具体情况见表10-1～表10-3。

(1) 工资薪金所得，适用七级超额累进税率，税率为3%～45%。

表 10-1　　个人所得税税率表(工资、薪金所得适用)

级数	全月应纳税所得额/(元/月)		税率/%	速算扣除数/元
	含税级距	不含税级距		
1	不超过1 500元的部分	不超过1 455元的部分	3	0
2	超过1 500元至4 500元的部分	超过1 455元至4 155元的部分	10	105
3	超过4 500元至9 000元的部分	超过4 155元至7 755元的部分	20	555
4	超过9 000元至35 000元的部分	超过7 755元至27 255元的部分	25	1 005
5	超过35 000元至55 000元的部分	超过27 255元至41 255元的部分	30	2 755
6	超过55 000元至80 000元的部分	超过41 255元至57 505元的部分	35	5 505
7	超过80 000元的部分	超过57 505元的部分	45	13 505

注：① 本表所列含税级距与不含税级距，均为按照税法规定减除有关费用后的所得额。

② 含税级距适用于由纳税人负担税款的工资、薪金所得；不含税级距适用于由他人(单位)代付税款的工资、薪金所得。

(2) 劳务报酬所得，适用比例税率，税率为20%。对劳务报酬所得一次收入畸高，可实行加成征收，所以劳务报酬所得实际上适用20%～40%的三级超额累进税率。"一次收入畸高"是指个人一次取得劳务报酬的应纳税所得额超过2万元。

表 10-2　　个人所得税税率表(劳务报酬所得适用)

级数	含税级距/次	不含税劳务报酬收入额/次	税率/%	速算扣除数/元
1	不超过20 000元的部分	不超过21 000元的部分	20	0
2	超过20 000～50 000元的部分	超过21 000～49 500元的部分	30	2 000
3	超过50 000元的部分	超过49 500元的部分	40	7 000

注：① 表中所列含税级距为按照税法规定减除有关费用后的所得额；不含税劳务报酬收入总额为没有减除税法规定有关费用前的收入总额。

② 含税级距适用于由纳税人负担税款的劳务报酬所得；不含税劳务报酬收入额级距适用于由他人(单位)负担税款的劳务报酬所得。

③ 稿酬所得，适用比例税率，税率为20%，并按应纳税额减征30%，实际税率为14%。

④ 特许权使用费所得，利息、股息、红利所得，财产租赁所得，财产转让所得，偶然所得和其他所得，适用比例税率，税率为20%。

⑤ 个体工商户的生产、经营所得和对企事业单位的承包经营、承租经营所得，适用5%～35%的五级超额累进税率。

表 10-3 个人所得税税率表(个体工商户的生产、经营所得和对企事业单位的承包经营、承租经营所得适用)

级数	全年应纳税所得额(元/年)		税率/%	速算扣除数/元
	含税级距	不含税级距		
1	不超过 15 000 元的	不超过 14 250 元的	5	0
2	超过 15 000 元至 30 000 元的部分	超过 14 250 元至 27 750 元的部分	10	750
3	超过 30 000 元至 60 000 元的部分	超过 27 750 元至 51 750 元的部分	20	3 750
4	超过 60 000 元至 100 000 元的部分	超过 51 750 元至 79 750 元的部分	30	9 750
5	超过 100 000 元的部分	超过 79 750 元的部分	35	14 750

注:① 本表所列含税级距与不含税级距,均为按照税法规定以每一年度的收入总额减除成本、费用及损失后的全年应纳税所得额。

② 含税级距适用于个体工商户的生产、经营所得和由纳税人负担税款的对企事业单位的承包经营、承租经营所得;不含税级距适用于由他人(单位)负担税款的对企事业单位的承包经营、承租经营所得。

4. 应纳税额的计算

(1) 工资、薪金所得

工资、薪金所得按月计征,应纳税所得额为每月收入额减除费用 3 500 元或 4 800 元后的余额。

知识链接

在中国境内的外商投资企业和外国企业中工作取得工资、薪金所得的外籍人员,应聘在中国境内的企业、事业单位、社会团体、国家机关中工作取得工资、薪金所得的外籍专家,在中国境内有住所而在中国境外任职或者受雇取得工资、薪金所得的个人,每月在减除 3 500 元费用的基础上,再减除 1 300 元的附加减除费用,费用扣除总额为 4 800 元。

应纳税额=应纳税所得额×适用税率-速算扣除数

【例 10-7】 李某 2016 年 4 月份应发工资 7 000 元,其中包括“三险一金”2 000 元。计算李某当月应缴纳的个人所得税。

解:个人缴付的“三险一金”应在计算应纳税所得额时扣除。

应纳税额=(7 000-2 000-3 500)×3%-0

=45(元)

知识链接

按照国家规定,个人负担的三险一金(住房公积金、基本养老保险、基本医疗保险、失业保险)属于免税项目,应从纳税义务人的应纳税所得额中扣除。企业负担的五险一金(养老保险、医疗保险、工伤保险、生育保险、失业保险、住房公积金)不得在计算个人所得税应纳税所得额时扣除。

(2) 劳务报酬所得

劳务报酬所得按次计征,应纳税所得额按如下标准计算:

① 每次收入不超过 4 000 元的:

应纳税所得额=每次收入额-800

② 每次收入超过 4 000 元的:

$$应纳税所得额=每次收入额\times(1-20\%)$$

应纳税额的计算公式如下：

$$应纳税额=应纳税所得额\times适用税率-速算扣除数$$

练一练

张某为某网站提供设计服务，服务完成后一次性取得报酬 30 000 元。计算张某该报酬应缴纳的个人所得税。

（3）稿酬所得

稿酬所得按次计征，应纳税所得额按如下标准计算：

① 每次收入不超过 4 000 元的：

$$应纳税所得额=每次收入额-800$$

② 每次收入超过 4 000 元的：

$$应纳税所得额=每次收入额\times(1-20\%)$$

应纳税额的计算公式如下：

$$应纳税额=应纳税所得额\times20\%\times(1-30\%)$$

练一练

某作家王某 2015 年出版一部小说，取得稿酬 20 000 元。计算张某该稿酬应缴纳的个人所得税。

（4）特许权使用费所得

特许权使用费所得按次计征，应纳税所得额按如下标准计算：

① 每次收入不超过 4 000 元的：

$$应纳税所得额=每次收入额-800$$

② 每次收入超过 4 000 元的：

$$应纳税所得额=每次收入额\times(1-20\%)$$

应纳税额的计算公式如下：

$$应纳税额=应纳税所得额\times20\%$$

练一练

2015 年 4 月孙某转让一项专利权，取得转让收入 100 000 元。计算张某该收入应缴纳的个人所得税。

（5）利息、股息、红利所得、偶然所得和其他所得

利息、股息、红利所得、偶然所得和其他所得按次计征，以每次收入额为应纳税所得额。

应纳税额的计算公式如下：

$$应纳税额=应纳税所得额\times20\%$$

练一练

郑某 2016 年 3 月在某公司举行的有奖销售活动中获得奖金 12 000 元。计算郑某获得奖金应缴纳的个人所得税。

（6）财产租赁所得

财产租赁所得按次计征，以一个月取得的收入为一次，应纳税所得额按如下标准计算：

① 每次(月)收入≤4 000 元的：

应纳税所得额=[每次(月)收入-准予扣除项目-修缮费用(800元为限)-800]

② 每次(月)收入>4 000元的:

应纳税所得额=[每次(月)收入-准予扣除项目-修缮费用(800元为限)]×(1-20%)

应纳税额的计算公式如下:

应纳税额=应纳税所得额×20%(或10%)

【例10-8】 李某按市场价格出租房屋,2016年10月取得不含增值税的租金收入6 000元,本月财产租赁过程中缴纳的可以税前扣除的税费合计为400元,由纳税人负担的租赁财产实际开支的修缮费1 200元,均取得合法票据。要求计算李某当月应缴纳的个人所得税。

解:个人按市场价格出租的居民住房取得的所得减按10%的税率征收个人所得税。

应纳税额=(6 000-400-800)×(1-20%)×10%=384(元)

(7) 财产转让所得

财产转让所得按次计征,以一次转让财产的收入减除财产原值和合理费用后的余额为应纳税所得额。

应纳税所得额=每次收入额-财产原值-合理税费

应纳税额的计算公式如下:

应纳税额=应纳税所得额×20%

【例10-9】 李某2016年5月以每份210元的价格转让2014年的企业债券1 000份,发生相关税费1 100元,该债券的申购价为每份200元,申购时发生的相关税费680元。要求计算李某转让债券应缴纳的个人所得税。

解: 应纳税额=[(210-200)×1 000-680-1 100] ×20%=1 644(元)

(8) 个体工商户的生产经营所得

个体工商户的生产经营所得按年计征,以每一纳税年度的收入总额减除成本、费用以及损失后的余额为应纳税所得额。个体工商户业主本人的费用扣除标准为每月3 500元。

应纳税额的计算公式如下:

应纳税额=应纳税所得额×适用税率-速算扣除数

【例10-10】 某个体工商户从事餐饮业,账册健全,2016年12月份营业收入为30 000元,成本、费用及损失合计为9 300元(不包括业主本人的工资)。1~11月份累计应纳税所得额180 000元,累计已预缴个人所得税48 000元。请计算当月应缴纳的个人所得税。

解: 12月份应纳税所得额=30 000-9 300-3 500=17 200(元)

全年累计应纳税所得额=180 000+17 200=197 200(元)

全年累计应纳个人所得税额=197 200×35%-14 750=54 270(元)

12月份应缴纳的个人所得税=54 270-48 000=6 270(元)

(9) 对企(事)业单位承包、承租经营所得

对企(事)业单位承包、承租经营所得按年计征,以每一纳税年度的收入总额减除必要费用后的余额为应纳税所得额,减除必要费用是指按月减除3500元 。

应纳税所得额=每一纳税年度的收入总额-必要费用

应纳税额的计算公式如下:

应纳税额=应纳税所得额×适用税率-速算扣除数

【例10-11】 张某于2016年1月1日与某单位签订承包合同,经营招待所,承包期为1

年。2016年招待所实现利润150 000元，按照合同规定应从经营利润中上缴承包费40 000元。请计算张某2017年应纳的个人所得税。

解： 应纳税所得额＝150 000－40 000－3 500×12＝68 000(元)

应纳税额＝68 000×30％－950＝10 650(元)

三、财产税法律制度

财产税以对纳税人拥有或归其支配的财产作为课税对象的一种税，我国的财产税包括房产税、契税、车船税、土地增值税、城镇土地使用税等。本部分只介绍房产税和契税。

（一）房产税

房产税是依据房产价值或房产租金收入向房产所有人或经营人征收的一种财产税。征收房产税有利于加强对房地产的管理，提高房地产的使用效率，合理调节房产所有人和经营人的收入。房产税是地方财政收入的重要来源之一。

1. 纳税人

房产税的纳税义务人是房产的产权所有人。产权属于国家的，由经营管理单位缴纳；产权属于集体和个人所有的，由集体和个人缴纳；产权出典的，由承典人缴纳；产权所有人、承典人不在房产所在地的，或者产权未确定、租典纠纷未解决的，由房产代管人或使用人缴纳。

2. 征税范围

房产税的课税对象是房产，征税范围为城市、县城、建制镇和工矿区范围内的房产。房产税的征税范围不包括农村。

3. 税率

房产税采用比例税率，房产税的计税有从价计征和从租计征两种形式，采用从价计征的，税率为1.2％；采用从租计征的，税率为12％。

4. 应纳税额的计算

(1) 从价计征应纳税额的计算

从价计征是按房产原值减除一定比例后的余值计征，减除一定比例是指省、自治区、直辖市人民政府确定的10％～30％的扣除比例，其计算公式为：

应纳税额＝应税房产原值×(1－扣除比例)×1.2％

(2) 从租计征应纳税额的计算

从租计征是按房产的租金收入计征，其计算公式为：

应纳税额＝租金收入×12％

【例10-12】 甲企业2016年年初拥有一栋房产，房产原值500万元，6月30日将其对外出租，租期1年，每月收取租金1万元。当地政府规定计算房产余值的减除比例为30％。计算2016年甲企业上述房产应当缴纳的房产税。

解： 应当缴纳的房产税＝500×(1－30％)×1.2％×6/12＋1×6×12％＝2.82(万元)

（二）契税

契税是国家在土地、房屋权属转移时，按照当事人双方签订的合同(契约)以及所确定价格的一定比例，向权属承受人征收的一种税。

1. 纳税人

契税的纳税人是指在我国境内承受土地、房屋权属转移的单位和个人。“承受”是指以受让、购买、受赠、交换等方式取得土地、房屋权属的行为；“土地、房屋权属”是指土地使用权和房屋所有权；“单位”是指企业单位、事业单位、国家机关、军事机关和社会团体以及其他组织；“个人”是指个体经营者和其他个人。

2. 征税对象

契税以在我国境内转移土地、房屋权属的行为作为征税对象，包括国有土地使用权出让、土地使用权转让、房屋买卖、房屋赠与和房屋交换。

3. 税率

契税采用比例税率，实行3%～5%的幅度税率。具体税率由省、自治区、直辖市人民政府在规定的幅度内按本地区的实际情况确定。

4. 应纳税额的计算

契税的计算公式为：

应纳税额＝计税依据×税率

契税的计税依据按如下标准确定：国有土地使用权出让、土地使用权出售、房屋买卖，以成交价格为计税依据；土地使用权和房屋赠与，由征收机关参照土地使用权出售、房屋买卖的市场价格核定；土地使用权和房屋交换，以交换的土地使用权、房屋的价格差额为计税依据，交换价格相等的，免征契税，交换价格不相等的，由支付差价款的一方缴纳契税；以划拨方式取得土地使用权的，经批准转让房地产时，以补交的土地使用权出让费用或土地收益作为计税依据。

【例 10-13】 2016年1月甲公司买一幢办公楼，成交价2 000万元(不含增值税)，已知当地规定的契税税率为3%。要求计算甲公司购买办公楼应当缴纳的契税。

解： 甲公司购买办公楼应当缴纳的契税＝2 000×3%＝60(万元)

四、资源税和行为税

(一) 资源税

资源税是对在我国领域及管辖海域从事应税矿产品开采或生产盐的单位和个人征收的一种税。

1. 纳税人

资源税的纳税人为在我国领域及管辖海域开采应税矿产品或生产盐的单位和个人。包括各类企业、行政单位、事业单位、军事单位、社会团体及个人。收购未税矿产品的单位为资源税的扣缴义务人，包括独立矿山、联合企业和其他收购未税矿产品的单位。

2. 征税范围

资源税的课税对象是各种自然资源，我国目前只选择对矿产品和盐两类资源征收资源税。具体包括：原油、天然气、煤炭、其他非金属矿、金属矿、海盐。

3. 税率

资源税实行幅度的比例税率和定额税率，具体适用税率由财政部会同国务院有关部门，根据纳税人所开采或者生产应税产品的资源品位、开采条件等情况确定。资源税税目税率表中列举名称的资源中除黏土、砂石使用定额税率外，其他资源均使用幅度比例税率；未列举名称且未确定具体适用税率的其他非金属矿原矿和有色金属矿原矿，由省、自治区、直辖市人民政府根据实际情况确定，报财政部和国家税务总局备案。

4. 应纳税额的计算

(1) 从价计征应纳税额的计算。计算公式如下：

应纳税额＝计税销售额×适用税率

销售额为纳税人销售应税产品向购买方收取的全部价款和价外费用，但不包括收取的增值税销项税额。

(2) 从量计征应纳税额的计算。计算公式如下：

应纳税额＝课税数量×定额税率

课税数量按如下标准确定：直接对外销售的，以实际销售数量为课税数量；产品自用的，以移送自用数量为课税数量；纳税人不能准确提供应税产品销售数量的，以应税产品的产量或者主管税务机关确定的折算比换算成的数量为计征资源税的销售数量。

【例 10-14】 某油田 2016 年 10 月开采原油 60 万吨，当月销售原油 50 万吨，已知该油田每吨原油不含增值税售价为 4 000 元，适用的资源税税率为 6%。计算该油田 10 月份应纳资源税税额。

解： 应纳税额＝50×4 000×6%＝12 000(万元)

(二) 行为税

行为税是国家为了实现某些特定目的，以纳税人的某些行为为课税对象征收的一种税。我国现行的印花税、城市维护建设税、车辆购置税等属于此类税收。本部分只介绍印花税

印花税是对经济活动和经济交往中书立、使用、领受具有法律效力的凭证的单位和个人征收的一种行为税。

1. 纳税人

印花税的纳税人，是指在我国境内书立、使用、领受印花税法所列举的应税凭证的单位和个人。印花税纳税人分为立合同人、立据人、立账簿人、领受人、使用人和各类电子应税凭证的签订人六种。

2. 征税范围

印花税的征税范围是税法列举的各种应税凭证，具体包括五类：合同或具有合同性质的凭证；产权转移书据；营业账簿；权利许可证照；财政部确定的其他应税凭证。

3. 税率

印花税采用比例税率和定额税率两种形式。印花税税率见表 10-4。

表 10-4 **印花税税率表**

税目	税率	税目	税率
1. 财产租赁合同	1‰	8. 购销合同	0.3‰
2. 仓储保管合同	1‰	9. 建筑安装工程承包合同	0.3‰
3. 加工承揽合同	0.5‰	10. 技术合同	0.3‰
4. 建设工程勘察设计合同	0.5‰	11. 借款合同	0.05‰
5. 货物运输合同	0.5‰	12. 财产保险合同	1‰
6. 产权转移书据	0.5‰	13. 权利许可证照	5 元/件
7. 营业账簿中记载资金的账簿	0.5‰	14. 营业账簿中的其他账簿	5 元/件

4. 应纳税额的计算

(1) 从价计征应纳税额的计算。计算公式如下：

$$应纳税额=应税凭证计税金额\times适用税率$$

(2) 从量计征应纳税额的计算。计算公式如下:

$$应纳税额=应税凭证件数\times适用税额$$

【例 10-15】 某公司 2017 年发生以下业务:订立 1 份商品购销合同,合同金额 500 万元;订立 1 份借款合同,合同所载金额 200 万元;领取房屋产权证、土地使用证各 1 份;公司当年新增资本公积金 100 万元;公司设立其他营业账簿 6 件。要求计算该企业当年应缴纳的印花税税额 。

解:

企业订立购销合同应纳税额=5 000 000×0.3‰=1 500(元)

企业订立借款合同应纳税额=2 000 000×0.05‰=100(元)

企业领受权利许可证照应纳税额=2×5=10(元)

企业记载资金的账簿应纳印花税税额=1 000 000×0.5‰=500(元)

企业其他营业账簿应纳印花税税额=6×5=30(元)

企业当年应纳印花税税额=1 500+100+10+500+30=2 140(元)

第三节 税收征收管理法

税收征收管理法律制度是指税务机关代表国家行使征税权,指导纳税人正确履行纳税义务,对日常税收活动进行组织、管理、监督和检查的法律制度。税收征收管理法属于税收程序法,主要包括四部分内容:税务管理、税款征收、税务检查和法律责任。

一、税务管理

税务管理是税务机关在税收征收管理中,对征纳过程实施的基础性的管理制度和管理行为,具体包括税务登记管理、账簿和凭证管理、纳税申报管理。

(一) 税务登记管理

税务登记是税务机关依据税法规定对纳税人的生产经营活动进行登记管理的一项基本制度。税务登记的类型包括:开业登记、变更登记、停业复业登记、外出经营报验登记、注销登记。开业登记是指从事生产经营活动的纳税人经工商行政管理机关批准开业并发给营业执照后,在 30 日内向所在地主管税务机关申报办理税务登记。变更税务登记是指纳税人原税务登记表上的主要内容发生变化,需要办理税务登记变更手续。停业、复业登记是指实行定期定额征收方式的个体工商户需要停业的,应当在停业前向税务机关申报办理停业登记,纳税人应当于恢复生产经营之前,向主管税务机关申报办理复业登记。外出经营报验登记是指从事生产、经营的纳税人到外县(市)进行生产经营的,应向主管税务机关申请开具《外出经营活动税收管理证明》。注销税务登记是指纳税人税务登记内容发生了根本性变化,需要终止履行纳税义务时向税务机关申报办理的税务登记手续。

想一想

2016 年 4 月 12 日,某税务机关在检查中发现 A 商店(个体工商户)2016 年 5 月 20 日领取营业执照后,未申请办理税务登记。该商店的行为是否符合《税收征收管理法》的规定?

(二) 账簿、凭证管理

从事生产、经营的纳税人应当自领取营业执照之日起 15 日内设置账簿,扣缴义务人应当自税法规定的扣缴义务发生之日起 10 日内,按照所代扣、代收的税种设置代扣代缴、代收代缴税款账簿。同时从事生产、经营的纳税人应当自领取税务登记证件之日起15日内，将其企业的财务制度、会计处理办法及会计核算软件报送税务机关备案。纳税人领取税务登记证后，应携带有关证件向税务机关提出领购发票的申请，然后凭税务机关发给的发票领购簿中核准的发票种类、数量以及购票方式，向税务机关领购发票。单位和个人领购使用发票，应建立发票使用登记制度，设置发票登记簿，定期向主管税务机关报告发票的使用情况。纳税人、扣缴义务人必须按有关规定保管会计档案，对会计凭证、账簿、会计报表，以及完税凭证和其他有关纳税资料，应当保管10年，不得伪造、变造或者擅自销毁。

（三）纳税申报管理

纳税申报是指纳税人、扣缴义务人、代征人为正常履行纳税、扣缴税款义务，就纳税事项向税务机关提出书面申报的一种法定手续。纳税申报主体包括纳税人、扣缴义务人、代征人。纳税申报方式包括直接申报（上门申报）、邮寄申报、电子申报、简易申报和其他申报等。纳税申报期限是法律、行政法规规定的或者税务机关依照法律、行政法规的规定确定的纳税人、扣缴义务人向税务机关申报应纳或应解缴税款的期限。纳税人依法办理纳税申报时，应向税务机关报送纳税申报表及规定报送的各种附表资料、异地完税凭证、财务报表以及税务机关要求报送的其他有关资料。纳税人未按规定纳税期限缴纳税款的，扣缴义务人未按规定期限解缴税款的，税务机关除责令限期缴纳外，从滞纳税款之日起，按日加收滞纳税款0.5‰的滞纳金。纳税人发生违章行为的，按规定可以处一定数量的罚款。延期申报是指纳税人、扣缴义务人不能按照税法规定的期限办理纳税申报或扣缴税款申报。零申报是纳税人在规定的纳税申报期内按照计税依据计算申报的应纳税额为零而向税务机关办理的申报行为。

二、税款征收

（一）税款征收方式

税款征收方式是指税务机关根据各税种的不同特点和纳税人的具体情况而确定的计算、征收税款的形式。税款征收方式包括查账征收、查定征收、查验征收、定期定额征收、代扣代缴、代收代缴、委托代征等。

查账征收是税务机关按照纳税人提供的账表所反映的经营情况，依照适用的税率计算缴纳税款的方法。

查定征收是由税务机关依据纳税人的生产设备、生产能力、从业人员数量和正常情况下的生产销售情况，对其生产的应税产品实行查定产量、销售量或销售额，依率计征的一种征收方法。

查验征收是税务机关对纳税人的应税商品、产品，通过查验数量，按市场一般销售单位计算其销售收入，并据以计算应纳税款的征收方式。

定期定额征收是税务机关对一些营业额和所得额难于准确计算的纳税，采取由纳税人自报自议，由税务机关核定一定时期的营业额和所得税附征率，实行多税种合并征收的征收方式。

代扣代缴是指负有扣缴义务的单位和个人，对纳税人应纳的税款进行代扣代缴的征收方式。

代收代缴是指负有收缴义务的单位和个人，对纳税人应纳的税款进行代收代缴的征收方式。

委托代征是指受委托的有关单位按照税务机关核发的代征证书的要求，以税务机关的名义向纳税人征收零散税款的征收方式。

（二）税款征收措施

税款征收措施包括：加收滞纳金、核定应纳税额、调整计税金额、提供纳税担保、税收保全措施、税收强制执行措施、阻止出境。纳税人、扣缴义务人未按规定期限缴纳、解缴税款的，税务机关除责令限期缴纳外，从应缴税款期限届满之日的次日起到实际缴纳的当天，按日加收滞纳税款0.5‰的滞纳金。在特定情况下，税务机关有权核定纳税人的应纳税额。不按照独立企业之间的业务往来收取或者支付价款、费用，而减少其应税收入或所得额的，税务机关有权对其计税金额进行合理调整。纳税担保是指经税务机关同意或确认，纳税人或其他自然人、法人、经济组织以保证、抵押、质押的方式，为纳税人应当缴纳的税款及滞纳金提供担保的行为。《税收征收管理法》规定税务机关在规定的纳税期限之前，对由于纳税人的行为或者某种客观原因，致使以后的税款征收不能保证或难以保证而采取的限制纳税人处理或转移商品、货物或其他财产的措施为税收保全措施，具体措施包括冻结存款、扣押财产。税收强制执行是指纳税人在规定的期限内未履行法定义务，税务机关采取法定的强制手段强迫其履行纳税义务的行为，具体措施包括扣缴税款、拍卖抵缴。欠缴税款的纳税人或其他的法定代表人需要出境的，应在出境前向主管税务机关结清应纳税款、滞纳金或提供纳税担保；未结清税款、滞纳金，又不提供纳税担保的，主管税务机关可通知出境管理机关阻止其出境。

想一想

甲公司2016年8月份应纳增值税30万元，甲公司迟迟未缴，直到当年10月15日才缴清上述款项。已知甲公司的增值税纳税期限为1个月，应于次月1日起15日内申报纳税并结清上月应纳税款。

分析：甲公司应缴纳的税款滞纳金是多少？

三、税务检查

税务检查是税务机关依法对纳税人、扣缴义务人履行纳税义务、扣缴义务及其他有关税务事项进行的监督检查。

（一）税务检查的内容

（1）检查纳税人的账簿、记账凭证、报表和有关资料，检查扣缴义务人代扣代缴、代收代缴税款账簿、记账凭证和有关资料。

（2）到纳税人的生产、经营场所和货物存放地检查纳税人应纳税的商品、货物或者其他财产，检查扣缴义务人与代扣代缴、代收代缴税款有关的经营情况。

（3）责成纳税人、扣缴义务人提供与纳税或者代扣代缴、代收代缴税款有关的文件、证明材料和有关资料。

（4）询问纳税人、扣缴义务人与纳税或者代扣代缴、代收代缴税款有关的问题和情况。

（5）到车站、码头、机场、邮政企业及其分支机构检查纳税人托运、邮寄应纳税商品、货物或者其他财产的有关单据、凭证和有关资料。

（6）经县以上税务局（分局）局长批准，凭全国统一格式的检查存款账户许可证明，查询从事生产、经营的纳税人、扣缴义务人在银行或者其他金融机构的存款账户。税务机关在调查税收违法案件时，经设区的市、自治州以上税务局（分局）局长批准，可以查询案件涉嫌人员的储蓄存款。税务机关查询所获得的资料，不得用于税收以外的用途。

（二）税务检查的权限和责任

税务机关在税务检查中具有以下权限：账证检查权、场地检查权、责成提供资料权、询问权、交通邮政检查权、存款账户检查权。税务机关进行税务检查时，发现纳税人有逃避纳税义务行为，并有明显的转移、隐匿其应纳税的商品、货物以及其他财产或者应纳税的收入的迹象的，可以按照批准权限采取税收保全措施或者强制执行措施。税务机关检查税务违法案件时，对与案件有关的情况和资料，可以记录、录音、录像、照相和复制。税务人员进行税务检查时，应出示税务检查证和税务检查通知书。纳税人、扣缴义务人必须接受税务机关依法进行的税务检查，如实反映情况，提供有关资料，不得拒绝、隐瞒。纳税人、扣缴义务人在接受税务检查人员检查时，有权要求税务人员出示税务检查证和税务检查通知书，不能提供的，有权拒绝检查；纳税人、扣缴义务人有权要求检查人员为其保守秘密。

第四节 违反税法的法律责任

一、违反税务管理规定的法律责任

纳税人有下列行为之一的，由税务机关责令限期改正，可以处 2 000 元以下的罚款；情节严重的，处 2 000 元以上 1 万元以下的罚款：未按照规定的期限申报办理税务登记、变更或者注销登记；未按照规定设置、保管账簿或者保管记账凭证和有关资料；未按照规定将财务、会计制度或者财务、会计处理办法和会计核算软件报送税务机关备查；未按照规定将其全部银行账号向税务机关报告；未按照规定安装、使用税控装置，或者损毁或者擅自改动税控装置；纳税人未按照规定办理税务登记证件验证或者换证手续。

纳税人不办理税务登记的，由税务机关责令限期改正；逾期不改正的，经税务机关提请，由工商行政管理机关吊销其营业执照。

纳税人未按照规定使用税务登记证件，或者转借、涂改、损毁、买卖、伪造税务登记证件的，处 2 000 元以上 1 万元以下的罚款；情节严重的，处 1 万元以上 5 万元以下的罚款。

扣缴义务人未按照规定设置、保管代扣代缴、代收代缴税款账簿或者保管代扣代缴、代收代缴税款记账凭证及有关资料的，由税务机关责令限期改正，可以处 2 000 元以下的罚款；情节严重的，处 2 000 元以上 5 000 元以下的罚款。

纳税人未按照规定的期限办理纳税申报和报送纳税资料的，或者扣缴义务人未按照规定的期限向税务机关报送代扣代缴、代收代缴税款的，由税务机关责令限期改正，可以处 2 000 元以下的罚款；情节严重的，处 2 000 元以上 1 万元以下的罚款。

二、偷税和欠税的法律责任

（一）偷税

纳税人伪造、变造、隐匿、擅自销毁账簿、记账凭证，或者在账簿上多列支出或者不列、少列收入，或者经税务机关通知申报而拒不申报或者进行虚假的纳税申报，不缴或者少缴应纳税款的，是偷税。

纳税人偷税数额不满 1 万元或者偷税数额占应纳税额不到 10％的，由税务机关追缴其偷税款、滞纳金，并处不缴或者少缴税款 50％以上 5 倍以下的罚款；构成犯罪的，依法追究刑事责任。

纳税人采取欺骗、隐瞒手段进行虚假纳税申报或者不申报，逃避缴纳税款数额较大并且占应纳税额10%以上的，处3年以下有期徒刑或者拘役，并处罚金；数额巨大并且占应纳税额30%以上的，处3年以上7年以下有期徒刑，并处罚金。

（二）欠税

纳税人采取转移或隐匿财产的手段，妨碍税务机关追缴欠缴税款的，由税务机关追缴欠缴的税款、滞纳金，并处欠缴税款50%以上5倍以下的罚款；构成犯罪的，依法追究刑事责任。

犯逃避追缴欠税罪，致使税务机关无法追缴欠缴的税款数额在1万元以上10万元以下的，处3年以下有期徒刑或者拘役，并处或者单处欠缴税款1倍以上5倍以下罚金；数额在10万元以上的，处3年以上7年以下有期徒刑，并处欠缴税款1倍以上5倍以下罚金。

三、抗税的法律责任

以暴力、威胁方法拒不缴纳税款的，是抗税，除由税务机关追缴其拒缴的税款、滞纳金外，依法追究刑事责任。情节轻微，未构成犯罪的，由税务机关追缴其拒缴的税款、滞纳金，并处拒缴税款1倍以上5倍以下的罚款。

犯抗税罪的，处3年以下有期徒刑或者拘役，并处拒缴税款1倍以上5倍以下罚金；情节严重的，处3年以上7年以下有期徒刑，并处拒缴税款1倍以上5倍以下罚金。

四、骗税的法律责任

骗税是指纳税人以假报出口或者其他欺骗手段，骗取国家出口退税款的行为。

以假报出口或者其他欺骗手段，骗取国家出口退税款的，由税务机关追缴其骗取的退税款，并处骗取税款1倍以上5倍以下的罚款；构成犯罪的，依法追究刑事责任。

犯骗取出口退税罪，骗取国家出口退税数额较大的(5万元以上)，处5年以下有期徒刑或者拘役，并处骗取税款1倍以上5倍以下罚金；骗取国家出口退税数额巨大(50万元以上)或者有其他严重情节的，处5年以上10年以下有期徒刑，并处骗取税款1倍以上5倍以下罚金；数额特别巨大(250万元以上)或者有其他特别严重情节的，处10年以上有期徒刑或者无期徒刑，并处骗取税款1倍以上5倍以下罚金或者没收财产。

导入案例解析

该公司的行为犯偷税罪。税务机关对该公司的处罚不准确。偷税数额占应纳税额的比重为37.63%，税务机关除追缴税款181 000元以外，因为偷税数额超过应纳税额的30%，根据《刑法》规定，应处纳税人3～7年有期徒刑，并处偷税数额1～5倍的罚金。

本章小结

本章主要介绍了税法的基本理论、主要税种以及税收征收管理法律制度等内容。

税收是国家为了实现其职能，凭借政治权力按照法律规定，强制地、无偿地参与社会剩余产品分配，以取得财政收入的一种形式。税收具有强制性、无偿性和固定性的特征。税法是国家制定的，用于调整国家和纳税人之间在征纳税方面的权利与义务关系的法律规范的总称。税法的构成要素主要有：纳税人、征税对象、税目、税率、纳税环节、纳税期限、纳税地点、减税免税、违反税法的法律责任等。

根据征税对象的不同，可以将我国现行税种划分为流转税、所得税、财产税、特定行为税和资源税。流转税指以纳税人商品生产、流通环节的流转额或者数量以及非商品交易的营业额为征税对象的一类税收，包括增值税、消费税、关税等。所得税即收益税，指国家对法人、自然人和其他经济组织在一定时期内的各种所得征收的一类税收，包括企业所得税、个人所得税。财产税以对纳税人拥有或归其支配的财产作为课税对象的一种税，包括房产税、契税、车船税、土地增值税、城镇土地使用税等。资源税是对在我国领域及管辖海域从事应税矿产品开采或生产盐的单位和个人征收的一种税。行为税是国家为了实现某些特定目的，以纳税人的某些行为为课税对象征收的一种税，包括印花税、城市维护建设税、车辆购置税等。

税收征收管理法律制度是指税务机关代表国家行使征税权，指导纳税人正确履行纳税义务，对日常税收活动进行组织、管理、监督和检查的法律制度，包括税务管理、税款征收、税务检查、法律责任等内容。

思考练习

一、单选题

1. 税收是国家财政收入的重要组成部分，国家征税凭借的是(　　)。

A. 政治权力　　B. 行政权力　　C. 财产权力　　D. 国家权力

2. 我国现行的增值税采用(　　)。

A. 价内税　　B. 价外税　　C. 定额税　　D. 累进税

3. 下列各项中，属于消费税应税消费品的是(　　)。

A. 高档西服　　B. 汽油　　C. 电冰箱　　D. 电视机

4. 我国关税由(　　)征收。

A. 税务机关　　B. 海关

C. 工商行政管理部门　　D. 人民政府

5. 下列各项中，属于企业所得税纳税人的有(　　)。

A. 股份有限公司　　B. 个体工商户

C. 合伙企业　　D. 个人独资企业

6. 下列所得中，一次收入畸高可实行加成征收的是(　　)。

A. 稿酬所得　　B. 特许权使用费所得

C. 劳务报酬所得　　D. 偶然所得

7. 纳税人将房产出租的，依照房产租金收入计征房产税，税率为(　　)。

A. 1.2%　　B. 12%　　C. 10%　　D. 20%

8. 下列各项中，属于契税纳税人的是(　　)。

A. 出租房屋的李某　　B. 出让土地使用权的某市政府

C. 转让土地使用权的甲公司　　D. 购买房屋的王某

9. 下列各项中，不属于资源税征税范围的是(　　)。

A. 井矿盐　　B. 石灰石原矿　　C. 金锭　　D. 柴油

10. 下列不属于印花税征税范围的有(　　)。

A. 委托代理合同　　B. 购销合同

C. 房屋产权证　　D. 土地使用权转让合同

11. 凡从事生产经营的纳税人，实行独立的经济核算，并经工商行政管理机关批准开业和发给营业执照的，应自领取营业执照之日起(　　)内，向当地税务机关申请办理税务登记。

A. 10 日　　B. 15 日　　C. 30 日　　D. 60 日

12. 对账簿、凭证、会计等核算制度比较健全的纳税人应采取的税款征收方式为(　　)。

A. 查账征收　　B. 查定征收　　C. 查验征收　　D. 邮寄申报

13. 根据《税收征管法》规定，纳税人采取(　　)行为是偷税。

A. 伪造销毁账簿　　B. 假报出口骗取出口退税

C. 拒不缴纳应缴税款　　D. 超过期限未缴纳税款

二、多选题

1. 税收的基本特征包括(　　)。

A. 固定性　　B. 强制性　　C. 有偿性　　D. 无偿性

2. 根据增值税法律制度的规定，一般纳税人销售的下列货物中，适用 13%增值税税率的有(　　)。

A. 图书　　B. 粮食　　C. 电子出版物　　D. 暖气

3. 根据消费税法律制度的规定，下列消费品中，实行从价定率与从量定额相结合的征税办法的有(　　)。

A. 白酒　　B. 卷烟　　C. 实木地板　　D. 高档化妆品

4. 下列各项中，属于关税征税对象的有(　　)。

A. 贸易性商品

B. 个人邮寄物品

C. 馈赠物品或以其他方式进入国境的个人物品

D. 入境旅客随身携带的行李和物品

5. 下列税金在计算企业所得税应纳税所得额时准予扣除的有(　　)。

A. 企业所得税　　B. 消费税

C. 房产税　　D. 资源税

6. 下列个人所得，在计算个人所得税时，不得减除费用的有(　　)。

A. 利息、股息、红利所得　　B. 稿酬所得

C. 特许权使用费所得　　D. 偶然所得

7. 房产税的计税依据有(　　)。

A. 房产原值　　B. 房产租金收入

C. 房产售价　　D. 房产余值

8. 属于每件 5 元征收印花税的权利许可证照为(　　)。

A. 商标注册证　　B. 专利证

C. 土地使用证　　D. 工商营业执照

9. 下列属于契税征税范围的是(　　)。

A. 房屋买卖　　B. 房屋交换

C. 房屋租赁　　D. 房屋赠与

10. 下列应税产品中，采用从价定率方式计征资源税的有(　　)。

A. 原油　　B. 稀土　　C. 海盐　　D. 黏土

11. 税务登记的种类，主要有(　　)。

A. 开业税务登记　　B. 变更税务登记

C. 注销税务登记　　D. 停业与复业税务登记

12. 纳税申报方式主要有(　　)。

A. 直接申报　　B. 邮寄申报

C. 电子申报　　D. 简易申报

13.《税收征管法》规定税务机关可以采取的强制执行措施主要有(　　)。

A. 书面通知纳税人开户银行冻结支付纳税人的金额相当于应纳税款的存款

B. 书面通知纳税人开户银行从其存款中扣缴税款

C. 扣押、查封纳税人的价值相当于应纳税款的商品、货物或者其他财产

D. 扣押、查封、拍卖其价值相当于应纳税款的商品、货物或者其他财产，以拍卖所得抵缴税款

14. 纳税人下列(　　)行为，由税务机关责令限期改正，可以处 2 000 元以下的罚款；情节严重的，处 2 000 元以上 10 000 元以下的罚款。

A. 未按照规定的期限申报办理税务登记

B. 未按照规定设置、保管账簿

C. 未按照规定的期限办理纳税申报

D. 未按照规定使用税务登记证件

三、判断题

1. 税收是政府取得财政收入的主要来源，而税法是国家调控经济运行的法律手段。(　　)

2. 对同一征税对象，不论其数额多少，均按同一比例征税的税率称为定额税率。(　　)

3. 增值税小规模纳税人购进货物取得增值税专用发票可抵扣进项税额，取得普通发票不允许扣除进项税额。(　　)

4. 我国消费税的纳税人包括在我国境内从事生产、委托加工和进口应税消费品的单位和个人，但不包括外国企业和外国人。(　　)

5. 出口关税税率是一种差别比例税率，分为普通税率和优惠税率。(　　)

6. 企业发生的年度亏损，可用以后 5 个盈利年度的利润弥补。(　　)

7. 对企事业单位承包经营、承租经营所得，以每一个纳税年度的收入总额，减除必要费用后的余额为应纳税所得额。减除必要的费用是指按月减除 1 000 元。(　　)

8. 现行房产税的征税范围包括农村。(　　)

9. 土地、房屋权属变动中的各种形式，如典当、继承、出租或者抵押等，均属于契税的征税范围。(　　)

10. 资源税是对在中国境内开采、生产以及进口矿产品和盐的单位和个人征收。(　　)

11. 对纳税人以电子形式签订的各类应税凭证不征收印花税。(　　)

12. 纳税人未按规定纳税期限缴纳税款的，税务机关除责令限期缴纳外，从滞纳税款之

日起，按日加收滞纳税款万分之五的滞纳金。 （ ）

13. 只要税务机关有根据认为纳税人有明显的转移、隐匿其应纳税的商品、货物以及其他财产或应纳税收入等行为或迹象的，就可以对纳税人采取税收保全措施。 （ ）

14. 纳税人、扣缴义务人逃避、拒绝或以其他方式阻挠税务机关检查的，由税务机关责令改正，可处 1 万元以下的罚款；情节严重的，处 1 万元以上 5 万元以下的罚款。 （ ）

案例分析

2015 年 8 月，某市开发区国税局（县级局）接到举报，该市甲企业有偷税行为。开发区国税局遂下发检查通知书，派检察人员李刚、王强到企业检查。李刚和王强到甲企业出示税务检查证后要求甲企业提供纳税资料，该企业拒不提供，开发区核定其应纳税额 3 万元，责令其 8 月 15 日之前缴纳。8 月 7 日，李刚发现该企业将大量商品装箱运出厂外，因担心税款流失，李刚和王强到其开户银行出示税务检查证后要求银行提供企业资金情况，在银行不予配合的情况下，经局长批准，扣押了甲企业价值 3 万余元的商品，并委托依法成立的拍卖机构拍卖，拍卖价款 4 万元。8 月 15 日，该企业缴纳税款 3 万元，对其扣押措施不服，向中级人民法院提起诉讼。

根据上述资料回答以下问题：

（1）开发区国税局的执法行为不当之处在哪里？

（2）银行是否应提供该企业的账户资金情况？为什么？

（3）对该企业拒不提供纳税资料的行为应如何处理？

第十二章　劳　动　法

学习目标

☞知识目标

1. 了解劳动法、劳动法律关系的概念。
2. 熟悉劳动合同订立、履行、变更、解除、终止的具体法律规定。
3. 熟悉劳动争议的处理方式。
4. 熟悉用人单位违反劳动法的法律责任。

☞能力目标

1. 能辨别劳动合同的内容是否合法。
2. 能正确判定劳动关系是否建立及建立的时间。
3. 能正确判定劳动合同解除是否合法。
4. 会计算劳动合同解除的补偿和赔偿。
5. 会选择劳动争议的处理方式。

案例导入

大学毕业生张薇经亲戚介绍进入瑞宁医疗器械有限公司。当时没有签订劳动合同，也没有确定具体的工作内容，每天干的活很杂，工作岗位也不固定，每月拿到的工资也时多时少。一年多来她多次与公司负责人沟通，希望签订劳动合同，把工作岗位、内容、待遇等固定下来，但公司负责人总是说，劳动合同仅仅是一个形式，单位已经提供了工作岗位，也给发工资，何必总是对书面合同那么在意。张薇也就不好意思反复找领导要求签订书面劳动合同。结果她干了1年多，遇到单位负责人更换，张薇被新的负责人辞退。

分析：

(1) 张薇与瑞宁医疗器械有限公司是否存在劳动关系？

(2) 张薇被辞退，依照法律可否要求补偿？

第一节　劳动法概述

一、劳动法的概念以及调整对象

(一) 劳动法的概念

劳动法有广义和狭义之分。广义的劳动法是指国家为了保护劳动者合法权益，调整劳动关系以及与劳动关系密切联系的其他社会关系的法律规范的总称，包括全国人大、国务院制定的有关法律法规和国务院各部门以及地方机关制定的规章、地方性法规等。狭义的劳动法是指1994年7月5日通过、1995年1月1日起实施的《中华人民共和国劳动法》(以下简称《劳动法》或旧劳动法)。2007年6月29日第十届全国人民代表大会常务委员会第二十八次会议通过《中华人民共和国劳动合同法》(以下简称《劳动合同法》或(《新劳动法》),该法自2008年1月1日起施行。

(二) 劳动法的调整对象

劳动法的调整对象是劳动关系及与劳动关系密切联系的其他社会关系,但并非所有的劳动关系均由劳动法调整。劳动法调整的劳动关系是劳动者与用人单位之间在实现劳动过程中发生的社会关系。这种社会关系具有如下特征:

1. 劳动关系的当事人是特定的,一方是劳动者,另一方是用人单位

劳动者是依法在用人单位从事体力或者脑力劳动并获取劳动报酬的自然人,他们必须具有劳动行为能力并且不得违反法定最低年龄的规定,在用人单位的安排和指挥下,为用人单位提供劳动。用人单位是指拥有生产资料,雇佣劳动者并安排其工作、支付劳动报酬的经济实体。《劳动合同法》将用人单位的范畴框定为我国境内的企业、个体经济组织、民办非企业单位等组织。

2. 劳动关系具有人身关系和财产关系的属性

在劳动关系存续期间,用人单位可以行使用工管理权。劳动者在工作中应当接受用人单位的合理安排和正当管理,必须亲力亲为完成单位交付的工作任务,才能取得相应的报酬。用人单位应当按时足额地支付劳动者工资并为其缴纳社会保险费。劳动者对用人单位的人身隶属和用人单位财产向劳动者转移,使得劳动关系具有人身关系、财产关系的属性,这也是劳动关系区别于其他民事关系最显著的特征。

3. 劳动关系具有平等、隶属的属性

用人单位和劳动者双方都是劳动力市场的主体,双方都要遵循平等自愿协商的原则订立劳动合同,确立劳动关系。任何一方在单方决定与对方解除劳动关系时,都要遵循法律规定,双方发生争议时法律地位平等。劳动者与用人单位缔结劳动关系之后,就有义务在工作场所接受用人单位的管理和监督,按照用人单位所规定的纪律或要求付出劳动,这就形成了所谓的隶属性。

(三) 劳动法的适用范围

我国劳动法的适用范围包括:

(1) 在中华人民共和国境内的企业、个体经济组织和与之形成劳动关系的劳动者。

(2) 国家机关、事业组织、社会团体和与之建立劳动合同关系的劳动者。

(3) 劳务派遣、非全日制用工形式的部分类型的非标准劳动关系。

劳动法不适用公务员以及农村劳动者(乡镇企业职工和进城务工、经商的农民除外)、现役军人和家庭保姆等。

二、劳动法律关系

劳动法律关系是劳动关系当事人在实现劳动过程中依据劳动法律规范而形成的劳动权利和劳动义务关系。劳动法律关系由主体、内容和客体三个要素构成。

(一) 劳动法律关系的主体

1. 劳动者

一般认为,劳动法中的劳动者,是指达到法定年龄,具有劳动能力,以从事某种社会劳动获取收入为主要生活来源的自然人,包括我国公民、外国人和无国籍的人。我国《劳动法》规定,未满16周岁的未成年人,一般不得成为劳动法规定的劳动者,不能签订劳动合同。特殊

情形下，未满16周岁的未成年人，可以根据有关规定，履行一定手续后，以劳动者身份与文艺、体育、特种工艺等单位签订劳动合同，但必须保障其接受义务教育的权利。

劳动者成为劳动法律关系主体的前提条件是劳动者必须具有劳动权利能力和劳动行为能力。

2. 用人单位

用人单位是指具有用人权利能力和用人行为能力，运用劳动力组织生产劳动，且向劳动者支付工资等劳动报酬的单位。目前适用《劳动法》的用人单位包括：企业、事业单位、社会团体、国家机关、民办非企业单位和个体经济组织等。

工会是团体劳动法律关系的形式主体。

（二）劳动法律关系的内容

劳动法律关系的内容是指劳动法律关系主体双方依法所享有的劳动权利和承担的劳动义务。

1. 劳动者的权利和义务

劳动者享有的劳动权利主要有：

（1）平等就业和职业选择权；

（2）取得劳动报酬权；

（3）休息休假权；

（4）获得劳动安全卫生保护权；

（5）接受职业技能培训权；

（6）享受社会保险和福利权；

（7）依法参加工会和职工民主管理权；

（8）提请劳动争议处理权；

（9）法律规定的其他劳动权利。

劳动者应当完成劳动任务，提高职业技能，执行劳动安全卫生规程，遵守劳动纪律和职业道德。

2. 用人单位的权利和义务

用人单位享有的权利有：

（1）要求劳动者完成任务的权利；

（2）要求劳动者提高劳动技能和执行劳动安全卫生规章的权利；

（3）要求劳动者遵守劳动纪律和职业道德的权利；

（4）对违反劳动纪律的劳动者给予批评教育、纪律制裁和经济处罚的权利；

（5）依法享有用工及工资分配方面的权利；

（6）法律规定的其他权利。

用人单位的基本义务包括：应当依法建立和完善规章制度；保障劳动者享有劳动权利；职工培训；按时足额支付工资报酬；按时交纳社会保险；法律规定的其他义务。

（三）劳动法律关系的客体

劳动法律关系的客体是指劳动法律关系主体双方权利义务所共同指向的对象。包括劳动行为、劳动待遇和劳动条件。

第二节 劳动合同

一、劳动合同的概念和分类

（一）劳动合同的概念

劳动合同是劳动者与用人单位确立劳动关系，明确双方劳动权利和义务的协议。劳动合同用书面形式把劳动者与用人单位之间的有关权利、义务确立下来。劳动者依据劳动合同在用人单位内担任一定职务或工种的工作，遵守劳动法律法规和用人单位的规章制度，并完成劳动合同约定的生产和工作任务，用人单位则依据劳动合同的约定，为劳动者提供劳动条件并按照劳动者的劳动数量和质量支付劳动报酬。

（二）劳动合同的分类

根据《劳动合同法》第十二条的规定："劳动合同分为固定期限劳动合同、无固定期限劳动合同和以完成一定工作任务为期限的劳动合同。"

1. 固定期限劳动合同

固定期限劳动合同是指对劳动合同履行的起始时间和终止时间有具体明确规定的劳动合同。此类合同的期限长短和订立条件由双方当事人自由协商确定，期限届满即终止，劳动关系随之消灭。如果双方同意，劳动合同也可以续订。期限可长可短，如半年、1年、5年或更长，具体由双方当事人协商确定。

2. 无固定期限劳动合同

无固定期限劳动合同是指用人单位与劳动者约定无确定终止时间的劳动合同。除法律规定的特殊情况外，无固定期限的劳动合同一般不能终止。这种合同一般适用于技术复杂、生产工作又长期需要保持人员稳定的工作岗位。正常情况下，无固定期限劳动合同可持续到劳动者达到法定退休年龄为止。

《劳动合同法》第十四条规定："用人单位与劳动者协商一致，可以订立无固定期限劳动合同。"有下列情形之一，劳动者提出或者同意续订、订立劳动合同的，除劳动者提出订立固定期限劳动合同外，应当订立无固定期限劳动合同：

（1）劳动者在该用人单位连续工作满10年的；

（2）用人单位初次实行劳动合同制度或者国有企业改制重新订立劳动合同时，劳动者在该用人单位连续工作满10年且距法定退休年龄不足10年的；

（3）连续订立二次固定期限劳动合同，且劳动者没有《劳动合同法》第三十九条和第四十条第一项、第二项规定的情形，续订劳动合同的。

用人单位自用工之日起满1年不与劳动者订立书面劳动合同的，视为用人单位与劳动者已订立无固定期限劳动合同。

3. 以完成一定工作任务为期限的劳动合同

以完成一定工作任务为期限的劳动合同，是指用人单位与劳动者约定以某项工作的完成为合同期限的劳动合同。用人单位与劳动者协商一致，可以订立以完成一定工作任务为期限的劳动合同。它一般适用于建筑业、临时性、季节性的工作或由于工作性质可以采取此种合同期限的工作岗位。

想一想

新疆某农场大规模种植棉花,棉花采摘的时候与外来采摘工签订的合同属于什么类型的合同?

二、劳动合同的内容和形式

(一)劳动合同的内容

劳动合同的内容是劳动者与用人单位在平等协商基础上就双方权利义务达成的具体条款,即劳动合同条款。一般分为必备条款和约定条款。

1. 劳动合同的必备条款

必备条款是法律规定的劳动合同必须具备的条款。根据《劳动合同法》第十七条的规定,劳动合同应当具备以下条款:

(1) 用人单位的名称、住所和法定代表人或者主要负责人;

(2) 劳动者的姓名、住址和居民身份证或者其他有效身份证件号码;

(3) 劳动合同期限;

(4) 工作内容和工作地点;

(5) 工作时间和休息休假;

(6) 劳动报酬;

(7) 社会保险;

(8) 劳动保护、劳动条件和职业危害防护;

(9) 法律、法规规定应当纳入劳动合同的其他事项。

2. 劳动合同的约定条款

除必备条款外,劳动合同的双方可以在合同中约定某些条款。根据《劳动合同法》第十七条的规定,用人单位与劳动者可以约定试用期、培训、保守秘密、补充保险和福利待遇等其他事项。

(1) 试用期

所谓试用期,又叫适应期,是指用人单位和劳动者相互了解、选择而在劳动合同中约定不得超过 6 个月的考察期。目的是让劳动者和用人单位相互考察,以决定是否建立劳动关系。

劳动合同可以约定试用期。"可以"二字表明,劳动合同中约定试用期不是必备条款。是否约定由劳动者和用人单位协商确定。但是,只要协商约定试用期且不违反法律,当事人就必须遵守有关试用期的规定。

劳动合同中的试用期应由用人单位和劳动者双方平等协商约定,不得由用人单位一方强行规定。

劳动合同期限 3 个月以上不满 1 年的,试用期不得超过 1 个月;劳动合同期限 1 年以上不满 3 年的,试用期不得超过 2 个月;3 年以上固定期限和无固定期限的劳动合同,试用期不得超过 6 个月。

以完成一定工作任务为期限的劳动合同或者劳动合同期限不满 3 个月的,不得约定试用期。

试用期包括在劳动合同期限内,不能把试用期计算在劳动合同以外,即试用期满后才签订劳动合同。劳动合同仅约定试用期的,试用期不成立,该期限为劳动合同期限。就是说,只要签订劳动合同，就必须是正式劳动合同，但可以在正式劳动合同里面约定前几个月是试用期，而不能先签一个试用期合同，再签正式合同。

《劳动合同法》第十九条规定："同一用人单位与同一劳动者只能约定一次试用期。"就是说，企业给员工调换岗位不能再设试用期。劳动者对用人单位不满意或认为不适合工作，可以解除劳动合同，而用人单位在试用期内发现劳动者不符合录用条件，可以解除劳动合同，而不能延长试用期继续进行考察。

练一练

张某与甲公司签订了为期2年的劳动合同，合同约定试用期为6个月，试用期月工资为1 700元，试用期满合格月工资为2 200元。如果张某在甲公司按照约定完成了6个月的工作任务，该公司又以6个月未能完全了解张某为由单方面延长试用期3个月。甲公司与张某在劳动合同中约定的试用期是否合法？依法该公司与张某最多可以约定的试用期期限为多长？甲公司能否单方面延长试用期？

(2) 服务期

服务期是用人单位和劳动者在签订劳动合同之时或劳动合同履行过程中，用人单位为劳动者支付了特别投资的前提下，劳动者同意为该用人单位工作一定期限的特别约定，是用人单位的投资回收期。

《劳动合同法》第二十二条规定："用人单位为劳动者提供专项培训费用，对其进行专业技术培训的，可以与该劳动者订立协议，约定服务期。劳动者违反服务期约定的，应当按照约定向用人单位支付违约金。违约金的数额不得超过用人单位提供的培训费用。用人单位要求劳动者支付的违约金不得超过服务期尚未履行部分所应分摊的培训费用。用人单位与劳动者约定服务期的，不影响按照正常的工资机制提高劳动者在服务期期间的劳动报酬。"

(3) 保密条款

用人单位与劳动者可以在劳动合同中约定保守用人单位的商业秘密和与知识产权相关的保密事项。对负有保密义务的劳动者，用人单位可以在劳动合同或者保密协议中与劳动者约定竞业限制条款，并约定在解除或者终止劳动合同后，在竞业限制期限内按月给予劳动者经济补偿。劳动者违反竞业限制约定的，应当按照约定向用人单位支付违约金。

(4) 竞业限制

竞业限制是用人单位对负有保守用人单位商业秘密的劳动者，在劳动合同、知识产权权利归属协议或技术保密协议中约定的竞业限制条款，即劳动者在终止或解除劳动合同后的一定期限内不得再生产同类产品、经营同类业务或有其他竞争关系的用人单位任职，也不得自己生产与原单位有竞争关系的同类产品或经营同类业务。

《劳动合同法》第二十四条规定："竞业限制的人员限于用人单位的高级管理人员、高级技术人员和其他负有保密义务的人员。竞业限制的范围、地域、期限由用人单位与劳动者约定，竞业限制的约定不得违反法律、法规的规定。在解除或者终止劳动合同后，前款规定的人员到与本单位生产或者经营同类产品、从事同类业务的有竞争关系的其他用人单位，或者自己开业生产或者经营同类产品、从事同类业务的竞业限制期限，不得超过二年。"

竞业限制条款需要约定的内容：约定明确的商业秘密的保护范围；约定条款的使用对象；约定明确的竞业限制期限；约定明确的经济补偿数额。

(5) 违约金条款

除了劳动合同约定的服务期条款和保密条款以外，用人单位不得与劳动者约定由劳动者承担违约金。

（二）劳动合同的形式

《劳动合同法》第十条规定："建立劳动关系，应当订立书面劳动合同。"这就意味着我国劳动合同的形式为书面形式。

三、劳动关系的建立与劳动合同的订立

（一）劳动关系的建立

劳动关系是劳动者与用人单位在实现劳动过程中建立的社会关系。劳动关系的建立，取决于书面劳动合同的签订时间和实际用工时间，分为以下三种情况：

(1) 实际用工之日同时签订书面劳动合同。劳动者实际提供劳动同时与用人单位签订书面劳动合同的，劳动关系自书面劳动合同签订之日起建立。

(2) 实际用工晚于书面劳动合同签订时间。《劳动合同法》第十条规定："用人单位与劳动者在用工之前订立劳动合同的，劳动关系应当自用工之日起建立。"该合同具备法律约束力，违约的当事人应承担民事责任。这一规定进一步表明劳动关系建立的时间应当从用工之日起计算，而不应当以订立劳动合同的日期开始计算。

(3) 实际用工时间早于劳动合同的签订时间。劳动关系自用工之日起建立，即只要劳动者实际提供劳动，用人单位实际用工，就建立了劳动关系。

已经建立劳动关系，未同时订立书面劳动合同，应当自用工之日起 1 个月内订立书面劳动合同。《劳动合同法》第七条规定："用人单位自用工之日起即与劳动者建立劳动关系。用人单位应当建立职工名册备查。"职工名册是用人单位管理劳动者的重要文件，其内容主要包括职工姓名、性别、年龄、身份证号码、户籍地址、现住址、劳动合同期限、工资、所属单位、职务、工作技能、社会保险缴费、考勤记录等。制定职工名册是用人单位的法定义务，是劳动行政部门依法监督检查的依据。

练一练

2015 年 7 月 18 日，张某与甲公司签订劳动合同，合同就工作内容、工作条件、工资、福利待遇等做了详细的规定。后由于公司内部一些原因，直到同年的 7 月 28 日才通知张某于 2015 年 8 月 1 日到公司上班。

请问：张某按时到企业报到上班。张某与甲公司的劳动关系是什么时候建立的？

另外，用人单位招用劳动者，不得扣押劳动者的居民身份证和其他证件，不得要求劳动者提供担保或者以其他名义向劳动者收取财物。这一规定有效地规范了用人单位的行为，防止用人单位随意侵害劳动者权益。

（二）劳动合同的订立

《劳动合同法》第三条规定："订立劳动合同，应当遵循合法、公平、平等自愿、协商一致、诚实信用的原则。"

(1) 合法原则

合法原则要求劳动合同的形式合法和内容合法。按照《劳动合同法》的规定，除非全日制用工外，都应当以书面形式订立劳动合同。劳动合同内容必须具备必备条款，且内容不得违反法律规定。

(2) 公平原则

公平原则要求劳动合同内容公平合理，用人单位不得以强势地位压制劳动者而制定显失公平的合同。

(3) 平等自愿原则

平等自愿原则是指劳动者和用人单位在订立劳动合同时法律地位平等，订立劳动合同完全是出于劳动者和用人单位双方的真实意思的表示。

(4) 协商一致原则

协商一致原则是指合同条款是经双方协商达成的，任何一方不得把自己的意志强加给另一方，不得强迫订立劳动合同。

(5) 诚实信用原则

诚实信用原则是指用人单位和劳动者在订立劳动合同时要诚实，讲信用，不得欺诈对方。根据《劳动合同法》的规定，用人单位招用劳动者时，应当如实告知劳动者工作内容、工作条件、工作地点、职业危害、安全生产状况、劳动报酬，以及劳动者要求了解的其他情况；用人单位有权了解劳动者与劳动合同直接相关的基本情况，劳动者应当如实说明。

四、劳动合同的履行、变更、解除和终止

(一) 劳动合同的履行

依法订立的劳动合同具有约束力。《劳动合同法》第二十九条规定："用人单位与劳动者应当按照劳动合同的约定，全面履行各自的义务。"

用人单位应当按照劳动合同约定和国家规定，向劳动者及时足额支付劳动报酬，严格执行劳动定额标准，不得强迫或者变相强迫劳动者加班。用人单位安排加班的，应当按照国家有关规定向劳动者支付加班费。

劳动者拒绝用人单位管理人员违章指挥、强令冒险作业的，不视为违反劳动合同。

《劳动合同法》规定了两种劳动合同履行的特殊情形：

(1) 用人单位变更名称、法定代表人、主要负责人或者投资人等事项，不影响劳动合同的履行。

(2) 用人单位发生合并或者分立等情况，原劳动合同继续有效，劳动合同由承继其权利和义务的用人单位继续履行。

(二) 劳动合同的变更

劳动合同变更是指劳动合同当事人双方或单方面依法或按照双方的意愿，修改或补充劳动合同条款的行为。《劳动合同法》第三十五条规定："用人单位与劳动者协商一致，可以变更劳动合同约定的内容。变更劳动合同，应当采用书面形式。变更后的劳动合同文本由用人单位和劳动者各执一份。"

(三) 劳动合同的解除

劳动合同的解除是指劳动合同当事人在合同期限届满之前依法提起终止劳动合同的法律行为。劳动合同的解除可以分为协商解除和法定单方面解除两种。

1. 协商解除

《劳动合同法》第三十六条规定："用人单位与劳动者协商一致，可以解除劳动合同。"

2. 法定单方面解除

(1) 用人单位单方面解除劳动合同

用人单位单方面解除劳动合同包括三种情况：

① 用人单位解除劳动合同，且无须支付经济补偿金。根据《劳动合同法》第三十九条的规定，在试用期间被证明不符合录用条件的；严重违反用人单位的规章制度的；严重失职，营私舞弊，给用人单位造成重大损害的；劳动者同时与其他用人单位建立劳动关系，对完成本单位的工作任务造成严重影响，或者经用人单位提出，拒不改正的；因《劳动合同法》第二十六条第一款第一项规定的情形致使劳动合同无效的；被依法追究刑事责任的，用人单位可以单方面解除合同。

② 用人单位提前30天以书面形式通知劳动者本人或者额外支付劳动者1个月工资后单方面解除劳动合同。根据《劳动法》第四十条的规定，劳动者患病或者非因工负伤，在规定的医疗期满后不能从事原工作，也不能从事由用人单位另行安排的工作的；劳动者不能胜任工作，经过培训或者调整工作岗位，仍不能胜任工作的；劳动合同订立时所依据的客观情况发生重大变化，致使劳动合同无法履行，经用人单位与劳动者协商，未能就变更劳动合同内容达成协议的。用人单位提前30日以书面形式通知劳动者本人或额外支付劳动者1个月工资后，即可解除劳动合同。

③ 集体裁员。用人单位有法律规定的情形，需要裁减人员20人以上或者裁减不足20人但占企业职工总数10%以上的，用人单位提前30日向工会或者全体职工说明情况，听取工会或者职工的意见后，裁减人员方案经向劳动行政部门报告，可以裁减人员，但破产裁减人员，在6个月内重新招用人员的，应当通知被裁减的人员，并在同等条件下优先招用被裁减人员。

劳动者有下列情形之一的，用人单位不得解除劳动合同：从事接触职业病危害作业的劳动者未进行离岗前职业健康检查，或者疑似职业病病人在诊断或者医学观察期间的；在本单位患职业病或者因工负伤并被确认丧失或者部分丧失劳动能力的；患病或者非因工负伤，在规定的医疗期内的；女职工在孕期、产期、哺乳期的；在本单位连续工作满15年，且距法定退休年龄不足5年的；法律、行政法规规定的其他情形。

(2) 劳动者单方面解除劳动合同

① 劳动者即时解除劳动合同。即时解除是指劳动者在法律规定的条件下，不提前通知用人单位即可单方面解除劳动合同。根据《劳动法合同》第三十八条的规定，用人单位未按照劳动合同约定提供劳动保护或者劳动条件的；未及时足额支付劳动报酬的；未依法为劳动者缴纳社会保险费的；用人单位的规章制度违反法律、法规的规定，损害劳动者权益的；因《劳动合同法》第二十六条第一款规定的情形致使劳动合同无效的；法律、行政法规规定劳动者可以解除劳动合同的其他情形的，劳动者可以解除劳动合同。

用人单位以暴力、威胁或者非法限制人身自由的手段强迫劳动者劳动的，或者用人单位违章指挥、强令冒险作业危及劳动者人身安全的，劳动者可以立即解除劳动合同，不需事先告知用人单位。

② 劳动者需要提前通知用人单位，按照法律规定的要求和程序解除合同。根据《劳动合同法》第三十七条的规定，劳动者提前30日以书面形式通知用人单位，可以解除劳动合同。劳动者在试用期内提前3日通知用人单位，可以解除劳动合同。

练一练

王某、田某、赵某均受聘于甲公司，在劳动关系存续期间发生下列事情：(1) 王某试用期内提前1周通知甲公司解除合同；(2) 田某因甲公司已经1年没有支付工作报酬而提出解除合同;(3) 赵某非因公负伤,医疗期结束后无法从事原工作,也不能从事由用人单位另行安排的工作,甲公司提出解除合同。因3人与甲公司协商不成遂引起纠纷。王某、田某和甲公司分别提出解除合同是否符合法律规定?

（四）劳动合同的终止

劳动合同的终止是指在符合法律规定的情形时,劳动合同的自行失效,双方当事人的权利义务消灭。根据《劳动合同法》第四十四条的规定,有下列情形之一的,劳动合同终止：

（1）劳动合同期满的；

（2）劳动者开始依法享受基本养老保险待遇的；

（3）劳动者死亡,或者被人民法院宣告死亡或者宣告失踪的；

（4）用人单位被依法宣告破产的；

（5）用人单位被吊销营业执照、责令关闭、撤销或者用人单位决定提前解散的；

（6）法律、行政法规规定的其他情形。

第三节 劳动基准法

一、工作时间

工作时间是指劳动者为履行劳动义务,在法律规定的标准下,根据劳动合同和集体劳动合同的规定提供劳动的时间。一般法律上会用1周内从事劳动的天数和1昼夜从事劳动的小时数表示。我国的工时制度主要有标准工作日制、不定时工作制和综合计算工作制。

1. 标准工作日制

标准工作日是指国家统一规定的劳动者从事工作的时间。1995年5月1日施行的《国务院关于修改〈国务院关于职工工作时间的规定〉的决定》明确了我国职工的工作时间。我国现行的标准工时制度是劳动者每日工作时间不超过8小时,平均每周工作时间不超过40小时。在正常的情况下,任何单位和个人不得擅自延长劳动者的工作时间。特殊情况下,允许加班加点,但需要遵守法律法规的规定。

加班是指用人单位依法要求劳动者在休息日或法定休假日从事工作的时间;加点是用人单位依法要求劳动者在正常工作日之外延长工作的时间。加班加点必然占有劳动者的休息时间,除发生自然灾害、及时抢修生产设备、交通运输线路、公共设施等情形不受延长工作时间限制以外,其他情况用人单位延长劳动者的工作时间必须符合三个条件:一是生产经营的需要;二是在程序上必须在加班加点前与工会和劳动者协商;三是加班加点的时间必须符合法律的规定,即每日一般不得超过1小时;因特殊原因需要延长工作时间的,在保障劳动者身体健康的条件下每日不得超过3小时;每月总时数不得超过36小时。对实行计件工作的劳动者,用人单位应当合理确定其劳动定额和计件报酬标准,不得以提高劳动定额变相延长工作时间。

2. 不定时工时制

不定时工作制是指劳动者因生产条件或工作的特殊性,在一段时间内必须进行连续生产或工作,而不受固定工作时间的限制,不进行固定计算工作日而无定时工作,采用轮休调休、弹性工作时间等方式的一种特殊工时制度。不定时工作制主要适用于因工作无法按标准工作时间衡量的高级管理人员、外勤人员和因工作性质特殊需要机动作业的职工。

3. 综合计算工时工作制

综合计算工时工作制是用人单位根据生产和工作的特点，平均日工作时间和平均周工作时间应与法定标准工作时间基本相同，但以周、月、季、年为周期综合计算工作时间的一种工时制度。实行综合计算工时工作制的企业应当采用适当的工作方式确保职工的休息休假权利和生产、工作任务的完成。

二、休息休假

休息休假是劳动者在国家规定的法定工作时间以外不从事劳动而由自己自行支配的时间。我国的休息休假主要有：

(1) 法定节假

根据国务院《全国年节及纪念日放假办法》的规定，新年(元旦)放假 1 天，春节放假 3 天，清明节放假 1 天，劳动节放假 1 天，端午节放假 1 天，中秋节放假 1 天，国庆节放假 3 天，共 11 天。

3 月 8 日妇女节女职工放假半天，5 月 4 日青年节 14 周岁以上的青年放假半天。

(2) 公休假

公休假又称休息日，是劳动者在 1 周内享有的不少于 24 小时的连续休息时间。国家机关、事业单位实行统一的星期六和星期日为周休息日。企业和不能实行统一工作时间的事业单位，可以根据实际情况灵活安排周休息日，但应当保证劳动者每周至少休息 1 日。

(3) 工作日间的休息时间

工作日间的休息时间是指劳动者在两个相邻工作日之间的休息时间，一般不得少于 16 小时。

(4) 工作日内的休息时间

工作日内的休息时间也称为工间休息时间，是指 1 个工作日内给予劳动者休息和用餐的时间。一般为 1～2 小时，最少应当保证有半个小时。

(5) 年休假

年休假是国家根据劳动者工作年限和劳动繁重紧张程度每年给予的一定期间的带薪连续休假。机关、团体、企业、事业单位、民办非企业单位、有雇工的个体工商户等单位的职工连续工作 1 年以上的，享受带薪年休假。职工累计工作已满 1 年不满 10 年的，年休假 5 天；已满 10 年不满 20 年的，年休假 10 天；已满 20 年的，年休假 15 天。国家法定假、休息日不计入年休假的假期。年休假在 1 个年度内，可以集中使用，也可以分段使用，但不跨年度安排。单位因生产、工作特点确有必要跨年度安排职工集体休假的，可以跨 1 个年度安排。

职工有下列情形之一的，不享受年休假：职工依法享受寒暑假，其休假天数多于年休假天数的；职工请事假累计 20 天以上且单位按照规定不扣工资的；累计工作满 1 年不满 10 年的职工，请病假累计 2 个月以上的；累计工作满 10 年不满 20 年的职工，请病假累计 3 个月以上的；累计工作满 20 年以上的职工，请病假累计 4 个月以上的。

职工已享受当年的年休假，年度内又出现上述情形之一的，不享受下一年度的年休假。

三、工资

工资是指用人单位依据国家有关规定和劳动关系双方的约定，以货币形式支付给员工的劳动报酬。《劳动法》中的工资包括正常情况下的工资、特殊情况下的工资和最低工资保障。

1. 正常情况下的工资

用人单位根据本单位的生产经营特点和经济效益,依法自主确定本单位的工资分配方式和工资水平。

工资应当以货币形式按时支付给劳动者本人,用人单位不得克扣或者无故拖欠劳动者工资。

2. 特殊情况下的工资

(1) 劳动者在试用期的工资不得低于本单位相同岗位最低档工资或劳动合同约定工资的 80%,并不得低于用人单位所在地的最低工资标准。

(2) 劳动者在法定休假日和婚丧假期间以及依法参加社会活动期间,用人单位应当依法支付工资。

(3) 对参加社会活动、单位组织的庆祝活动,单位应支付工资,但不支付加班工资。

(4) 女职工因生育、哺乳请长假的,在其享受法定产假期间,依法领取生育津贴;没有参加生育保险的企业,由企业照发原工资。

(5) 加班加点工资。用人单位安排劳动者延长工作时间的,应当向劳动者支付不低于工资 150%的工资报酬;用人单位在休息日安排劳动者工作又不能安排补休的,应当向劳动者支付不低于工资 200%的工资报酬;用人单位在法定休假日安排劳动者工作的,应当向劳动者支付不低于工资 300%的工资报酬。

练一练

李海 2016 年 5 月份全月无请假和旷工,5 月 1 日由于工作需要单位安排他加班,另外 5 月 8 日和 5 月 23 日两天每天各加班 2 小时。如果单位和李海签订的劳动合同中约定的月工资为 2 500 元,请计算李海本月应得的工资。

3. 最低工资

最低工资是指由国家法律明文规定的,当劳动者在法定的工作时间或依法签订的劳动合同约定的工作时间内提供了正常劳动的前提下,用人单位依法在最低限度内应当支付的、足以维持职工及其平均供养人口基本生活需要的工资。它不包括加班加点工资,夜班、高温、低温、井下、有毒等特殊条件下的津贴以及法律法规和国家规定的劳动者享受的福利待遇。

最低工资标准由省、自治区、直辖市政府规定。用人单位支付给劳动者的工资不得低于当地最低工资标准。

四、社会保险

社会保险是指国家通过立法强制实行的,由劳动者、企业或社区以及国家三方共同筹资,建立保险基金,对劳动者因年老、工伤、疾病、生育、残废、失业、死亡等原因丧失劳动能力或暂时失去工作时,给予劳动者本人或供养直系亲属物质帮助的一种社会保障制度。社会保险具有保障性、普遍性、互助性、强制性、福利性等特征。

我国目前设立的社会保险制度有:养老保险、医疗保险、失业保险、生育保险、工伤保险等。

1. 养老保险

养老保险是依法由专门部门负责组织和管理,用人单位和劳动者个人主要承担养老保险费缴纳义务,劳动者退休后依法享受养老保险待遇的基本社会保险制度。基本养老保险实行社会统筹与个人账户相结合。基本养老保险基金由用人单位和个人缴费，不足部分由政府补。

参加基本养老保险的个人，达到法定退休年龄时累计缴费满 15 年的，按月领取基本养老金；达到法定退休年龄时累计缴费不足 15 年的，可以缴费至满 15 年，按月领取基本养老金；也可以转入新型农村社会养老保险或者城镇居民社会养老保险，按照国务院规定享受相应的养老保险待遇。

参加基本养老保险的个人，因病或者非因工死亡的，其遗属可以领取丧葬补助金和抚恤金；在未达到法定退休年龄时因病或者非因工致残完全丧失劳动能力的，可以领取病残津贴。所需资金从基本养老保险基金中支付。

2. 基本医疗保险

基本医疗保险是国家为了保障劳动者和退休人员因疾病或非因工伤害时得到基本医疗、享受医疗保险待遇的基本社会保险制度。基本医疗保险基金由用人单位和职工按照国家规定共同缴费。

国家建立和完善新型农村合作医疗制度和城镇居民基本医疗保险制度。

参加职工基本医疗保险的个人，达到法定退休年龄时累计缴费达到国家规定年限的，退休后不再缴纳基本医疗保险费，按照国家规定享受基本医疗保险待遇；未达到国家规定年限的，可以缴费至国家规定年限。但应当从工伤保险基金中支付的医疗费用、应当由第三人负担的医疗费用、应当由公共卫生负担的医疗费用和境外就医的医疗费用不纳入基本医疗保险基金支付范围。个人跨统筹地区就业的，其基本医疗保险关系随本人转移，缴费年限累计计算。

3. 失业保险

失业保险是为了对失业人员提供一定时期的物质帮助和再就业服务，保障他们失业期间的正常生活的一种基本社会保险制度。

失业前用人单位和本人已经缴纳失业保险费满 1 年，非因本人意愿中断就业的，且已经进行失业登记，并有求职要求的失业人员，依法可以从失业保险基金中领取失业保险金。

失业人员失业前用人单位和本人累计缴费满 1 年不足 5 年的，领取失业保险金的期限最长为 12 个月；累计缴费满 5 年不足 10 年的，领取失业保险金的期限最长为 18 个月；累计缴费 10 年以上的，领取失业保险金的期限最长为 24 个月。

重新就业后，再次失业的，缴费时间重新计算，领取失业保险金的期限与前次失业应当领取而尚未领取的失业保险金的期限合并计算，最长不超过 24 个月。

个人死亡同时符合领取基本养老保险丧葬补助金、工伤保险丧葬补助金和失业保险丧葬补助金条件的，其遗属只能选择领取其中的一项。

练一练

张杰 1988 年参加工作，一直在恒通电子有限责任公司工作。从参加工作时起，单位和他本人按照国家规定缴纳各种社会保险。2013 年，张杰的平均月工资为 4 200 元。2014 年 1 月，该企业裁员，张杰失业。

请问：张杰可否享受失业保险待遇？如果可以，张杰领取的失业保险金最多是多少？

4. 生育保险

生育保险是为了保障女职工生育期间得到必要的经济补偿和医疗保障的一种社会保险

制度。

生育保险费由用人单位缴纳，职工不缴纳。

用人单位已经缴纳生育保险费的，其职工享受生育保险待遇；职工未就业配偶按照国家规定享受生育医疗费用待遇。

生育保险待遇包括生育医疗费用和生育津贴。生育医疗费用包括生育的医疗费用、计划生育的医疗费用、法律法规规定的其他项目费用；职工生育产假期、计划生育手术期等享受生育津贴。

生育津贴按照职工所在用人单位上年度职工月平均工资计发。

5. 工伤保险

工伤保险是为了保障由于工作原因遭受事故伤害或因为职业危害因素引发的职业病的劳动者获得必要的医疗救助和经济补偿的一种社会保险制度。虽然工伤保险也有让劳动者获得医疗救助的目的，但它与医疗保险的不同在于强调劳动者需要医疗救助的原因是由于工作中遭受事故伤害或因为职业危害因素引发的职业病。

工伤保险的保险费由用人单位缴纳，职工不缴纳。

职工因工作原因受到事故伤害或者患职业病，且经工伤认定的，享受工伤保险待遇。其中，经劳动能力鉴定丧失劳动能力的，享受伤残待遇。但本人在工作中由于故意犯罪、醉酒或者吸毒、自残或者自杀以及法律、行政法规规定的其他情形导致的伤亡，不能认定为工伤。

劳动者工伤发生的治疗工伤的医疗费用和康复费用，住院伙食补助费，到统筹地区以外就医的交通食宿费，安装配置伤残辅助器具所需费用，经劳动能力鉴定委员会确认生活不能自理者的生活护理费，一次性伤残补助金和1～4级伤残职工按月领取的伤残津贴，终止或者解除劳动合同时应当享受的一次性医疗补助金，遗属领取的因工死亡丧葬补助金、供养亲属抚恤金，因工死亡补助金和劳动能力鉴定费等，按规定从工伤保险基金中支付。

因工伤发生的治疗工伤期间的工资福利，5～6级伤残职工按月领取的伤残津贴，终止或者解除劳动合同时应当享受的1次性伤残就业补助金，按照国家规定由用人单位支付。

五、职业安全卫生

职业安全卫生也称为劳动保护，是以保障职工在职业活动过程中的安全与健康为目的的工作领域及在法律、技术、设备、组织制度和教育等方面所采取的相应措施。职业安全卫生针对的对象是人的防护，而不是环境的保护。

国家对女职工和未成年工实行特殊劳动保护。禁止安排女职工从事矿山井下、国家规定的第四级体力劳动强度的劳动和其他禁忌从事的劳动；不得安排女职工在经期从事高处、低温、冷水作业和国家规定的第三级体力劳动强度的劳动；不得安排女职工在怀孕期间从事国家规定的第三级体力劳动强度的劳动和孕期禁忌从事的劳动；对怀孕7个月以上的女职工，不得安排其延长工作时间和夜班劳动；不得安排女职工在哺乳未满1周岁的婴儿期间从事国家规定的第三级体力劳动强度的劳动和哺乳期禁忌从事的其他劳动；不得安排其延长工作时间和夜班劳动；不得安排未成年工从事矿山井下、有毒有害、国家规定的第四级体力劳动强度的劳动和其他禁忌从事的劳动。用人单位应当对未成年工定期进行健康检查。

第四节　劳动争议的解决

一、劳动争议的概念

劳动争议也称为劳动纠纷，是指劳动者和用人单位在执行劳动法律、法规或履行劳动合同过程中，就劳动权利和劳动义务关系所产生的争执。这一概念包括两层含义：

(1) 劳动争议发生在劳动法律关系主体之间。不具有劳动法律关系主体身份者之间所发生的争议，不属于劳动争议。如果争议不是发生在劳动关系双方当事人之间，即使争议内容涉及劳动问题，也不构成劳动争议。

(2) 劳动争议的内容涉及劳动权利和劳动义务。劳动权利和劳动义务的内容非常广泛，包括就业、工资、工时、劳动保护、劳动保险、劳动福利、职业培训、民主管理、奖励惩罚等。如果劳动者与用人单位之间不是为了实现劳动权利和劳动义务而发生的争议，就不属于劳动争议的范畴。

二、劳动争议的适用范围

在我国，下列争议属于劳动争议：

(1) 因确认劳动关系发生的争议；

(2) 因订立、履行、变更、解除和终止劳动合同发生的争议；

(3) 因除名、辞退和辞职、离职发生的争议；

(4) 因工作时间、休息休假、社会保险、福利、培训以及劳动保护发生的争议；

(5) 因劳动报酬、工伤医疗费、经济补偿或者赔偿金等发生的争议；

(6) 法律、法规规定的其他劳动争议。

三、劳动争议的解决方式

用人单位与劳动者发生劳动争议，当事人可以依法申请调解、仲裁、提起诉讼，也可以协商解决。可以看出，在我国劳动争议解决的方式有四种：调解、仲裁、诉讼和协商。

四、劳动争议处理程序

1. 协商

协商不是劳动争议处理的必经程序，但是不少的劳动争议经过劳动者与用人单位沟通、协商后，还是能够很好地得到化解。协商达成一致的，双方应当签订书面和解协议。和解协议对双方当事人有约束力，当事人应当履行。

2. 调解

劳动争议发生后，当事人可以向劳动争议调解委员会申请调解。劳动争议调解委员会由劳动者代表和企业代表组成，人数由双方协商确定，双方人数应当对等。劳动者代表由工会委员会成员担任或者由全体劳动者推举产生，企业代表由企业负责人指定。发生劳动争议后，当事人没有提出调解申请，调解委员会可以在征得双方当事人同意后主动调解。调解达成一致的，可以制作调解协议书。调解协议书由双方当事人签名或者盖章，经调解员签名并加盖调解委员会印章后生效。生效的调解协议对双方当事人具有约束力，当事人应当履行。

3. 仲裁

劳动仲裁是指劳动争议仲裁委员会对当事人申请仲裁的劳动争议居中公断与裁决。在我国,劳动仲裁是劳动争议当事人向人民法院提起诉讼的必经程序。按照法律的规定,提起劳动仲裁的一方应在劳动争议发生之日起 1 年内向劳动争议仲裁委员会提出书面申请。除非当事人是因不可抗力或有其他正当理由,否则超过法律规定的申请仲裁时效的,仲裁委员会不予受理。

申请人是员工的,需提交劳动仲裁申请书、申请人身份证明及复印件、有委托代理人的,需当面签订并提交《授权委托书》和代理人的身份证复印件、被申请人工商注册信息资料、申请人与被申请人存在劳动关系的证明材料、提交证据材料清单等。

申请人属集体争议的,需提交上述资料外,还需要提交申请人推荐的 3 名或 5 名员工代表名单及全体员工签名表,其中属欠薪的集体争议案件,申请人还需提交用人单位拖欠员工工资的人员名单和拖欠余额表。

申请人是用人单位的,需提交劳动仲裁申请书、申请人工商注册登记信息资料、申请人法定代表人或负责人的身份证明书、授权委托书、受委托人身份证明或资格证明(代理人为律师的,应当提交授权委托书和律师事务所函)、与请求事项相关的证据和证据清单。

仲裁委员会收到仲裁申请书之日起 5 日内决定是否受理。若受理,仲裁委员会应在 5 日内将仲裁申请书副本送达被申请人。被申请人收到后应在 10 日内向仲裁委员会提交答辩书。仲裁委员会收到答辩书后应在 5 日内将其送达申请人。如果仲裁委员会未受理,申请人可以向人民法院起诉。

劳动争议仲裁委员会裁决劳动争议案件实行仲裁庭制。仲裁庭应做好仲裁开庭的准备工作,并依法进行公正裁决。在仲裁过程中,当事人自行和解达成和解协议的,可以撤回仲裁申请。仲裁庭在做出裁决之前应当先行调解。调解达成协议的,仲裁庭制作调解书,经双方当事人签收后发生法律效力。调解不成或调解书送达之前当事人反悔的,仲裁庭应及时做出裁决。

仲裁庭裁决劳动争议案件,应自受理仲裁申请之日起 45 日内结束。特殊情况依法可以延期,但延长期不得超过 15 日。

劳动者对仲裁裁决不服的,可以在收到仲裁裁决书之日起 15 日内向法院起诉。

4. 诉讼

劳动诉讼依照民事诉讼程序进行。

第五节　违反劳动法的法律责任

违反劳动法的法律责任是指由于用人单位、劳动者、劳动行政部门及其工作人员违反劳动法的规定而应当承担的不利后果。劳动法规定的法律责任形式有民事责任、行政责任和刑事责任。

一、用人单位的法律责任

(1) 用人单位制定的劳动规章制度违反法律、法规规定的,由劳动行政部门给予警告,责令改正;对劳动者造成损害的,应当承担赔偿责任。

(2) 用人单位违法延长劳动者工作时间的,由劳动行政部门给予警告,责令改正,并可以处以罚款。

(3) 用人单位有下列侵害劳动者合法权益情形之一的,由劳动行政部门责令支付劳动

者的工资报酬、经济补偿,并可以责令支付赔偿金:

① 克扣或者无故拖欠劳动者工资的;

② 拒不支付劳动者延长工作时间工资报酬的;

③ 低于当地最低工资标准支付劳动者工资的;

④ 解除劳动合同后,未依法给予劳动者经济补偿的。

经济补偿一般根据劳动者在用人单位的工作年限和工资标准来计算具体金额。劳动者在本单位工作每满 1 年,按 1 个月工资的标准向劳动者支付。6 个月以上不满 1 年的,按 1 年计算;不满 6 个月的,按半个月工资标准支付。劳动者月工资高于用人单位所在直辖市、设区的市级人民政府公布的本地区上年度职工月平均工资 3 倍的,向其支付经济补偿的标准按职工月平均工资 3 倍的数额支付。经济补偿的年限最高不超过 12 年。赔偿金的标准是应付金额 50%以上 100%以下。

(4) 用人单位的劳动安全设施和劳动卫生条件不符合国家规定或者未向劳动者提供必要的劳动防护用品和劳动保护设施的,由劳动行政部门或者有关部门责令改正,可以处以罚款;情节严重的,提请县级以上人民政府决定责令停产整顿;对事故隐患不采取措施,致使发生重大事故,造成劳动者生命和财产损失的,对责任人员追究刑事责任。

(5) 用人单位强令劳动者违章冒险作业,发生重大伤亡事故,造成严重后果的,对责任人员依法追究刑事责任。

(6) 用人单位非法招用未满 16 周岁的未成年人的,由劳动行政部门责令改正,处以罚款;情节严重的,由工商行政管理部门吊销营业执照。

(7) 用人单位违反《劳动法》对女职工和未成年工的保护规定,侵害其合法权益的,由劳动行政部门责令改正,处以罚款;对女职工或者未成年工造成损害的,应当承担赔偿责任。

(8) 用人单位有下列行为之一,由公安机关对责任人员处以 15 日以下拘留、罚款或者警告;构成犯罪的,对责任人员依法追究刑事责任:

① 以暴力、威胁或者非法限制人身自由的手段强迫劳动的;

② 侮辱、体罚、殴打、非法搜查和拘禁劳动者的。

(9) 由于用人单位的原因订立的无效合同,对劳动者造成损害的,应当承担赔偿责任。

(10) 用人单位违反规定解除劳动合同或者故意拖延不予订立劳动合同的,由劳动行政部门责令改正;对劳动者造成损害的,应当承担赔偿责任。

用人单位自用工之日起超过 1 个月不满 1 年未与劳动者订立书面劳动合同的,应当向劳动者每月支付 2 倍的工资;用人单位违法不与劳动者订立无固定期限劳动合同的,自应当订立无固定期限劳动合同之日起向劳动者每月支付 2 倍的工资;用人单位违反规定与劳动者约定试用期的,且试用期已经履行的,由用人单位以劳动者试用期满月工资为标准,按已经履行的超过法定试用期的期间向劳动者支付赔偿金。

(11) 用人单位招用尚未解除劳动合同的劳动者,对原用人单位造成经济损失的,该用人单位应当依法承担连带赔偿责任。

(12) 用人单位无故不缴纳社会保险费的,由劳动行政部门责令其限期缴纳,逾期不缴的,可以加收滞纳金。

(13) 用人单位无理阻挠劳动行政部门、有关部门及其工作人员行使监督检查权,打击报复举报人员的,由劳动行政部门或者有关部门处以罚款;构成犯罪的,对责任人员依法追究刑事责任。

二、劳动者的法律责任

劳动者违反《劳动法》规定的条件解除劳动合同或者违反劳动合同中约定的保密事项，对用人单位造成经济损失的，应当依法承担赔偿责任。

赔偿的项目包括：招收录用劳动者所支付的费用；为劳动者支付的培训费用（双方另有约定的按约定办理）；对生产、经营和工作造成的直接经济损失；劳动合同约定的其他赔偿项目。

三、有关部门及其工作人员的法律责任

(1) 劳动行政部门或者有关部门的工作人员滥用职权、玩忽职守、徇私舞弊，构成犯罪的，依法追究刑事责任；不构成犯罪的，给予行政处分。

(2) 国家工作人员和社会保险基金经办机构的工作人员挪用社会保险基金，构成犯罪的，依法追究刑事责任。

(3) 违反《劳动法》的规定侵害劳动者合法权益，其他法律、法规已规定处罚的，依照该法律、行政法规的规定处罚。

导入案例解析

(1) 张薇和瑞宁医疗器械有限公司之间结成了劳动关系。因为张薇 1 年多来一直在瑞宁医疗器械有限公司付出劳动，瑞宁医疗器械有限公司也一直在支付张薇劳动报酬，二者之间形成了《劳动法》确认的劳动关系。

(2)《劳动合同法》第八十二条规定："用人单位自用工之日起超过一个月，不满一年未与劳动者签订书面劳动合同的，应当向劳动者每月支付二倍的工资。"第十四条规定："用人单位自用工之日起满一年不与劳动者订立书面劳动合同的，视为用人单位与劳动者已订立无固定期限的劳动合同。"本案中瑞宁医疗器械有限公司一年多未与张薇签订书面劳动合同，实际上二者已经订立了无固定期限的劳动合同。瑞宁医疗器械有限公司辞退张薇的行为是违法的，张薇可以要求经济补偿。

本章小结

劳动法是调整劳动者与用人单位之间劳动权利和义务关系的法律规范的总称。劳动者与用人单位结成劳动关系应当签订书面劳动合同。劳动合同依法签订后，劳动法律关系主体双方应当全面履行劳动合同。劳动合同的变更、解除需要依照法律法规的规定进行。

我国现行的工时制度有标准工时制、不定时工时制和综合计算工时制。实行标准工时制的用人单位劳动者每日工作时间不超过 8 小时，平均每周工作时间不超过 40 小时。劳动者依法享受法定假、公休假、工作日间休息时间、工作日内的休息时间以及年休假。用人单位依照法律规定以货币形式支付劳动者劳动报酬，并参加社会保险，为劳动者提供职业安全卫生保障。

劳动者与用人单位发生劳动争议，可以通过协商、调解、仲裁和诉讼解决。用人单位、劳动者、有关部门及其工作人员违反《劳动法》的，要依法承担法律责任。

思 考 练 习

一、单选题

1. 实际用工时间与书面劳动合同签订的时间不一致，劳动关系建立的时间是（　　）。

A. 书面劳动合同拟定之日　　B. 书面劳动合同签字盖章之日

C. 实际用工开始之日　　D. 双方约定的日子

2. 劳动合同的期限为 5 年，试用期不得超过（　　）。

A. 1 个月　　B. 2 个月　　C. 3 个月　　D. 6 个月

3. 某工厂与李某等 20 名工人签订劳动合同后，由于生产任务适应客户要求而调整，致使该厂与李某等 6 名工人签订的劳动合同无法继续履行。该厂经过与李某等 6 名工人协商，仍不能就变更劳动合同内容达成一致，此种情况下，该厂（　　）。

A. 可以解除合同，但应提前 30 天通知李某等人，或额外支付一个月工资。

B. 继续与李某等人协商

C. 在给予李某等人经济补偿的前提下不解除劳动合同

D. 不得解除劳动合同

4. 劳动者在一个工作日中午用饭的休息时间不得少于（　　）。

A. 30 分钟　　B. 40 分钟　　C. 60 分钟　　D. 90 分钟

5. 我国《劳动法》规定，对怀孕（　　）以上的女职工，不得安排其延长工作时间和夜班劳动。

A. 3 个月　　B. 5 个月　　C. 7 个月　　D. 8 个月

6. 下列社会保险项目中的保险费只由用人单位缴纳的是（　　）。

A. 养老保险费　　B. 工伤保险费　　C. 失业保险费　　D. 医疗保险费

二、多选题

1. 下列关于加班加点工资说法正确的是（　　）。

A. 用人单位安排劳动者延长工作时间的，应当向劳动者支付不低于工资 150%的工资报酬

B. 用人单位在休息日安排劳动者工作，必须向劳动者支付不低于工资 200%的工资报酬

C. 用人单位在法定休假日安排劳动者工作的，应当向劳动者支付不低于工资 300%的工资报酬

D. 用人单位在休息日安排劳动者工作又不能补休的，必须向劳动者支付不低于工资 200%的工资报酬

2. 下列适合采用不定时工作制的有（　　）。

A. 推销人员　　B. 企业高管　　C. 司机　　D. 车间工人

3. 属于基本社会保险范畴的有（　　）。

A. 医疗保险　　B. 养老保险　　C. 失业保险　　D. 商业保险

4. 用人单位单方面解除劳动合同，不需要提前 30 天通知劳动者，也不必要给予经济补偿的有（　　）。

A. 在试用期间被证明不符合录用条件的

B. 严重违反用人单位的规章制度的

C. 劳动者患病或者非因工负伤，在规定的医疗期满后不能从事原工作，也不能从事由用人单位另行安排的工作的

D. 劳动合同订立时所依据的客观情况发生重大变化，致使劳动合同无法履行，经用人单位与劳动者协商，未能就变更劳动合同内容达成协议的

5. 我国劳动争议的处理方式主要有(　　)。

A. 协商　　B. 调解　　C. 仲裁　　D. 诉讼

案例分析

1. 李涛于2014年10月9日与某软件公司签订劳动合同，被聘为技术员，专门从事软件开发工作，聘期2年。双方当事人在劳动合同中约定了竞业禁止，即合同解除或终止后，李涛3年内不得在本地从事与该公司相同性质的工作，如违约，李涛必须一次性赔偿软件公司经济损失10万元。

因软件公司拖欠李涛2015年10月、11月两个月的工资，2015年12月15日，李涛向区劳动争议仲裁委员会申请仲裁，要求解除劳动合同，补发两个月的工资，并给付经济补偿金；确认劳动合同中的竞业禁止约定条款无效。

分析：

(1) 李涛和软件公司之间能否约定竞业禁止？

(2) 你认为该案应如何判决？

2. 王伟与某有限责任公司签订为期3年的劳动合同，自2013年3月11日起至2016年3月10日止。双方约定使试用期为6个月。2013年6月18日，王伟向公司提出解除劳动合同，并向公司索要经济补偿金。公司认为王伟没有提出解除劳动合同的正当理由，且解除合同未征求公司意见，未经双方协商，因而不同意解除劳动合同，并提出如果王伟一定要解除合同，责任自负，公司不但不给予王伟经济补偿金，还要求王伟赔偿用人单位的损失，即试用期内培训王伟的费用。

分析：

(1) 王伟提出解除劳动合同时是否需要说明理由？

(2) 王伟是否可以单方面解除劳动合同？

(3) 用人单位应否给予王伟经济补偿金？

(4) 王伟应否赔偿用人单位的培训费用？

第十三章　解决经济纠纷的法律制度

学习目标

☞知识目标

1. 理解经济纠纷的概念，掌握经济纠纷的解决方式。
2. 理解仲裁的概念，掌握仲裁的程序。
3. 理解民事诉讼法的基本理论，掌握管辖制度和诉讼程序。

☞能力目标

1. 会选择解决经济纠纷的方式。
2. 会判定仲裁协议的效力。
3. 会确定管辖法院。
4. 会判定诉讼程序是否合法。

案例导入

2016 年 7 月，A 市某健身房与 B 市健身器械公司签订了一份购销合同。合同中的仲裁条款规定：因履行合同发生的争议，由双方协商解决；无法协商解决的，由仲裁机构仲裁。2016 年 9 月，双方发生争议，健身房向其所在地的 A 市仲裁委员会递交了仲裁申请书，但健身器械公司拒绝答辩。同年 11 月，双方经过协商，重新签订了一份仲裁协议，并商定将此合同争议提交该健身器械公司所在地的 B 市仲裁委员会仲裁。事后健身房担心 B 市仲裁委员会偏袒健身器械公司，故未申请仲裁，直接向合同履行地人民法院提起诉讼，且起诉时说明此前两次约定仲裁的情况，法院受理此案，并向健身器械公司送达了起诉状副本，该器械公司向法院提交了答辩状。法院经审理判决被告某健身器械公司败诉，被告不服，理由是双方事先有仲裁协议，法院判决无效。

分析：

(1) 购销合同中的仲裁条款是否有效？请说明理由。

(2) 争议发生后，双方签订的协议是否有效？为什么？

(3) 原告某健身房向法院提起诉讼正确与否？为什么？

(4) 人民法院审理本案是否正确？为什么？

(5) 被告健身器械公司的上诉理由是否正确？为什么？

(6) 被告是否具有上诉权？为什么？

第一节　经济纠纷解决方式概述

一、经济纠纷的概念和成因

(一) 经济纠纷的概念

经济纠纷是指经济法律关系主体之间因经济权利和经济义务的矛盾而引起的争议。它包括平等主体之间涉及经济内容的纠纷和公民、法人或者其他组织作为行政管理相对人与行政机关之间因行政管理所发生的涉及经济内容的纠纷。

（二）经济纠纷的成因

产生经济纠纷的原因很多，既有主观原因，也有客观原因。结合我国经济活动的情况，产生经济纠纷主要有以下三种原因：

(1) 进行经济活动的依据不规范。市场主体在进行经济活动时，依据的不规范性是引起经济纠纷的主要原因。比如，君子合同随处可见，导致经济合同履行过程无章可循，从而产生纠纷。

(2) 在进行经济活动中，市场主体不遵守规则。比如，有些纳税人不严格依法办事，为了自己的利益偷税，因而产生纠纷。

(3) 有关部门通过行政手段干预民事事务导致的经济纠纷。

二、经济纠纷的解决方式

在我国，解决经济纠纷的方式主要有以下五种：

1. 和解

和解就是双方通过协商，达成一致来解决经济纠纷的方式。在发生经济纠纷后，作为经济纠纷主体的双方心平气和坐下来协商。双方当事人通过摆事实、讲道理，弄清是非曲直，最后达成和解，消除分歧。当然，这种和解不能违反法律、政策和公共利益。

这种做法最大的优势在于节省费用，而且气氛和缓、灵活性大，有利于双方贸易关系的发展。

2. 调解

调解是指通过第三方居中对纠纷双方进行协调来解决经济纠纷的一种方式。经济纠纷发生后，双方各执一词，各有各的理由，不能达成谅解，需要双方都非常信任的第三方居中调解。

调解在性质上与协商并没有本质的区别，最后的解决办法还须双方当事人协商一致同意才能成立。

3. 行政复议

行政复议是指当事人对行政机关的行政处理决定有意见，向行政机关提出要求重新处理的一种制度，是公民、法人或其他组织通过行政救济途径解决行政争议的一种方法。

行政复议制度是行政机关内部监督和纠错机制，是行政机关对下级或者政府对所属的行政机关做出的违法或者不当的具体行政行为实施的一种监督和纠错行为。《中华人民共和国行政复议法》(以下简称《行政复议法》)明确规定了哪些行政行为可以申请复议的同时，对不能依照《行政复议法》申请复议的四类行政行为作了规定。行政复议主要是通过书面审查，行政复议决定书一经送达，即具有法律效力。只要法律未规定复议决定为终局裁决的，当事人对复议决定不服的，可向人民法院提请诉讼。

4. 仲裁

仲裁是由双方当事人选定的仲裁机构对纠纷进行评判并做出裁决的一种争议解决方式。

仲裁属于民间性质，仲裁异于行政复议和诉讼，是一种自愿型公断方式。仲裁根据当事人之间订立的仲裁协议，以双方同意为前提，自愿将其争议提交给仲裁机构，由仲裁机构进行裁决，并受该裁决约束的一种制度。仲裁的最大特点就是快速、简便。

5. 诉讼

诉讼是指纠纷当事人通过向具有管辖权的法院起诉解决纠纷的方式，即在法院的主持下按照法定程序审理案件的过程。诉讼分为民事、行政和刑事三类。

知识链接

适用于《民事诉讼法》的五类案件：

(1) 因民法、婚姻法、收养法、继承法等调整的平等主体之间的财产关系和人身关系发生的民事案件，如合同纠纷、房产纠纷、侵害名誉权纠纷等案件。

(2) 因经济法、劳动法调整的社会关系发生的争议，法律规定适用民事诉讼程序审理的案件，如企业破产案件、劳动合同纠纷案件等。

(3) 适用特别程序审理的选民资格案件和宣告公民失踪、死亡等非讼案件。

(4) 按照督促程序解决的债务案件。

(5) 按照公示催告程序解决的宣告票据和有关事项无效的案件。

第二节 仲 裁

一、仲裁和仲裁法

仲裁是指双方当事人根据纠纷发生之前或者发生之后所达成的书面仲裁协议，自愿将他们之间的纠纷提交给双方同意的仲裁机构进行评判并做出裁决，以解决纠纷的方法。

仲裁法是指调整仲裁关系的法律规范的总称。现行的《中华人民共和国仲裁法》(以下简称《仲裁法》)由中华人民共和国第八届全国人民代表大会常务委员会第九次会议于1994年8月31日通过，并自1995年9月1日起施行。

二、仲裁的适用范围

根据《仲裁法》的规定，平等主体的公民、法人和其他组织之间发生的合同纠纷和其他财产权益纠纷，可以仲裁。

不能提请仲裁的纠纷有：

(1) 关于婚姻、收养、监护、扶养、继承纠纷；

(2) 依法应当由行政机关处理的行政争议。

下列仲裁不适用于《仲裁法》，不属于仲裁范围，而由别的法律予以调整：

(1) 劳动争议的仲裁；

(2) 农业集体经济组织内部的农业承包合同纠纷的仲裁。

三、仲裁的基本原则和基本制度

(一) 基本原则

1. 当事人意思自治原则

当事人意思自治，具体包括：是否仲裁由当事人自愿选择；仲裁机构由当事人自愿选择；仲裁庭的组成形式及仲裁员由当事人自愿选择；仲裁审理方式由当事人自愿选择。

2. 独立公正仲裁原则

独立公正仲裁原则可以体现在三个方面：

(1) 仲裁依法独立进行，不受行政机关、社会团体和个人的干涉；

(2) 仲裁机构独立,这是仲裁独立公正进行的组织保障,即仲裁委员会独立于行政机关,与行政机关没有隶属关系,仲裁委员会相互之间也没有隶属关系;

(3) 仲裁无级别和地域管辖。仲裁不受涉案标的、级别、地域的限制,当事人自主自愿协议选定仲裁机构。

3. 根据事实、符合法律规定、公平合理解决纠纷原则

这是以事实为根据、以法律为准绳的原则在仲裁中的体现。

(二) 基本制度

1. 一裁终局制度

根据《仲裁法》第九条的规定:"仲裁实行一裁终局的制度。"这是国际通用的惯例。裁决做出后,当事人就同一纠纷再申请仲裁或向法院起诉的,仲裁委员会或法院不予受理。裁决书自做出之日起发生法律效力,双方当事人应当自觉履行。一方不履行的,另一方可申请人民法院强制执行。

2. 或裁或审制度

或裁或审制度即当事人就其发生的争议,只能在仲裁或者诉讼中选择其一加以适用的制度。

想一想

甲百货公司与乙鞋厂签订了棉鞋购销合同,合同规定9月交货。双方在合同签订后又补签了一份仲裁协议。协议约定:如果双方在合同方面发生争议,任何一方有权提请仲裁。后来合同履行过程中双方发生了纠纷。乙鞋厂向人民法院起诉。开庭前,甲百货公司向法院提交了仲裁协议,请求法院驳回乙鞋厂的起诉。

请问:法院应否驳回鞋厂的起诉?为什么?

四、仲裁协议

当事人采用仲裁方式解决纠纷,应当双方自愿,达成仲裁协议。没有仲裁协议,一方申请仲裁的,仲裁委员会不予受理。当事人达成仲裁协议,一方向人民法院起诉的,人民法院不予受理,但仲裁协议无效的除外。

仲裁协议是指当事人双方自愿将已经发生的或将来可能发生的纠纷提交仲裁机构进行裁决的共同意思表示。

仲裁协议的形式分为两种,包括合同中订立的仲裁条款和以其他书面方式在纠纷发生前或者纠纷发生后达成的请求仲裁的协议。仲裁协议的内容一般由请求仲裁的意思表示、仲裁事项和选定的仲裁委员会几个方面组成。

仲裁协议依法成立,即具有法律约束力。仲裁协议独立存在,合同的变更、解除、终止或者无效,不影响仲裁协议的效力。但是,有下列情形之一的,仲裁协议无效:

(1) 约定的仲裁事项越出法律规定的仲裁范围的;

(2) 无民事行为能力人或者限制民事行为能力人订立仲裁协议的;

(3) 一方采取胁迫手段,迫使对方订立仲裁协议的。

仲裁协议对仲裁事项或者仲裁委员会没有约定或者约定不明确的,当事人可以补充协议;达不成补充协议的,仲裁协议无效。仲裁协议独立存在,合同的变更、解除、终止或者无效,不影响仲裁协议的效力。

仲裁庭有权确认合同的效力。当事人对仲裁协议的效力有异议的,可以请求仲裁委员

会做出决定或者请求人民法院做出裁定。一方请求仲裁委员会做出决定,另一方请求法院做出裁定的,由人民法院裁定。当事人对仲裁协议的效力有异议,应当在仲裁庭首次开庭前提出。

想一想

我国《仲裁法》中规定的仲裁机构包括法院吗?

五、仲裁机构

我国的仲裁机构包括仲裁委员会和仲裁协会两种。

1. 仲裁委员会

仲裁不实行级别管辖和地域管辖。仲裁委员会可以在直辖市和省、自治区人民政府所在地的市设立,也可以根据需要在其他设区的市设立,不按行政区划层层设立。

一般情况下,仲裁委员会是由市人民政府组织有关部门和商会统一组建。设立仲裁委员会,应当经省、自治区、直辖市的司法行政部门登记。仲裁委员会由主任 1 人、副主任 2～4 人和委员 7～11 人组成。仲裁委员会的主任、副主任和委员由法律、经济贸易专家和有实际工作经验的人员担任。仲裁委员会的组成人员中,法律、经济贸易专家不得少于 1/3。仲裁委员会应当从公道正派的人员中聘任仲裁员。其中,仲裁员名册应按照不同专业设置。

2. 仲裁协会

中国仲裁协会是社会团体法人。中国仲裁协会实行会员制,各仲裁委员会是中国仲裁协会的法定会员。中国仲裁协会是仲裁委员会的自律性组织,根据由全国会员大会制定的章程对仲裁委员会及其组成人员、仲裁员的违纪行为进行监督;根据《中华人民共和国仲裁法》和《民事诉讼法》的有关规定制定仲裁规则和其他仲裁规范性文件。

六、仲裁程序

仲裁程序主要包括申请和受理、组成仲裁庭、开庭、和解、调解、合议和裁决等环节。

(一) 仲裁的申请和受理

当事人申请仲裁应当符合下列条件:有仲裁协议;有具体的仲裁请求和事实、理由;属于仲裁委员会的受理范围。当事人申请仲裁,应当向仲裁委员会递交仲裁协议、仲裁申请书及副本。

仲裁委员会收到仲裁申请书之日起 5 日内,认为符合受理条件的,应当受理,并通知当事人;认为不符合受理条件的,应当书面通知当事人不予受理,并说明理由。仲裁委员会受理仲裁申请后,应当在仲裁规则规定的期限内将仲裁规则和仲裁员名册送达申请人,并将仲裁申请书副本和仲裁规则、仲裁员名册送达被申请人。

被申请人收到仲裁申请书副本后,应当在仲裁规则规定的期限内向仲裁委员会提交答辩书。仲裁委员会收到答辩书后,应当在仲裁规则规定的期限内将答辩书副本送达申请人。被申请人未提交答辩书的,不影响仲裁程序的进行。

当事人达成仲裁协议,一方向人民法院起诉未声明有仲裁协议,人民法院受理后,另一方在首次开庭前提交仲裁协议的,人民法院应当驳回起诉,但仲裁协议无效的除外;另一方在首次开庭前未对人民法院受理该案提出异议的,视为放弃仲裁协议,人民法院应当继续审理。其中,如果当事人、法定代理人委托律师和其他代理人进行仲裁活动的,委托律师和其他代理人应当向仲裁委员会提交授权委托书。

(二) 组成仲裁庭

仲裁庭可以由3名仲裁员或者1名仲裁员组成。由3名仲裁员组成的,设首席仲裁员。当事人约定由3名仲裁员组成仲裁庭的,应当各自选定或者各自委托仲裁委员会主任指定1名仲裁员,第三名仲裁员由当事人共同选定或者共同委托仲裁委员会主任指定,第三名仲裁员是首席仲裁员。当事人约定由1名仲裁员成立仲裁庭的,应当由当事人共同选定或者共同委托仲裁委员会主任指定仲裁员。当事人没有在仲裁规则规定的限期内约定仲裁庭的组成的方式或者选定仲裁员的,由仲裁委员会主任指定。

仲裁委员会应当将仲裁庭的组成情况书面通知当事人。

仲裁庭的组成要遵守回避原则,仲裁员有下列情形之一的,必须回避,当事人也有权提出回避申请:

(1) 是本案当事人或者当事人、代理人的近亲属;

(2) 与本案有利害关系;

(3) 与本案当事人、代理人有其他关系,可能影响公正仲裁的;

(4) 私自会见当事人、代理人,或者接受当事人、代理人的请客送礼的。

(三) 开庭、和解、调解、合议和裁决

1. 开庭

仲裁应当开庭进行。当事人协议不开庭的,仲裁庭可以根据仲裁申请书、答辩书以及其他材料做出裁决。仲裁不公开进行。当事人协议公开的,可以公开进行,但涉及国家秘密的除外。当事人应当对自己的主张提供证据。仲裁庭认为有必要收集的证据,可以自行收集。证据应当在开庭时出示,当事人可以质证。在证据可能灭失或者以后难以取得的情况下,当事人可能申请证据保全。当事人申请证据保全的,仲裁委员会应当将当事人的申请提交证据所在地的基层人民法院。

2. 和解

当事人申请仲裁后,可以自行和解。达成和解协议的,可以请求仲裁庭根据和解协议做出裁决书,也可以撤回仲裁申请。当事人达成和解协议,撤回仲裁申请后反悔的,可以根据仲裁协议申请仲裁。

3. 调解

当事人不能自行和解或和解后反悔申请仲裁的,在经过仲裁庭调查和辩论后,首席仲裁员或独任仲裁员可以主动进行调解。当事人自愿调解的仲裁庭应当调解,调解可以当庭进行,也可以休庭后进行。调解达成协议的,当事人应在该协议上签名或盖章,由仲裁庭制作调解书或根据协议的结果制作裁决书。双方当事人达成协议后当即就可履行完毕的,双方当事人、仲裁员、书记员签名或盖章后即发生法律效力;不能即时履行的,调解书经双方当事人签收后,即产生法律效力。调解书与裁决书具有同等法律效力。

双方当事人拒绝调解或经调解未达成调解协议的,由首席仲裁员宣布休庭,合议庭对案件进行评议。

4. 合议和裁决

在经过仲裁庭调查、辩论阶段且双方当事人不能调解达成协议或在调解书签收前一方当事人反悔的,仲裁庭应对仲裁案件进行合议,及时做出裁决。

裁决应当按照多数仲裁员的意见做出,少数仲裁员的不同意见可以记入笔录。仲裁庭不能形成多数意见时，裁决应当按照首席仲裁员的意见做出。

裁决书应当写明仲裁请求、争议事实、裁决理由、裁决结果、仲裁费用的负担和裁决日期。当事人协议不愿写明争议事实和裁决理由的，可以不写。裁决书由仲裁员签名，加盖仲裁委员会印章。对裁决持不同意见的仲裁员，可以签名，也可不签名。

仲裁庭仲裁纠纷时，其中一部分事实已经清楚，可以就该部分先行裁决。裁决书自做出之日起发生法律效力。

七、仲裁裁决的执行与撤销

（一）仲裁裁决的执行

仲裁裁决一旦做出即具有法律拘束力，除依法定程序经人民法院裁定撤销的外，当事人应当履行裁决。一方当事人不履行的，另一方当事人可以依照《民事诉讼法》的有关规定向人民法院申请执行，受理申请的人民法院应当执行；一方当事人申请执行，另一方当事人申请撤销裁决的，人民法院应当裁定中止执行；人民法院裁定撤销裁决的，应当裁定终结执行；撤销裁决的申请被裁定驳回的，人民法院应当恢复执行。

（二）仲裁裁决不予执行和撤销

根据《仲裁法》《民事诉讼法》的规定，被申请人提出证据证明裁决有下列情形之一的，经人民法院组成合议庭审查核实，裁定不予执行：

（1）当事人在合同中没有仲裁条款或者事后没有达成书面仲裁协议的；

（2）裁决的事项不属于仲裁协议的范围或者仲裁机构无权仲裁的；

（3）仲裁庭的组成或者仲裁的程序违反法定程序的；

（4）裁决所依据的证据是伪造的；

（5）对方当事人向仲裁机构隐瞒了足以影响公正裁决的证据的；

（6）仲裁员在仲裁该案时有索贿受贿、徇私舞弊、枉法裁决行为的。

仲裁裁决被法院依法裁定不予执行的，当事人可以根据双方重新达成的仲裁协议申请仲裁，也可以向法院提起诉讼。

当事人提出证据证明裁决有上述情形之一的，可以向仲裁委员会所在地的中级人民法院申请撤销裁决。此外，人民法院认定该裁决违背社会公共利益的，应当裁定撤销。当事人申请撤销裁决的，应当在收到裁决书之日起6个月内提出。

仲裁裁决被人民法院依法撤销后，当事人之间的纠纷并未解决。根据《仲裁法》的规定，当事人就该纠纷可以根据双方重新达成的仲裁协议申请仲裁，也可以向人民法院起诉。

练一练

甲公司和乙公司订立了一份加工承揽合同，在合同中双方订立了仲裁条款。双方约定因本合同的履行所发生的一切争议，均提交郑州仲裁委员会仲裁。在履行合同的过程中，甲公司认为乙公司制作的产品没有达到约定的质量标准而拒付劳务费，双方发生争议。乙公司向郑州仲裁委员会申请仲裁。双方共同委托仲裁委员会主任李某指定仲裁员。李某于是指定了甲、乙、丙3人。甲公司要求公开审理本案，乙公司不同意，仲裁庭决定公开开庭审理本案。在多次开庭后，甲公司掌握了丙私下会见乙公司的法定代表人并接受乙公司赠送礼品的证据。甲公司在下一次开庭时出示了上述证据，申请丙回避。仲裁庭经过研究驳回了甲公司的回避申请，并在最终裁决中做出了不利于甲公司的认定。

分析：

（1）本案中仲裁员的指定是否合法？

（2）本案中仲裁庭决定将案件公开审理是否合法？

（3）本案中仲裁庭决定丙不需要回避的决定是否正确？

（4）甲公司可以通过何种法律途径寻求救济？

第三节 民事诉讼

一、诉讼和民事诉讼

（一）诉讼和经济诉讼

诉讼是指国家审判机关（即法院）依照法律规定，在当事人和其他诉讼参与人的参加下，依法进行审理和判决，以解决纠纷的活动。

经济诉讼主要发生在平等民事主体之间。因此，其诉讼活动主要适用《民事诉讼法》及其相关规定。经济诉讼是指人民法院依当事人的请求，根据《民事诉讼法》对国内经济纠纷案件和涉外纠纷案件依法进行审理判决，保护当事人正当权利和合法权益的审判活动。

经济诉讼的任务是保护当事人行使诉讼权利，保证人民法院审理经济纠纷案件，确认经济权利义务关系，制裁经济违法行为，保护当事人的合法经济权益，维护社会经济秩序。

（二）民事诉讼法的概念

民事诉讼法是国家制定的规范法规和诉讼参与人的各种诉讼活动及由此产生的各种诉讼关系的法律规范的总称。

我国现行的《民事诉讼法》1991 年 4 月 9 日第七届全国人民代表大会第四次会议通过，并于 2007 年 10 月 28 日和 2012 年 8 月 31 日进行了两次修改。除此，最高人民法院审判委员会于 2014 年 12 月 18 日通过了《最高人民法院关于适用〈中华人民共和国民事诉讼法〉的解释》，自 2015 年 2 月 4 日起施行。

二、民事诉讼的基本原则和基本制度

（一）民事诉讼的基本原则

民事诉讼的基本原则，是指在民事诉讼的整个阶段起着指导作用的准则。主要包括以下几个原则：

1. 平等原则

平等原则，是指民事诉讼当事人有平等的诉讼权利。人民法院审理民事案件，应当保障和便利当事人行使诉讼权利，对当事人在适用法律上一律平等。

2. 调解原则

调解原则，是指人民法院审理民事案件，应当根据自愿和合法的原则进行调解；调解不成的，应当及时判决。

3. 辩论原则

辩论原则，是指人民法院审理民事案件时，当事人有权进行辩论。这里的辩论范围包括案件的实体问题、程序问题和所适用的法律等方面。辩论形式可以是言辞辩论，也可以是书面辩论。

4. 处分原则

处分原则，是指当事人有权在法律规定的范围内处分自己的民事权利和诉讼权利。

5. 支持起诉原则

支持起诉原则，是指机关、社会团体、企事业单位对损害国家、集体或者个人民事权益的行为，可以支持受损害的单位或者个人向人民法院起诉。

（二）民事诉讼的基本制度

1. 合议制度

合议制，是指由 3 名以上审判人员组成审判集体，代表法院行使审判权，对案件进行审理并做出裁判的制度。实行合议制，是为了发挥集体的智慧，弥补个人能力上的不足，以保证案件的审判质量。

按合议制组成的审判组织，称为合议庭。根据《民事诉讼法》的规定，在不同的审判程序中，合议庭的组成人员有所不同。总的来说，合议庭由 3 名以上的单数的审判人员组成。

2. 回避制

回避制，是指审判人员及其他相关人员，遇到法律规定的回避情形，退出对某一具体案件的审理或诉讼活动的制度。我国《民事诉讼法》规定，审判人员与书记员、翻译人员、鉴定人、勘验人有下列情形之一的，必须回避，当事人有权用口头或者书面方式申请他们回避：① 是本案当事人或者当事人、诉讼代理人的近亲属；② 与本案有利害关系；③ 与本案当事人有其他关系，可能影响对案件公正审理的。

3. 公开审判制度

公开审判，是指人民法院审理经济案件，除法律规定的情况外，审判过程及结果向社会公开的制度。

根据法律规定，公开审判也有例外，下列案件不公开审判：① 涉及国家秘密的案件，包括党的秘密、政府的秘密和军队的秘密；② 涉及个人隐私的案件；③ 离婚案件、涉及商业秘密的案件，当事人申请不公开审理的，可以不公开审理。

4. 两审终审制度

两审终审，是指一个经济案件经过两级法院审判就宣告终结的制度。按照两审终审制度，一般的民事诉讼案件，当事人不服一审人民法院的判决、允许上诉的裁定，可上诉至二审人民法院，二审人民法院对案件所做的判决、裁定为生效判决、裁定，当事人不得再上诉。最高审判机关——最高人民法院所做的一审判决、裁定，为终审判决、裁定，当事人不得上诉。根据《民事诉讼法》的规定，适用特别程序、督促程序、公示催告程序和企业法人破产还债程序审理的案件，实行一审终审。

知识链接

人民法院是国家的审判机关，根据《宪法》以及《人民法院组织法》等法律的规定，我国的人民法院组织体系由最高人民法院、地方各级人民法院和专门人民法院组成。

最高人民法院是国家最高审判机关，监督地方各级人民法院和专门人民法院的审判工作。

地方人民法院分为三级：① 基层人民法院，包括县人民法院、旗人民法院、（不设区的）市人民法院、自治县人民法院、自治旗人民法院、（设区的）市辖区人民法院、工矿区人民法院、新疆建设兵团所辖团级地方的人民法院。② 中级人民法院，包括在省、自治区内按地区设立的中级人民法院；直辖市内设立的中级人民法院；省、自治区辖市（地级市）的中级人民法院；盟、自治州中级人民法院；新疆建设兵团所辖师级地方的中级人民法院。③ 高级人民法院，包括省、自治区和直辖市的高级人民法院以及新疆维吾尔自治区高级人民法院生产建设兵团分院。

专门法院，包括军事法院（解放军、集团军级单位、师级单位三级）、铁路运输法院（设中级、基层二级）、海事法院（不分级别，相当于中级人民法院）等。

三、民事诉讼的管辖

（一）级别管辖

级别管辖，是指划分上、下级法院之间受理第一审经济案件的分工与权限。

（二）地域管辖

地域管辖，是指根据当事人以及标的物与地域的关系，确定受理第一审经济纠纷案件的分工与权限。地域管辖又可分为一般地域管辖、特殊地域管辖和专属管辖。

1. 一般地域管辖

一般地域管辖是按照“当事人所在地与法院辖区的隶属关系”来确定案件管辖法院。按照实行“原告就被告”原则，即由被告住所地人民法院管辖。

2. 特殊地域管辖

以“诉讼标的所在地、法律事实所在地”为标准确定管辖法院，具体见表 13-1。

表 13-1　　特殊地域管辖法院的确定

<table>
<tr><th>纠纷</th><th colspan="4">管辖法院</th></tr>
<tr><td>合同纠纷</td><td colspan="3">合同履行地</td><td rowspan="8">被告住所地</td></tr>
<tr><td rowspan="2">保险合同纠纷</td><td rowspan="2">保险标的物所在地</td><td>保险标的物是运输工具或者运输中的货物</td><td>运输工具登记注册地、运输目的地、保险事故发生地</td></tr>
<tr><td>人身保险</td><td>被保险人住所地</td></tr>
<tr><td>票据纠纷</td><td colspan="3">票据支付地</td></tr>
<tr><td>运输合同纠纷</td><td colspan="3">运输始发地、目的地</td></tr>
<tr><td rowspan="2">侵权行为</td><td rowspan="2">侵权行为地</td><td colspan="2">侵权行为实施地</td></tr>
<tr><td colspan="2">侵权结果发生地</td></tr>
<tr><td>交通事故请求损害赔偿</td><td colspan="3">事故发生地或者车辆、船舶最先到达地，航空器最先降落地</td></tr>
<tr><td>公司设立、确认股东资格、分配利润、解散等纠纷</td><td colspan="4">公司住所地</td></tr>
</table>

3. 专属管辖

专属管辖是法律强制规定某类案件必须由特定的法院管辖，其他法院无权管辖，当事人也不得协议变更的管辖。

下列案件，实行专属管辖：

（1）因不动产纠纷提起的诉讼，由不动产所在地人民法院管辖。

（2）因港口作业中发生纠纷提起的诉讼，由港口所在地人民法院管辖。

（3）因继承遗产纠纷提起的诉讼，由被继承人死亡时住所地或者主要遗产所在地人民法院管辖。

（三）移送管辖与指定管辖

移送管辖，是指人民法院发现受理的案件不属于本院管辖的，应当移送有管辖权的人民法院，受移送的人民法院应当受理。但受移送的人民法院认为受移送的案件依照规定不属于本院管辖的，应当报请上级人民法院指定管辖，不得再自行移送。

指定管辖，是指有管辖权的人民法院由于特殊原因，不能行使管辖权的，由上级人民法院指定管辖。

想一想

居住在A市的甲与居住在B市的乙在C市签订了一份协议，甲将一个古董花瓶以50万元的价格卖给乙并约定双方在D市一手交钱一手交货，后甲反悔并电告乙自己已将该花瓶卖给他人。

请问：乙如果想起诉，追究甲的违约责任，应向哪个法院起诉？

四、民事诉讼程序

（一）第一审程序

第一审程序包括普通程序、简易程序和特别程序。

第一审普通程序是《民事诉讼法》中规定最为完整的一种诉讼程序，在整个民事审判程序中具有广泛的实用性。审理第一审经济纠纷案件一般适用普通程序。普通程序流程如下：

1. 起诉和受理

起诉，是指公民、法人和其他组织认为自己的民事权益受到侵犯或与他人发生争议，以自己的名义向法院提出诉讼，要求法院予以审判的诉讼行为。

起诉必须符合下列条件：

（1）原告是与本案有直接利害关系的公民、法人和其他组织；

（2）有明确的被告；

（3）有具体的诉讼请求和事实、理由；

（4）属于人民法院受理民事诉讼的范围和受诉人民法院管辖。

起诉应当向人民法院递交起诉状，并按照被告人数提出副本。书写起诉状确有困难的，可以口头起诉，由人民法院记入笔录，并告知对方当事人。

起诉状应当记明下列事项：

（1）原告的基本情况；

（2）被告的基本信息；

（3）诉讼请求和所根据的事实与理由；

（4）证据和证据来源，证人姓名和住所。

受理，是指人民法院通过审查原告的起诉，认为符合起诉条件，决定立案的行为。人民法院受理后，认为符合起诉条件的，应当在7日内立案，并通知当事人；不符合起诉条件的，应当在7日内做出裁定书，不予受理；原告对裁定不服的，可以提起上诉。

2. 审理前的准备

人民法院应当在立案之日起5日内将起诉状副本送达被告，被告应当在收到之日起15日内提出答辩状。被告不提出答辩状不影响案件的审理。

3. 开庭审理

开庭审理是指人民法院在当事人和其他诉讼参与人的参加下，全面审查、认定案件事实，并依法做出裁定或调解的活动。它由庭审准备、宣布开庭、庭审调查、法庭辩论、调解或判决几个阶段组成。

4. 公开宣告判决

人民法院对公开审理或者不公开审理的案件，一律公开宣告判决。当庭宣判的，应当在10日内发送判决书；定期宣判的，宣判后立即发给判决书。

简易程序是基层人民法院和它的派出法庭，审理事实清楚、权利义务关系明确、争议不大的简单的经济纠纷案件时适用的一种既独立又简便易行的诉讼程序。人民法院在审理过程中，发现案件不宜适用简易程序的，裁定转为普通程序。

特别程序是法院审理某些特别的非民事权益争议案件所适用的程序，这些案件包括选民资格案件、宣告失踪或者宣告死亡案件、认定公民无民事行为能力或者限制民事行为能力案件和认定财产无主案件。

（二）第二审程序

当事人不服第一审法院的判决或裁决的，有权向上级人民法院提出上诉。对判决不服的，在收到判决书的15日内有权上诉；对裁决不服的，应在10日内提起上诉。逾期没有上诉的，第一审判决或裁决发生法律效力。

第二审人民法院对上诉案件应当组成合议庭，开庭审理，其程序与一审程序大致相同。第二审人民法院审理上诉案件，可以在本院进行，也可以到案件发生地或者原审人民法院所在地进行。第二审人民法院的判决、裁定，是终审的判决、裁定，宣判之后立即发生效力。

（三）审判监督程序

审判监督程序是指人民法院发现已发生法律效力的判决、裁定和调解书确有错误，依法决定对案件进行再审的程序。它不是每一个案件必经的程序，而是人民法院纠正已发生生效判决的一种补救程序。

当事人对已经发生法律效力的判决、裁定，认为有错误的，可以向上一级人民法院申请再审；当事人一方人数众多或者当事人双方为公民的案件，也可以向原审人民法院申请再审。当事人申请再审的，不停止判决、裁定的执行。

根据《民事诉讼法》规定，有权启动审判监督程序的是以下特殊主体：

（1）各级人民法院院长对本院已生效的判决、裁定发现确有错误，认为需要再审的，应当提交审判委员会讨论决定；

（2）最高人民法院对地方各级人民法院已生效的判决、裁定，上级人民法院对下级人民法院已生效的判决、裁定发现确有错误的，有权提审或指令下级人民法院再审；

（3）各级人民检察院对各级人民法院已生效的判决、裁定发现确有错误，可按审判监督程序提出抗诉。对人民检察院提出的抗诉案件，人民法院应当再审。

导入案例解析

（1）仲裁条款无效。因为该仲裁条款未指明具体的仲裁委员会，致使无法履行而无效。

（2）双方重新签订的仲裁协议有效。因为该协议指明了具体的仲裁委员会。

（3）起诉不正确。因为双方的仲裁协议有效，就排除了法院的管辖权。

（4）人民法院的审理合法。因为原告起诉后，被告未提出管辖权异议，视为人民法院有管辖权。

（5）上诉理由不成立。因为本案中人民法院的审理和判决都是有效的。

（6）被告享有上诉权。因为无论上诉理由是否正确，被告享有上诉权并不受影响。

本章小结

在市场经济条件下，经济法主体在进行各种经济活动中，由于各自的经济权益相互独立，加之客观情况经常变化，因而不可避免地会产生各种各样的经济纠纷。在我国，解决经济纠纷的途径和方式包括协商、调解、仲裁和诉讼。

仲裁是指双方当事人根据纠纷发生之前或者发生之后所达成的书面仲裁协议，自愿将他们之间的纠纷提交给双方同意的仲裁机构进行评判并做出裁决，以解决纠纷的方法。在我国平等主体的公民、法人和其他组织之间发生的合同纠纷和其他财产权益纠纷，可以仲裁。仲裁实行一裁终局和或裁或审制度。其程序主要包括申请和受理、组成仲裁庭、开庭、和解、调解、合议和裁决等环节。

诉讼是指国家审判机关（即法院）依照法律规定，在当事人和其他诉讼参与人的参加下，依法进行审理和判决，以解决纠纷的活动。案件的管辖有级别管辖、地域管辖、移送管辖和指定管辖。案件的审理实行两审终审制。第一审普通程序是应用最广泛和最多的，包括起诉与受理、审理前的准备、开庭审理、判决等环节。当事人对第一审人民法院的判决不服的，可以在 15 日内向上级人民法院上诉。

思考练习

一、单选题

1. 甲公司长期拖欠乙公司货款，双方发生纠纷，期间一直未约定纠纷的解决方式，为解决纠纷，乙公司不能采取的法律途径是（　　）。

A. 提起刑事诉讼　　B. 申请行政复议

C. 提起民事诉讼　　D. 提请仲裁

2. 根据《诉讼法》规定，下列关于人民法院审理民事案件说法不正确的是（　　）。

A. 人民法院审理民事案件，不实行合议制度

B. 人民法院审理民事案件，依法实行两审终审制度

C. 人民法院审理民事案件，依法实行回避制度

D. 人民法院审理民事案件，依法实行公开审理制度

3. 甲公司与乙公司就某一合同纠纷进行仲裁，达成和解协议，向仲裁委员会申请撤回仲裁申请。后乙公司未按和解协议履行其义务。甲公司应如何解决此纠纷？（　　）

A. 甲公司可以依据原仲裁协议重新申请仲裁

B. 甲公司只能向法院提起诉讼

C. 甲公司既可以向法院提起诉讼，也可以与乙公司重新达成仲裁协议申请仲裁

D. 甲公司可以向仲裁委员会申请恢复仲裁程序

4. 关于审判监督程序的说法，正确的是（　　）。

A. 审判监督程序是诉讼的必经程序

B. 若当事人向上一级法院申请再审，可判决停止执行

C. 法院院长有权直接启动再审程序

D. 人民法院审理再审案件，应当另行组成合议庭

二、判断题

1. 对当事人的经济纠纷，选择仲裁方式解决可以调解，选择诉讼方式不可以调解。 (　　)

2. 人民法院审理行政案件，可以对当事人双方进行调解，促其达成调解协议。 (　　)

3. 当事人申请仲裁，必须按照级别管辖和地域管辖的规定选择仲裁委员会。 (　　)

4. A公司与B公司解除合同关系，则合同中的仲裁条款也随之失效。 (　　)

5. 因不动产提起的诉讼，由不动产所在地人民法院管辖。 (　　)

6. 当事人达成仲裁协议，一方向人民法院起诉的，人民法院不予受理。 (　　)

三、简答题

1. 申请仲裁应当符合哪些条件？

2. 简述经济诉讼第一审普通程序。

案例分析

居住在A市甲区的小伟从事汽车修理业，其所开的汽车修理铺位于A市丙区。汽车修理铺的个体工商户营业执照所登记的业主是其兄大伟（居住在A市乙区），大伟实际上并不经营汽车修理。小伟为了承揽更多的业务，与镇办集体企业“爱车之家”汽车修理厂（位于A市某县）签订了一份合同，约定小伟的汽车修理铺可以以“爱车之家”汽车修理厂的名义从事汽车修理业务，小伟每年向“爱车之家”汽车修理厂交管理费10万元。2015年1月，小伟雇佣的修理工阿旺（常年居住在A市丁区），为客户小李（居住在A市戊区）修理一辆大众帕萨特车。修好后，阿旺按照工作程序要求在汽车修理铺前试车时，不慎将车撞到了门柱上，造成汽车损毁，阿旺自己没有受伤。相关各方就如何赔偿该汽车损失发生纠纷，未能达成一致。现小李拟向法院起诉。

请问：

(1) 小李应以谁为被告？

(2) 哪些法院对本案有管辖权？

(3) 就此同一纠纷，若小李向有管辖权的法院都提起诉讼，应如何确定案件的管辖法院？

(4) 若有管辖权的法院之间就本案管辖权问题发生了争议，应如何确定管辖法院？

参考文献

[1] 财政部会计资格评价中心.经济法基础[M].北京:经济科学出版社,2015.

[2] 华本良,王凯宏.经济法概论[M]. 大连:东北财经大学出版社,2013.

[3] 廖爱兰.经济法[M].北京:中国人民大学出版社,2015.

[4] 林红珍.经济法[M].上海:立信会计出版社,2012.

[5] 刘莲花.经济法[M].北京:高等教育出版社,2010.

[6] 牛慧,银福成.经济法[M].北京:经济科学出版社,2010.

[7] 曲振涛,王福友.经济法[M].5 版.北京:高等教育出版社,2014.

[8] 童结红.经济法基础与实务[M].北京:电子工业出版社,2014.

[9] 王瑜.经济法[M].北京:高等教育出版社,2012.

[10] 吴四江,喻军,胡之芳.经济法[M].长沙:中南大学出版社,2012.

[11] 杨红心.经济法[M].北京:北京邮电大学出版社,2012.

[12] 杨立新.合同法典型案例与法律适用[M].北京:中国法制出版社,2014.

[13] 原秋华,赖文燕.经济法实务[M].南京:南京大学出版社,2015.

[14] 曾建飞,何玉龙.经济法[M].5 版.厦门:厦门大学出版社,2016.

[15] 张建斌.经济法[M].2 版.北京:电子工业出版社,2013.

[16] 张振和.新编经济法[M].北京:电子工业出版社,2013.

[17] 注册会计师全国统一考试研究中心.经济法[M].北京:人民邮电出版社,2016.